EL ASCENSO DEL
DRAGÓN ROJO

EL ORIGEN Y LA AMENAZA DEL PROGRAMA ESPACIAL SECRETO DE CHINA

LIBROS ESCRITOS POR DR. MICHAEL SALLA.

US Air Force Secret Space Program:
Shifting Extraterrestrial Alliances and Space Force
- Libro cuatro de la Serie de Programas Espaciales -

Antarctica's Hidden History:
Corporate Foundations of Secret Space Programs
- Libro Tres de la serie de los Programas Espaciales Secretos -

The U.S. Navy's Secret Space Program
& Nordic Extraterrestrial Alliance
- Libro dos de la serie del Programa Espacial Secreto -

Insiders Reveal Secret Space Programs
& Extraterrestrial Alliances
-Libro uno del Programa Espacial Secreto-

Exposing U.S. Government Policies
on Extraterrestrial Life
- Exponiendo las Políticas del Gobierno Estadounidense Acerca de la vida Extraterrestre –

Kennedy's Last Stand:
Eisenhower, UFOs, MJ-12 & JFK's Assassination
- La útima decisión de Kennedy: Eisenhower, OVNIS, Majestic 12, Asesinato de JFK -

Galactic Diplomacy: Getting to Yes with ET
Diplomacia Galáctica
- Obteniendo el Si con los ET -

EL ASCENSO DEL

DRAGÓN ROJO

ORIGEN Y AMENAZA DEL PROGRAMA ESPACIAL SECRETO DE CHINA

Dr. Michael E. Salla

Hawai, Estados Unidos.

EL ASCENSO DEL DRAGÓN ROJO
ORIGEN Y AMENAZA DEL
PROGRAMA ESPACIAL SECRETO DE CHINA

Copyright © 2020 by Michael E. Salla, Ph.D.

Todos los derechos reservados. Ninguna parte de este libro puede ser reproducida o traducida en ningún idioma, utilizado de ninguna forma y por ningún medio, sea electrónica o mecánicamente, incluyendo fotocopiado, grabado o almacenamiento de información, o acumulación en cualquier sistema, sin el permiso del autor:

Exopolitics Consultants
PO Box 478
Holualoa, HI 96725 USA
Impreso en Estados Unidos

Editora Gerente: Angelika Whitecliff
Diseño de Portada: Rene McCann

Traducción: Dayana Maussan A.
Editor de estilo y prueba: Manuel Roberto

ISBN 978-0-9986038-6-5

Número de control de la Biblioteca del Congreso
2020917980

Website del autor: www.exopolitics.org

Indice de Contenidos

Tabla de Figuras.. vii
Prefacio... ix
Capítulo 1 1
El ingenio del Dr. Tsien ayuda a encender El Programa de Cohetes en Norteamérica
Capítulo 2 ....>............ 17
La operación LUSTY del Dr Tsien y el estudio de los Platillos voladores de los Nazis
Capítulo 3 39
El Dr. Tsien se une a la Junta Científica en las investigaciones de los choques de OVNIS.
Capítulo 4 61
El Desastre golpea: El arresto del Dr.Tsien y su deportación a China
Capítulo 5 69
Tsien funda las Actividades Espaciales de China
Capítulo 6 79
OVNIS en la Antigua China
Capítulo 7 91
Avistamientos OVNI en la China Moderna
Capítulo 8 105
El Tíbet y su contacto extraterrestre
Capítulo 9 117
El desierto Gobi: Shambala y Agharta la red de platillos voladores
Capítulo 10 135
Pirámides Chinas, Repositorios de Tecnología Antigua
Capítulo 11 147
Construyendo el Programa Espacial Convencional de China
Capítulo 12 157
La marea se vuelve en contra de LA CREACIÓN DEL Programa Espacial Secreto
CAPÍTULO 13 165
Estados Unidos hace una tentadora oferta: y el programa Espacial secreto resurge.

Capítulo 14 187
El Programa Espacial Secreto se convierte en una
Prioridad De Alto Nivel para China.
Capítulo15 195
Programa Espacial Secreto Hoy
Capítulo 16 221
Armas Espaciales de China
Capítulo 17 235
El surgimiento del dragón Rojo
Notas finales 265
Reconocimientos... 287
Acerca del autor 289

Tabla de Figuras

Figura 1. Memorando de Franklin D. Roosevelt, de Tecnología y Ciencia no Terrestre Febrero 22, 1944 15
Figura 2. El nombre de Tsien destaca en el Grupo de Asesoría Científica Aparece en el número uno de "Rumbo A Nuevos Horizontes............................. 16
Figura 3. Fuente: Ejercito Estados Unidos/Caltech 20
Figura 4. Teletipo del FBI Teletype Discute Acerca de Testigo Polaco que Atestiguó un Platillo Volador 23
Figura 5. Supuesto Documento Nazi Muestra Producción de Platillo Volador 30
Figura 6. Documento Revela A Schumann Como Parte De La Operación Paperclip 33
Figura 7. Documento Oficial de la Fuerza Aérea De Los Estados Unidos confirma al Dr. Tsien Hsue Shien como miembro del Consejo de Asesoría Científica de 1946 a 1949.. 42
Figura 8. Documento Oficial de la USAF Confirmando a Tsien Hsue Como Miembro de del Consejo de Asesoría Científica en el Panel de Los Vehículos Aeroespaciales de 1946 a 1949.. 44
Figura 9. Vannevar Bush y Jerome Hunsaker aparecen como Miembros Fundadores del Comité Secreto de Científicos Majestic 12, donde Convergen Líderes y Oficiales del Gobierno..45
Figura 10. Accidente Aéreo Reportado Relacionado a Theodore Von Karman, Así Como Al Consejo Asesor Científico En La Investigación Del Choque De Un Objeto Volador..50
Figura 11. Dr. Theodore Von Karman Presidente del Consejo Asesor Científico de 1946-1954. (Fuente Fuerza Aérea De Los Estados Unidos)..56
Figura 12. El Dr Tsien Hsue Shen es Entrevistado Acerca de su Avión Cohete Para El Miami News En Diciembre 1 de 1949 p.1 60
Figura 13. Periódicos Nacionales Cubren el Arresto de Tsien........................ 65
Figura 14. Muñecas Matroyoshka 68
Figura 15.Tsien Hsue Shen Sentado Junto A Mao Zedongen 1956................... 73
Figura 16. Foto de una Piedra Dropa Fotografiada Por Ernst Wegerer.. 86
Figura 17. Modelo de un Avión Creado Con Pajillas.. 90
Figura 18. Foto De Una Pirámide Cerca De Xian, que hoy Día Se Cree Se Trata Mausoleo de Maoling, Fuente: Las Noticias De Salem, Marzo 31 1947.. 139
Figura 19. Imagen Satelital de Pirámides en la Provincia De Shaanxi, China ... 144
Figura 20. La Revisión Diaria Decatur Noviembre 7 1964, p.1 149
Figura 21. Producto Interno Bruto de China (PIB) 1980-2020 175
Figura 22. Fuente Diario de China... 169
Figura 23. Fuente Presidencial UFO.Com.. 172
Figura 24. Documento Que Confirma la Cita en el Comité De Ciencia Y Tecnología 190

Figura 25. Corte Que Muestra 48 Pilas De Condensadores De Ocho Placas Y Cilindros De Oxígeno 199
Figura 26. Fotografía de un Triángulo Volador Cerca de la Base Aérea De MacDill El 9/4/17 200
Figura 27. Esquéma del Prototipo de Helicóptero Gran Tiburón Blanco de China.. 201
Figura 28. Patente del Objeto Volador Triangular HAUC 205
Figura 29. Extracto de la Patente de la Aplicación Pais................................ 212
Figura 30. Ovni Tic Tac Fuente Marina Estados Unidos.............................. 216
Figura 31 Instalaciones Bunker con Algunos Túneles, Enlazados a la Prueba Dingxin Y A la Base de Entrenamiento.. 219
Figura 32 Instalacion de Armas de Energía Dirigida. Fuente Vinayak Bhat.. 225

PREFACIO

La victoria mas grande es lla que no requiere batalla

- Sun Tzu: El Arte de la Guerra

El 20 de Noviembre de 2019, el teniente general recientemente retirado de la Fuerza Aérea de los Estados Unidos, Steven Kwast, declaró públicamente que China estaba construyendo un ejército aéreo con naves y destructores espaciales que podrían utilizarse en contra de los bienes militares estadounidenses en el espacio. Dos años antes, el Dr. James Sheehy, Director de Tecnología de Aviación Naval de Los Estados Unidos, reveló claramente que China ha estado creando aeronaves híbridas aéreas, marítimas y espaciales con sistemas electromagnéticos avanzados, que revolucionaran la industria aeroespacial. Tales desarrollos también harian obsoletas las naves propulsadas por combustibles fósiles. Estos anuncios, señalan un peligro claro y presente.

Altos funcionarios del Pentágono advierten abiertamente que China está en camino de tener la capacidad de destruir toda la red de comunicaciones satelitales, militares y civiles de los Estados Unidos. Más preocupantes todavía son los esfuerzos de China que esta utilizando la Inteligencia Artificial (IA) para obtener una ventaja asimétrica, sobre su mayor rival tecnológico, Estados Unidos. Los analistas de seguridad nacional afirman que el desarrollo tecnológico y económico de China es tan rápido que podrá alcanzar su objetivo de hegemonía global antes de su fecha objetivo en 2049, centenario de la victoria de la guerra civil del Partido Comunista y fin de un siglo de humillación por parte de las potencias occidentales, según la visión actual del Partido Comunista Chino (CCP).

El analista político Dr. Graham Allison Decano fundador de la Escuela Kennedy en la Universidad de Harvard, ha advertido sobre la Trampa Tucidides, una situación clásica volátil, causada por el dominio surgiente de China, el cual está destinado a chocar con la hegemonía gobernante de los Estados Unidos , esto va a causar la lucha del dominio global durante las décadas siguientes. Otros destacados analistas políticos de China como el Dr. Michael Pillsbury, autor de *Hundred Year Marathon,* "El maratón de los Cien años", y el general de brigada general Robert Spalding autor de *Stealth War,* "La guerra de sigilo". Describen con gran detalle el poder militar, económico y tecnológico adquirido por China durante las últimas décadas. Estos autores advierten específicamente que el país asiático está utilizando estrategias sigilosas de guerra, las cuales fueron desarrolladas durante "El periodo de los Estados de Guerra" por el venerado genio militar Sun Tsu, y otros estrategas chinos por dos milenios. China pretende engañar a las democracias occidentales en una sensación falsa de complacencia, hasta que esté preparada para desatar una serie de acciones relámpago para desplazar a Estados Unidos de la hegemonía mundial sin disparar un solo tiro. Las evaluaciones colectivas de Pilsbury y Spalding, determinan que no es probable que China cambie su sistema político represivo, por el contrario China va a exportar las ventajas de su sistema totalitario, el cual esta utilizando cada vez más las tecnologías avanzadas y la inteligencia artificial, este sistema controla la vida de sus ciudadanos, y se esta extendiendo lentamente por todo el mundo. Los analistas políticos se están preguntando. ¿Cómo es posible que China haya progresado en tan poco tiempo de un remanso industrial que luchaba por alimentar a su vasta población hasta hoy convertida en un gigante tecnológico y económico, que desafia la supremacía de Los Estados Unidos en la Tierra y el Espacio?

Para obtener una respuesta, debemos recurrir al padre del programa espacial de cohetes de propulsión a chorro de La China,

PREFACIO

el Dr. Tsien Hsue- Shen. Irónicamente, la carrera genial del Dr. Tsien comenzó en suelo Estadounidense, donde saltó a la fama y desempeñó un papel importante como fundador primero en el lanzamiento de la ciencia de cohetes en Estados Unidos, a través del legendario *JPL* "Laboratorio de Propulsión" a Chorro, así como en *Caltech, el* Instituto de Tecnología de California. JPL se convirtió en una de las academias científicas principales que desarrollan cohetes para impulsar el programa espacial de la NASA. EN 1950, debido a sus logros científicos impresionantes en JPL, así como en el *MIT* "Instituto de Tecnología de Massachussets" El Dr. Tsien alcanzó el estatus de celebridad nacional en Estados Unidos, destacandose como pionero científico de astronaves. Los periódicos mas importantes le entrevistaban regularmente debido a sus ideas sobre los cohetes modernos y aviones supersónicos de propulsión a chorro, que lograron transportar a ciudadanos, de un lado a otro del país en menos de una hora.

Sin embargo lo que no es ampliamente conocido es que Tsien había ayudado al Ejército de la Fuerza Aérea de los Estados Unidos a estudiar vehículos aeroespaciales supersónicos en forma de platillo, capturados en la Alemania Nazi. Así como los OVNIS recuperados en Nuevo México durante el accidente de Roswell de 1947. Tsien no solo ayudó a científicos Estadounidenses investigando las naves "platillo volador" capturadas y los sistemas de propulsión exóticos sino que también estuvo directamente involucrado en el desarrollo de un plan de ingeniería inversa de los vehículos supersónicos del Ejército de la Fuerza Aérea de los Estados Unidos, para crear un programa multifacético espacial secreto en el futuro.

En el apogeo de su estatus de celebridad nacional y de su influencia científica, un conjunto de acontecimientos inimaginables tuvo lugar. Tsien fue declarado simpatizante comunista por el FBI, y entonces fue privado de todas sus autorizaciones de seguridad y deportado a China después de una batalla legal larga. Un aturdido Tsien, aturdido por esta situación, fue obligado a regresar a su tierra natal y llevó consigo el tesoro de secretos militares y tecnológicos de Los Estados Unidos.

No es extraño que al regresar a China en 1955, el Dr. Tsien ayudó por sí solo al Ejercito Popular de Liberación a crear un programa de cohetes, que se convirtió en la base de su incipiente misil balístico nuclear, así como su programa espacial. Mientras el ayudaba a China a desarrollar cohetes modernos para misiles nucleares y sistemas de lanzamiento de satélites. Tsien monitoreó simultáneamente en toda China las tecnologías aeroespaciales avanzadas similares a las que había estudiado en los Estados Unidos, algunas de las cuales provenían de la Alemania Nazi. Esto implicó investigar avistamientos y el estudio de las misteriosas pirámides de OVNIS en todo el país asiático; además del estudio de las misteriosas pirámides de la provincia de Shaanxi, que se rumoraba tenía relación a antiguas tecnologías de aviación; así como la recuperación de artefactos de un antiguo accidente de un platillo volador que ocurrió hace 12,000 años en la frontera China-Tíbet; Dr. Tsien fue a investigar registros budistas tibetanos de platillos voladores así como contactos frecuentes con los ocupantes de dichas naves, además de los ataques entre los Chinos y Soviéticos, para determinar el control de una importante base OVNI encontrada en Mongolia durante 1980 y perteneciente a una civilización desconocida y tecnológicamente avanzada.

Durante la década de los 80, el presidente Ronald Reagan y el líder supremo de China, Deng Xiaoping, firmaron acuerdos importants de asistencia tecnológica, que permitieron a China tener acceso a algunas de las tecnologías Estadounidenses más avanzadas. A través de estos acuerdos, Regan alcanzo a contrarrestar la amenaza que representaba la Unión Soviética, además de debilitarla en el ámbito internacional, aunque en realidad su verdadero propósito fue el responder a una amenaza completamente diferente.

El Presidente Reagan hizo pública la necesidad de una mayor cooperación internacional, lo cual era en realidad un esfuerzo para poder hacer frente a una amenaza extraterrestre inminente. Los acuerdos de Estados Unidos para la asistencia tecnológica, sentaron las bases para que China avanzara con su programa ambicioso de modernización industrial. También allanó el camino para que los científicos Chinos trabajaran con sus colegas Norteamericanos, para poder estudiar varias naves extraterrestres capturadas en suelo Estadounidense. Múltiples expertos confirman que los científicos Chinos trabajaron en instalaciones altamente clasificadas, donde las tecnologías extraterrestres estaban siendo repetidas y así se estaba generando la ingeniería inversa, para en conjunto lograr un Programa Espacial Internacional Secreto en el futuro. A cambio de esto, Estados Unidos quería acceder a la extensa base de datos de información de China, sobre platillos voladores y tecnologías antiguas avanzadas, que habían sido recuperadas de sus pirámides misteriosas en el desierto de Gobi, el Tíbet y otros lugares.

El Dr. Tsien fue un visionario autentico y desempeñó un papel decisivo en la creación e implementación de un programa de ingeniería inversa para el Ejército Popular de Liberación por varias decadas, un paso necesario para lograr el sueño más grandioso: Un programa secreto espacial para China, utilizando tecnologías de propulsión exóticas basadas en electromagnetismo y física de campo de torsión. Tsien retorno al papel que había jugado en décadas anteriores, cuando ayudó a la **USAF** Fuerza Aérea de los Estados Unidos, a desarrollar un plan estratégico para el examen detallado de vehículos supersónicos capturados, el cual no comprendía solo cohetes V-2 sino también naves Alemanas y extraterrestres. El éxito del ascenso meteórico de China como una gran potencia en el espacio con un plan militar secreto, que hoy compite con proyectos mucho más antiguos establecidos por Estados Unidos y Rusia se debe al Dr. Tsien Hsue-Shen.

Según Zhuang Fenggan, quien en 1994 fue nombrado subdirector de la División de la Academia de Ciencias, Física y Matemáticas de China: Tsien comenzó el negocio de los cohetes desde la nada... "Fue el científico más importante y la persona más autoritaria".[1] Ernest Kuh, profesor de ingeniería eléctrica de la Universidad de California en Berkeley dijo: "Dr. Tsien revolucionó toda la ciencia de los misiles en China, la ciencia militar y fue el científico e ingeniero principal del país".[2]

En la década de 1990, China comenzó a desarrollar en secreto vehículos aeroespaciales utilizando tecnologías exóticas, después de su rápida expansión económica, finalmente logró poner a disposición de estos programas los recursos suficientes, para la empresa monumental que Tsien había planeado durante mucho tiempo. El proyecto galáctico propulsado por cohete convencional de China, es una cobertura efectiva para el desarrollo y despliegue de un programa espacial secreto mucho más poderoso dirigido por militares que a corto plazo tienen como objetivo desafiar el dominio de los Norteamericanos en las operaciones espaciales. A largo plazo, China tiene la intención de suplantar a Estados Unidos cómo líder mundial y usar sus vastos recursos económicos para destacar su autoridad militar e influencia en nuestro sistema solar y más allá.

CAPÍTULO 1

La Genialidad del Dr. Tsien ayuda a encender el programa de Cohetes en Norteamérica

> Sin duda la Figura más importante en el Programa Espacial Chino... Tsien Hsuen-Shen fue responsable de dirigir el desarrollo de los misiles en el país asiático, así como el lanzamiento de vehículos espaciales de 1956 a 1991.
>
> — *Space Tech Asia 2017*

El Dr. Tsien Hsue-Shen (también conocido como Qian Xuensen, deletreado en Chino), fue un físico, matemático, ciberneticista e ingeniero aeroespacial, su ilustre carrera científica vino a impactar tanto a Estados Unidos como a China de formas imborrables. Eventualmente los frutos de su trabajo enfrentaron cara a cara a estas dos naciones orgullosas, en una lucha de poder por la supremacía global. Pero ¿Cómo ocurrió todo? La Genialidad y el destino tomaron parte en la jugada que fue a marcar la historia de su triunfo personal, cómo también la caída de gracia que tuvo con los Estados Unidos donde su carrera se acabo en 1950. Su tierra natal le dio la bienvenida como hijo pródigo en 1955. Dejandole que otorgara a China sus talentos y los secretos que aprendió en Norteamérica. Tsien vivió hasta los 98 años. Murió en 2009 y fue honrado en todos los medios de prensa de ambos países por el trabajo de toda su vida, Dr. Tsien creo los cimientos en que se basan las agendas y metas de los programas nacionales y espaciales de ambos países. Los resultados sorprendentes son ahora revelados dentro de este libro.

Nació en 1911 en Hangzhou China. Tsien se graduó con la

Licenciatura en ingeniería Mecánica en la Universidad de Shangai Jiaotong en 1934. Paso su prueba de interno en la base aérea de Nanchang antes de viajar a los Estados unidos, con una beca de indemnización que le permitió asistir al prestigioso *MIT* Instituto Tecnológico de Massachussets a la edad de 24 años.[3] Se graduó del MIT en la maestría de Ciencias de Ingeniería Mecánica y fue transferido al *Caltech* "Instituto de Tecnología de California" en Pasadena California, donde obtuvo su doctorado siguiendo los consejos del hombre que se convirtió en el mentor, mejor amigo y colega de Tsien.

Este era el legendario físico e ingeniero aeroespacial Dr. Theodore Von Karman, cuyas teorías y experimentos lo llevaron a ser condecorado y conocido como "El padre de la era supersónica" y se convirtió en el tutor de tesis del joven Tsien en el Instituto de California.[4] Von Karman jugó un papel importante en el desarrollo de programas espaciales en los Estados Unidos, utilizando ambos sistemas en los cohetes tanto convencionales como los de propulsión exótica. Durante e inmediatamente después de la Segunda Guerra Mundial Von Karman fue el principal asesor científico de Henry "Hap" Arnold, Comandante General de la Fuerza Aérea de los Estados Unidos. Que fue oficialmente lanzada en 1941, Arnold era un visionario, y se convirtió en el único general de cinco estrellas que sirvió al mismo tiempo a las Fuerzas Armadas y a la Fuerza Aérea Norteamericana.

Von Karman escribió acerca de su primer encuentro con Tsien y como ambos desarrollaron rápidamente una relación cercana.

> Un día en 1936, Dr. Tsien vino a pedirme asesoría acerca de estudios de postgrado mas avanzados. Este fue nuestro primer encuentro. Cuando lo vi, observé un hombre bajito, con una apariencia bastante seria, que respondía mis preguntas con precisión exceptional, su entusiasmo y agilidad mental me impresionó de inmediato y le sugerí que se inscribiera en el CALTECH para estudios más avanzados.
>
> Tsien aceptó y trabajó conmigo en muchos problemas

matemáticos, era muy imaginativo, con aptitudes matemáticas que combinaba exitosamente con una gran habilidad para analizar con precisión la imagen física de fenómenos naturales. Incluso como un estudiante joven, me ayudó a aclarar algunas de mis ideas en varios temas de alta dificultad. Estos son dones que no se encuentran frecuentemente. Tsien y yo nos hicimos colegas cercanos.[5]

Estos dones personales, fueron también una señal temprana de las aptitudes de Tsien para los fenómenos psíquicos. Mas tarde en su vida, el llevó a cabo una investigación científica importante acerca de la telepatía, un campo cautelosamente aceptado por los científicos Chinos.

Tsien recibió su doctorado en 1939 y se convirtió en el protegido de Von Karman. El fue introducido a un nuevo campo, los cohetes de propulsión a chorro y junto con dos ingenieros de Caltech, construyeron la versión Americana del cohete Alemán Nazi V-2. La intimidad profesional que se desarrolló entre Von Karman y Tsien se puede encontrar en la autobiografía de Von Karmen   Tsien es el único estudiante al cual dedicó un capítulo completo. Iris Chang el biógrafo de Tsien resumió su relación profesional de la siguiente forma:

> Ellos dos eran como un matrimonio. Karman tenía la genialidad de comprender la física. La habilidad de visualizar problemas aerodinámicos y extraer los elementos clave. Mientras que Tsien tenía la tenacidad, la ingenieria y el don necesario para aplicar las matemáticas en papel. La división de la labor parecía bien definida. Si Karman visualizaba la estructura posible completa de una teoría, Tsien era quien la edificaba minuciosamente, línea por línea con fórmulas matemáticas. Si el espontáneo y gregario Karman veía las matemáticas principalmente como una herramienta, como el medio para un fin, Tsien era más estudioso, lo veía como un fin en sí mismo; disfrutando de su forma de elegancia y gracia.[6]

El ex jefe de laboratorio de propulsión a chorro y combustión de la Universidad de Princeton, el Dr. Martin Summerfield, también estudió en el Caltech, y fue uno de los mejores amigos de Tsien, Dr. Martin recuerda como Tsien se convirtió en alguien invaluable para Von Karman:

> Era la mano derecha de Karman, Tsien llevaba todos sus proyectos, y sabía lo que el pensaba y todo lo realizaba con prontitud, trabajaba día y noche, entregaba los manuscritos rápidamente y de forma brillante, se volvió un colaborador muy cercano, se convirtió en los brazos y las piernas de Karman. Desarrollaba las fórmulas que Karman inventaba. Era raro encontrar a alguien cómo él.[7]

A principios de 1937 Tsien se unió a un grupo pequeño de alumnos graduados del Caltech, que estudiaban la factibilidad de los cohetes como vehículos aerodinámicos. El 29 de Mayo de 1937, Tsien escribió un reporte titulado: "El efecto de la divergencia angular de la boquilla en el empuje de un motor de cohete", el cual fue adoptado por el grupo como parte de su Biblia.[8] Von Karman estaba tan impresionado con el trabajo de Tsien y los otros estudiantes, que ayudó al grupo a obtener el reconocimiento oficial como el Laboratorio de Aeronáutica Guggenheim del instituto de tecnología de California, *(GALCIT)* como grupo de investigación de cohetes.[9]

Después de presentar su primera conferencia de cohetes en papel en el instituto de Ciencias de la Aeronáutica en Nueva York en Enero de 1937, un periódico estudiantil, el California Tech, escribió una historia acerca de este grupo destacado:

> El cohete ha surgido de los reinos de la ficción, en los tres meses siguientes, los estudiantes del Caltech, Frank J. Malina, A.M.O. Smith y Hsue-Shen Tsien, graduados en aeronáutica, tendrán más información fidedigna que ha habido en todo el mundo acerca de los motores de cohetes.[10]

CAPÍTULO 1

El periodico California Tech citó uno de los sueños de Tsien para el futuro de los experimentos con cohetes:

> Uno de los objetos de ese experimento es aprender las características de la Tierra de 600 a 900 millas sobre la superficie. Los cohetes propuestos se compondrían de tres partes separadas, ya que se consume una gran cantidad de energía al elevarse, a través de las capas inferiores de aire denso y si es posible, se lanzará desde una montaña alta, una vez por encima del aire denso, el cohete dejará caer su peso muerto y avanzará hacia arriba con un consumo de combustible disminuido y finalmente en un tiempo determinado, la segunda sección será eliminada y el cohete ganará más altura.[11]

Inmediatamente Tsien y el grupo de cohetes de propulsión de Caltech, fue entrevistado por varios reporteros de revistas importantes como *Popular Mechanics* "Mecánica Popular" y periódicos de Los Ángeles, sobre los objetivos que podrían lograr los cohetes.

En Mayo de 1938 el primer trabajo co-escrito de Tsien con Von Karman, se publicó "Capa limítrofe en fluidos comprimibles"; Este papel examinó las capas limítrofes de objetos que se mueven rápidamente, como cohetes y misiles. Esto fue seguido en Octubre por otro artículo escrito por Tsien: "Flujo supersónico" sobre un cuerpo revolucionado inclinado", publicado en *Aeronautical Sciences* "Ciencias aeronáuticas".[12] Tsien examinó la elevación de un proyectil que viajaba a velocidades electrónicas, y como el número Mach fijo es directamente proporcional al ángulo de ataque del proyectil.

Los trabajos teóreticos de Tsien y los experimentos con el grupo del Caltech, estaban ganando mucho interés académico, y la atención de la prensa. Más documentos siguieron aceleradamente, y Tsien fue quien empezó a atraer rápidamente la atención nacional, por su trabajo innovador en supersónicos. Después del ataque en Pearl Harbor contra Estados Unidos por el Japon en Diciembre de 1941, Estados Unidos y China, se convirtieron en aliados formales en la Segunda Guerra Mundial. Von Karman intervino personalmente, para conseguirle a Tsien la autorización de seguridad necesaria para participar en un número de proyectos del Caltech financiados por los servicios militares. En su carta de apoyo, Von Karman escribió: "No tengo ninguna duda sobre la lealtad de Tsien a los Estados Unidos".[13] Chang explicó que la autorización de seguridad otorgada a Tsien que le permitía "trabajar en contratos secretos ---Para el Ejército" la Armada, la Fuerza Aérea, el Departamento de Guerra, y la Oficina de Investigación Científica y Desarrollo--- "Así como en niveles de acceso más altos, que nunca le habían sido permitidos previamente".[14] Esta autorización fue crítica, ya que permitió a Tsien colaborar con Von Karman en un número de proyectos aeroespaciales avanzados en Caltech, financiados por diferentes servicios militares.

A mediados de 1943, después de que las fotos del Ejército de la Fuerza Aérea, demostraron las primeras evidencias, de que la Alemania Nazi estaba construyendo plataformas de lanzamiento de cohetes, en el Norte de Francia, se le pidió a Von Karman que escribiera un informe, "Evaluar la calidad de los cohetes de Estados Unidos para propulsar misiles de largo alcance".[15] Con asistencia técnica de Tsien y otro miembro del grupo de cohetes Caltech (GALCIT) Von Karman escribió un informe fechado el 20 de Noviembre de 1942, recomendado la creación de un nuevo proyecto *Jet Propulsion Laboratory* GALCIT "El laboratorio de propulsión a Chorro" fue renombrado JPL anticipando la financiación del Ejército. Años más tarde, Von Karman escribió: "nuestra propuesta fue el primer memorando en el programa de misiles de Estados Unidos".[16]

Después de recibir tres millones de dólares (una enorme cantidad en ese tiempo) del Departamento de Artillería del Ejército de Estados Unidos, el nuevo renombrado JPL inició sus operaciones el 1 de Julio de 1944, y oficialmente remonta su origen al grupo de estudiantes graduados del Caltech, que crearon un grupo de cohetería y al cual Tsien se unió en 1937, por lo tanto él es acreditado como uno de los miembros fundadores, del laboratorio de cohetes de propulsión a chorro JPL.

Tsien fue jefe de la primera sección "Análisis de investigación". Una de las responsabilidades de Tsien, como jefe de sección era familiarizarse con el trabajo de las otras ocho secciones que componían el laboratorio. Además del análisis de investigación estos fueron "líquidos propelentes bajo el agua, así como propelente sólido, material de propulsores, diseño de ingeniería, diseño de investigación y control remoto".[17] Chang señala que "Tsien fue reconocido como un líder del laboratorio de JPL, y fuer rápidamente reconocido como el principal experto mundial en la propulsión a chorro".[18]

A principios de Septiembre de 1944, Dr. Von Karman tuvo una junta secreta con el General Arnold en el aeropuerto de La Guardia, ahí discutieron abiertamente los desarrollos en la industria Aeroespacial. El General se centró en lo que la inteligencia de la Fuerza Aérea del Ejército había aprendido sobre los avances de la tecnología aeroespacial Alemana y los muchos inventos que estaban en desarrollo. Esta reunión secreta, fue revelada por Von Karman, en su autobiografía: *The Wind and Beyond,* "El viento y más allá":

> Cuando llegué al aeropuerto, un asistente me llevó al final de la pista, donde un auto oficial de la fuerza Aérea de los Estados Unidos estaba estacionado. Entonces, el ayudante desapareció. El general Arnold estaba esperandome, y cuando me vio, el despidió a su chofer, no había nadie más que podría escucharnos. Estábamos totalmente solos. El General Arnold no perdió tiempo en ir al punto: "Hemos ganado esta guerra, y ya no estoy interesado en ella. No creo que debamos pasar tiempo debatiendo si tuvimos la victoria por puro poder, o por alguna superioridad cualitativa. Solo una cosa debería preocuparnos. ¿Cuál es el futuro del poder aéreo y las guerras aéreas? ¿Cuál es el significado de los nuevos inventos tales como propulsión a chorro, cohetes radar y" otros dispositivos electrónicos?"[19].

"Vale la pena reflexionar en que otros dispositivos se refería el General, y que era lo que quería decir con el poder aéreo y la guerra aérea". A finales de 1944 múltiples pilotos de las fuerzas aéreas del Ejército de Estados Unidos, comenzaron a describir misteriosas luces que ensombrecían, e interferían con sus aviones durante bombardeos nocturnos. Estos fueron descritos como "Foo Fighters", es decir que no aparecían en el radar, y se pensó que eran parte de una nueva arma desconocida, con un sistema desarrollado por los Nazis.[20] Más tarde se supo que los Alemanes no solamente estaban trabajando en dispositivos electrónicos que tuvieron relevancia para el futuro del poder aéreo y la guerra aérea, si no que también estaban dando pasos revolucionarios, hacia la propulsión electrónica, los científicos alemanes también estaban dando pasos revolucionarios hacia la propulsión electromagnética y sistemas de energía que formaban parte de un nuevo diseño radical de aeronave supersónica en forma de platillo.

Von Karman continuó su relato de la reunión secreta:

> "Escuché con fascinación. Siempre había admirado la visión de Arnold, pero creo que estaba más impresionado que nunca. Esto fue en Septiembre de 1944, la guerra no había terminado todavia; de hecho, los Alemanes iban a lanzar la batalla de las Ardenas en Diciembre. Sin embargo, Arnold ya estaba mirando mucho más allá de la guerra, y dándose cuenta como siempre lo había hecho, que el genio técnico que podría ayudarlo a encontrar las respuestas no iba a estar confinado dentro de las Fuerzas Armadas, o en la burocracia, pero se podría encontrar en las Universidades o con la gente en general.[21]

Von Karman finalmente reveló el alcance visionario que el General Arnold quería que hiciera en respuesta a los nuevos inventos, que iban a impactar el futuro de la aviación militar:

> Yo le dije "¿Qué es lo que quieres que haga General?"

CAPÍTULO 1

> "Quiero que vengas al Pentágono y reúnas a un grupo de científicos que trabajen en un plano para la investigación de los aires, por los próximos 20, 30 o quizás 50 años".
> Este era todo un reto y me sentí halagado y complacido. Le dije "General a mi no me gustaría trabajar en el Pentágono, pero lo haré bajo la siguiente condición: - "Que nadie me de ordenes, y que yo no tenga que darle ordenes a nadie."
> Arnold sonrió, y dijo "Te aseguro Doctor que yo seré tu único jefe. Y por las ordenes déjamelas a mi". (énfasis añadida).[22]

Von Karman pidió un permiso de ausencia en el Caltech y en Octubre de 1944, comenzó a trabajar como un consultor en la Fuerza Aérea de los Estados Unidos. Von Karman comenzó a armar el Grupo Asesor Científico que elaboraría el plano de secreto máximo del modelo solicitado por Arnold, e inmediatamente pidió a Tsien que se uniera con él como líder en proyecto. Chang explica:

> En unas pocas semanas, Karman hizo una solicitud interesante, el llamó a Tsien. Le pidió que se reuniera con él en Washington D.C. para trabajar juntos como parte del equipo de tres hombres y también como miembro del Grupo de Asesoría Científica, que ayudaría al jefe del personal de la Fuerza Aérea de Estados Unidos en el examen de todas las opciones posibles de conflicto aéreo en cualquier guerra futura. Tsien trabajaría con dos socios cercanos a Karman, Hugh Dryden y Frank Wattendorf, estos fueron los miembros de su equipo, y también pertenecerían a un equipo de élite, de unas tres docenas de científicos destacados e ingenieros.[23]

Tsien posteriormente renunció como jefe de investigación de la división de análisis de JPL y se dirigió a Washington D.C. para unirse a Von Karman, quien años más tarde en su autobiografía explicó su decisión de darle tanta responsabilidad a Tsien a pesar de que él todavía no era ciudadano Estadounidense:

A los 36 años, era un genio indiscutible, cuyo trabajo estaba dando un enorme impulso en avances en la aerodinámica de alta velocidad, así como el desarrollo de la propulsión a chorro. Por estas razones lo nominé como miembro del Grupo Asesor Científico.[24]

La participación de Tsien en el equipo científico de elite encabezado por Von Karman contemplando el futuro de la guerra en el aire, el mar y el espacio, usando sistemas de propulsión supersónicos, es crítico para entender lo que Tsien proporcionaría luego a la República Popular China después de su regreso controvertido en 1955.

Al llegar a Washington D.C. Tsien escuchó discursos del General Arnold, exhortándole y a otros miembros del Instituto Científico, a "Analizar las posibilidades del vuelo supersónico" aviones sin pilotos, bombas con mayor poder explosivo, y reconocimiento aéreo, incluso la energía atómica como fuente de propulsión".[25]

Entre los temas discutidos por el General Arnold había uno "clasificado como doblemente ultra secreto", la investigación y el desarrollo de platillos voladores estrellados, que se cree que son de origen extraterrestre.

A principios de 1942, el Presidente Roosevelt ordenó una investigación altamente clasificada, acerca de las tecnologías de los objetos voladores, que se encontraban en posesión de la Fuerza Aérea y el Ejército de los Estados Unidos, tras los incidentes de Cape Girardeau Missouri, en Abril de 1941 y en los Ángeles California en Febrero de 1942. En mi libro *US Air Force Secret Space Program*, "Programa Espacial Secreto de la Fuerza Aérea de los Estados Unidos", he discutido ambos incidentes en detalle junto con la documentación de respaldo.[26] Dicho brevemente, los dos incidentes involucraron la recuperación de varios platillos voladores estrellados, las naves fueron determinadas de origen extraterrestre. Poco después del incidente del ataque aéreo en Los Ángeles, el ejército creó la Unidad de Fenómenos interplanetarios (IPU) para llevar a cabo la investigación.

CAPÍTULO 1

En respuesta a la solicitud hecha a través de la "Ley de Libertad de información" (FOIA) que se presentó en 1984, la Fuerza Aérea de los Estados Unidos se vio obligada a admitir que la Unidad de Fenómenos Interplanetarios había existido. Esto fue después de haber negado la existencia de tal Unidad. El Teniente Coronel Lance R. Cornine escribió:

> Como Usted menciona en su carta, la llamada Unidad de Fenómenos Interplanetarios (IPU) fue desmantelada, y según lo que sabemos, los registros, si los hubo, fueron transferidos a la Fuerza Aérea a finales de los años cincuenta. La Unidad se formó como proyecto interno, puramente como un elemento de interés del Jefe de Asistente del Estado Mayor de Inteligencia. Nunca fue una Unidad en el sentido militar, ni nunca fue formalmente organizada o reportada, no tenía función de investigación, misión o autoridad, y puede que ni siquiera haya tenido un registro formal en absoluto. Es solo a través de la memoria institucional que existe algún recuerdo de dicha "Unidad". Por lo tanto, no debemos responder a sus preguntas, sobre el propósito exacto de dicho proyecto, así como cuando fue exactamente movido, así como quien estaba al mando. Esto último no aplicaría en cualquier caso, ya que nadie estaba a "cargo" "no tenemos registros o documentación de ningún tipo de esta Unidad".[27]

La carta de Cornine reconoció que la IPU existió hasta finales de 1950, pero lo minimizó como simplemente un artículo de "interés" por que nunca fue una "Unidad" operativa del Ejército de ningún tipo. Sin embargo una solicitud por parte de la FOIA al servicio de la Inteligencia y Seguridad de Estados Unidos. El comando llevó una respuesta el 9 de Abril de 1990, escrita por el Coronel William Guild. El declaró que, todos los registros pertenecientes a la "Unidad" fueron entregados a la Oficina de investigaciones Especiales de la Fuerza Aérea de los Estados Unidos, junto con la operación *Blue Book*.[28] Entonces, según registros de la Inteligencia del Ejército, la IPU era una Unidad formal relacionada de alguna forma a estudiar los OVNIS, contradiciendo lo que la Fuerza Aérea dijo sobre la inactividad de la IPU. De acuerdo con Clifford Stone un veterano del Ejército de 22 años, la IPU era de alto secreto y estaba encabezada por el General Douglas McArthur.[29]

A principios de 1944, después de una investigación de dos años, a través de la Unidad de Fenómenos Interplanetarios, el Presidente Roosevelt había tomado la decisión de retrasar la investigación y el desarrollo de tecnologías de platillos voladores capturados, hasta después de la guerra. En cambio, los recursos se limitarían a los conflictos bélicos y se concentrarían en el desarrollo de armas nucleares y sistemas de armas convencionales, a través de un memorando de alto secreto del 22 de Febrero de 1944, Roosevelt explicó el razonamiento detrás de su decisión:

> **MEMORANDO PARA EL COMITÉ ESPECIAL DE TECNOLOGÍAS Y CIENCIAS NO TERRESTRES.**
>
> Estoy de acuerdo con la OSRD Oficina de la Investigación Científica y Desarrollo, en relación a la propuesta de la recomendación presentada por el Dr. Bush y el Profesor Einstein, quienes iniciarán programas por separado lo más pronto posible.
>
> También estoy de acuerdo en que la aplicación a la Tecnología no terrestre, y para saber utilizar la energía atómica en el perfeccionamiento de las súper armas de guerra, debe ser usada para generar la derrota completa de Alemania y Japón. En vista del gasto hecho en el programa de la bomba atómica, en ese momento, sería difícil aprobar el proyecto, sin más apoyo del Departamento del Tesoro, así como de las fuerzas armadas, por lo tanto he decidido renunciar a dicho programa. Desde el punto de vista de los miembros informados de los Estados Unidos, nuestro objetivo principal no es involucrarnos en investigaciones

CAPÍTULO 1

exploratorias de este tipo, sino ganar la guerra lo antes posible.

Se han planteado varios puntos sobre lo que tal esfuerzo significaría al ya endurecido programa de investigación de armas avanzadas y a los grupos que apoyan nuestros esfuerzos bélicos. Así que estoy de acuerdo que no es el momento, en mi opinión personal. Cuando se gane la guerra y la paz se restaure llegará el momento en que los fondos, excedentes podrán estar disponibles, para poder seguir un programa dedicado a comprender la ciencia no terrestre, así como su tecnologías la cual es todavía enormemente desconocida. He tenido conversaciones privadas con el Dr. Bush sobre este tema, así como el consejo de varios científicos eminentes, que creen que los Estados Unidos deberían aprovechar todas las maravillas que han venido a nosotros. He escuchado algunas discusiones entre el Dr. Marshall y otros militares, Los Estados Unidos deben asumir su destino en esta materia, en nombre de la seguridad de la Nación, en un mundo posterior a la guerra y me he asegurado que este será el caso.

Aprecio el esfuerzo y el tiempo dedicado a producir valiosos conocimientos, sobre la propuesta para encontrar formas avanzadas y desarrollar nuestra tecnología, así como el progreso nacional, además de enfrentar la realidad de que nuestro planeta no es el único que alberga vida inteligente en el universo. También felicito al Comité por la organización y planificación que es evidente en la propuesta del Dr. Bush y la forma delicada en que fue presentada. Confío en que apreciarán la situación en la que esta oficina debe rendir su decisión.[30]

Al investigar la autenticidad del memorando, el Dr. Robert Wood y su hijo Ryan notaron que la categoría de clasificación "doblemente ultra secreto" se utiliza muy raramente, sin embargo era legítima.[31] Hubo otros aspectos del memorando que respaldaron su autenticidad, incluyendo los documentos filtrados y desclasificados sobre el incidente del ataque aéreo de Los Ángeles.[32]

El memorando de Roosevelt del 22 de Febrero de 1944 es altamente significativo, ya que muestra que había una amplia gama de discusiones que involucraban a científicos destacados y líderes militares, sobre qué hacer con los platillos voladores capturados. Estas discusiones ciertamente incluyeron al General Arnold, en su calidad de Comandante General de la Fuerza Aérea del Ejército y el Dr. Vannevar Bush, como el principal asesor científico del Presidente Roosevelt.

Repasemos brevemente; en Octubre de 1944, el General Arnold nombró a Von Karman para dirigir el Grupo asesor científico del Ejército de la Fuerza Aérea, que incluía a Tsien como consultor y miembro del personal cercano a Von Karman, para llegar a un modelo de investigación y el desarrollo de la aviación de posguerra. Dado el contenido del memorando de Roosevelt de Febrero de 1944, está claro que Arnold quería que Von Karman incluyera en su plano las conclusiones sobre las tecnologías de los platillos voladores que estaban guardados en secreto en la base de Wright Field para desarrollarlas después de la guerra.

Es importante enfatizar que Tsien era parte de un pequeño grupol científico personal, de tres hombres que trabajaban directamente bajo las ordenes de Von Karman, que además de ser consultor del Consejo Asesor Científico. Tsien fue autorizado para trabajar en contratos secretos para La Oficina de Investigación y Desarrollo Científico (OSRD). En efecto, después de la guerra, Tsien recibió elogios de la OSRD, el Dr. Vanevar Bush por su trabajo científico.[33] El memorando de Roosevelt del 22 de Febrero de 1944 es un documento que resulta ser una evidencia importante, la cual vincula el trabajo de Tsien con Von Karman, y la OSRD y la Fuerza Aérea de los Estados Unidos, y sus planes para estudiar y utilizar la ingeniería inversa en las naves capturadas.

Armado con una autorización de seguridad de alto secreto, Tsien viajó a Laboratorios Científicos por todo Estados Unidos, para evaluar las tecnologías de estudio y desarrollo de aviación.

CAPÍTULO 1

Entre Febrero y Abril de 1945. Recorrió los laboratorios RCA, el Comité Asesor Nacional para la Aeronáutica (predecesora de la NASA) y otras instalaciones de investigación trabajando los últimos avances en el desarrollo de aviones. [34] Después de sus giras, Tsien escribió el bosquejo de Tendencias futuras en el desarrollo de aviones militares, "en un informe de largo alcance que describía métodos diferentes de propulsión, control y aerodinámica de alta velocidad".[35] A Tsien se le dio la rara oportunidad de observard directamente que lejos había llegado la Alemania Nazi, al desarrollar sus propias tecnologías aeroespaciales revolucionarias.

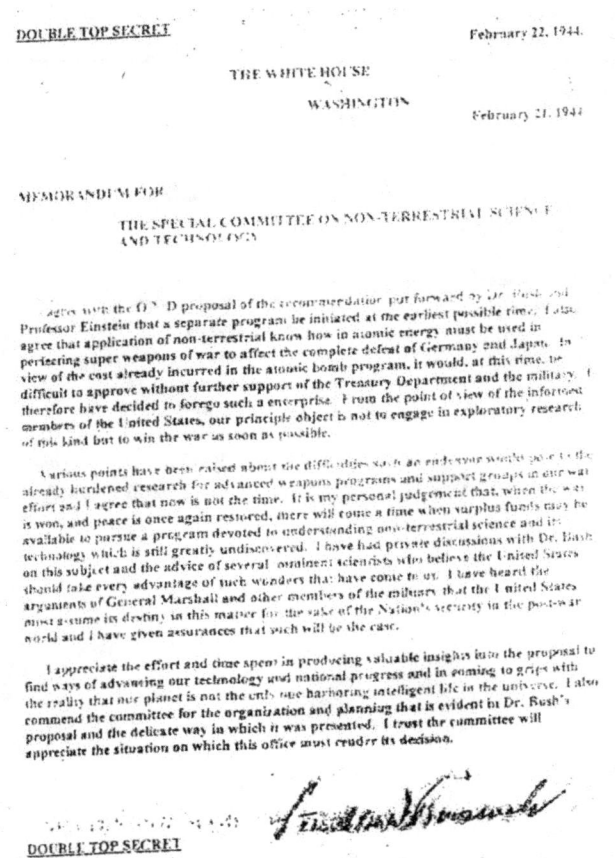

FIGURA 1. MEMORANDO DE FRANKLIN D. ROOSEVELT REFERENTE A LA TECNOLOGÍA Y CIENCIA NO TERRESTRE. FEBRERO 22, 1944-

AAF SCIENTIFIC ADVISORY GROUP

Dr. Th. von Karman
Director

Colonel F. E. Glantzberg
Deputy Director, Military

Dr. H. L. Dryden
Deputy Director, Scientific

Lt Col G. T. McHugh, Executive
Capt C. H. Jackson, Jr., Secretary

CONSULTANTS

Dr. C. W. Bray
Dr. L. A. DuBridge
Dr. Pol Duwez
Dr. G. Gamow
Dr. I. A. Getting
Dr. L. P. Hammett
Dr. W. S. Hunter
Dr. I. P. Krick
Dr. D. P. MacDougall
Dr. G. A. Morton
Dr. N. M. Newmark
Dr. W. H. Pickering
Dr. E. M. Purcell
Dr. G. B. Schubauer
Dr. W. R. Sears

Dr. A. J. Stosick
Dr. W. J. Sweeney
Dr. H. S. Tsien ⬅
Dr. G. E. Valley
Dr. F. L. Wattendorf
Dr. F. Zwicky
Dr. V. K. Zworykin
Colonel D. N. Yates
Colonel W. R. Lovelace II
Lt Col A. P. Gagge
Lt Col F. W. Williams
Major T. F. Walkowicz
Capt C. N. Hasert
Mr. M. Alperin
Mr. I. L. Ashkenas
Mr. G. S. Schairer

FIGURA 2. EL NOMBRE DE TSIEN DESTACA EN EL GRUPO DE ASESORÍA CIENTÍFICA EL CUAL APARECE EN EL NÚMERO UNO DE **TOWARD NEW HORIZONS,** HACIA NUEVOS HORIZONTES

CAPÍTULO 2

La Operación LUSTY del Dr. Tsien y el estudio secreto de los Platillos Voladores

> Alemania pudo haber recuperado un platillo volador tan pronto como en el 1939.
>
> - *General James H. Doolittle, USAF "Fuerza Aérea de los Estados Unidos"*

En Marzo de 1945, la Alemania Nazi se estaba derrumbrando, entonces el General Arnold le pidió a Von Karman, "¿Por qué no ir a Alemania y descubrir de primera mano que avanzados están en investigación y desarrollo?[36] Como resultado, Von Karman reunio un grupo de científicos destacados, para interrogar a técnicos e ingenieros alemanes que hubieran trabajado en el progreso del estudio de la aerodinámica. Además de inspeccionar las instalaciones y el análisis de las naves capturadas, su misión incluia la expansion de la Inteligencia de la Fuerza Aérea de los Estados Unidos **USAF,** se le designó el nombre bajo el código LUSTY *LUftwaffe Science and TechnologY* Ciencia y tecnología de las Fuerzas Armadas Alemanas. Tsien era el único extranjero en el grupo de científicos de Von Karman, se le dio el cargo de Coronel, y se le asignó el rango " Consultor experto".[37]

De acuerdo con la hoja de referencia de la USAF, la operación LUSTY tenía dos equipos:

> El 22 de Abril de 1945, combinó técnica y objetivos de inteligencia y un plan interno, bajo la División de Explotación con el código LUSTY. La operación comenzó

con el objetivo de explotar los documentos científicos Alemanes capturados, la investigación de instalaciones y aviones. Este proyecto tenía dos equipos, uno bajo el liderazgo del Coronel Harold E. Watson, un ex piloto de pruebas de Wright Field, quien recolectó armas y aviones enemigos, para estudiarlos en América. El otro equipo era de científicos reclutados, documentos recopilados e instalaciones investigadas.[38]

Tsien fue parte del segundo equipo, que de finales de Abril a finales de Junio de 1945, viajó a Alemania, Suiza, Suecia y Noruega, entrevistando científicos Nazis e inspeccionando instalaciones capturadas.Notablemente el 5 de Mayo, Werner Von Braun, fue uno de los primeros científicos de cohetes Nazis interrogados por Tsien, sondeando mediante Von Braun acerca de los programas V-1 y V-2. El resultado de esta reunión, fue destacada más tarde por la revista *Aviation Week*, "Semana de la aviación", en un número donde nombraron a Tsien como la persona del año 2007: "Nadie sabía que, el padre del futuro Programa Espacial Norteamericano, estaba siendo interrogado por el padre del Programa Espacial Chino.[39]Tsien y Von Karman visitaron las instalaciones subterráneas de Nordhaussen, donde los cohetes V-2 habían sido ensamblados y lanzados, apuntando a Londres. Von Karman escribió:

> Terminamos nuestro trabajo en Braunschweig y luego fuimos a Nordhausen, en las Montañas Harz, a unas cincuenta millas al sur de Brunswick. Aquí el trabajo de los cohetes V-2 se había llevado a cabo a través de una fantástica red de minas de sal subterráneas. Esta instalación extraña también fabricó el motor Junkers para el Messerschmitt 263, un caza de reacción Alemán de la Segunda Guerra mundial, el cual fue construido por esclavos.[40]

En el libro de *Thread of the Silkworm*, "El hilo del gusano de seda", Iris Chang proporciona extensos detalles sobre los diferentes científicos que Tsien interrogó y las instalaciones que él visitó.[41]

CAPÍTULO 2

Toda su atención se centró en la creación de tecnologías y principios que implican los viajes supersónicos, que era el campo de especialización de Tsien. Los túneles de viento diseñados para probar objetos que viajaban a velocidades supersónicas, tenian importancia particular e interés para él y la USAF.

La operación LUSTY y sus dos equipos, así como sus logros respectivos, han sido discutidos por varios historiadores militares. Sin embargo lo que el público en general nunca supo, fue que la operación LUSTY, tuvo supuestamente un tercer equipo:

> Bajo el mando del Coronel William Shelly. Este equipo fue clasificado como de alto secreto y este fue operado dentro de las estructuras de comando regulares. Este grupo estaba encargado de obtener la maquinaria personal y los ocumentos conectados con la investigación del platillo volador Alemán. [42]

Probar con evidencias la existencia de un tercer equipo es difícil de confirmar. Mientras los historiadores militares convencionales entienden que las tecnologías supersónicas fueron desarrolladas por la Alemania Nazi, incluyendo misiles y aviones a reacción, ellos fueron muy despectivos con las reclamaciones de un Programa de un Platillo Volador Alemán, ya que entienden que las técnicas supersónicas estaban bajo la manufacturación de la Alemania Nazi, involucrando misiles así cómo Jets de propulsión a Chorro. De hecho el libro más reciente de 2016 escrito por Graham Simons titulado Operación LUSTY: *Operation LUSTY: The Race for Hitler's Secret Technology,* "La Carrera por la Tecnología Secreta de Hitler", menciona algunas pruebas citadas, en apoyo de un Proyecto de Platillo Volador, pero luego lo descarta como un rumor sin fundamento.

Han habido una serie de investigadores que analizaron los informes del Platillo volador de la Alemania Nazi, así como el desarrollo de estas naves, en instalaciones clasificadas. El libro de Henry Stevens, *Hitler Flying Saucers,* "Los objetos voladores de Hitler" (2003) ofrece una revisión debido a la cantidad de informes periodísticos y documentos oficiales numerosos que han surgido o aparecido.[43] Stevens y otros autores han incluido entrevistas claves con científicos, como Giuseppe Belluzo y Rudolph Scrhiever, quienes casi simultáneamente fueron al registro público en Marzo de 1950, además de su participación en los programas Alemanes de Platillos Voladores.[44]

Shown above: Pictured in Germany, 1945 (from left), Hugh L. Dryden, Ludwig Prandtl, Von Karman and Tsien. Photo ID: 1.17-12

Fotografía tomada en Alemania en 1945 (de la izquierda , Hugh L. Dryden, Ludwig Prandti, Von Karman y Tsien. Photo ID 1-17-12
Figura 3 Fuente Fuerzas Armadas de los Estados Unidos / CALTECH.

Adicionalmente Stevens analizó los documentos del FBI *"Smoking gun"*, "El arma humeante", que contiene testimonios de testigos de alta credibilidad, donde hablan de dicha nave, y ayudaron a comprobar que los Alemanes de hecho estaban creando este objeto, y se encontraban desarrollando vehículos en forma de platillo.[45] Entre estos *Smoking gun* documentos, hay muchos de ellos que están relacionados a ciertas historias de la guerra en Alemania, hechos por un Polaco en Texas que vio un objeto volador, en una de las instalaciones mientras estaba

CAPÍTULO 2

detenido como prisionero de guerra. Un teletipo del FBI del 7 de Noviembre del 1957 dio la siguiente entrevista:

> EN LA ENTREVISTA, SE SUGERÍA QUE UN PRISIONERO DE GUERRA DURANTE EL AÑO DE 1944, DESCUBRIÓ UN VEHÍCULO EN FORMA CIRCULAR QUE TENÍA DE 75 A 100 YARDAS DE DIÁMETRO, ESTE FUE OBSERVADO MIENTRAS SE LEVANTABA LENTAMENTE DE MANERA VERTICAL, HASTA QUE REBASÓ UN MURO DE 50 PIES, Y COMO LENTAMENTE SE COLOCÓ DE MANERA HORIZONTAL EN UNA DISTANCIA CORTA Y DESAPARECIO DE LA VISTA.[46]

Este testimonio es la evidencia de los logros en relación a los prototipos de platillos voladores de los Nazis, los cuales desarrollaron velocidades supersónicas, y esto puede ser encontrado en periódicos históricos. Un documento de la CIA, con fecha 12 de Enero de 1954, presentó un resumen de una entrevista periodística con un ingeniero Alemán famoso, George Klein, dando una visión general de los diferentes proyectos de Platillo Volador en los que había trabajado en la Alemania Nazi:

> Un periódico aleman, recientemente publicó una entrevista con George Klein ingeniero Alemán famoso experto en aeronaves, describiendo la construcción experimental de Platillos Voladores, llevada a cabo por él desde 1941 hasta 1945. Klein declaró que estuvo presente cuando en 1945 el primer piloto de Platillo Volador, despegó y alcanzó una velocidad de 1,300 millas por hora en 3 minutos. Los Experimentos resultaron en tres diseños: Uno, realizado por Miethe, era una nave en forma de platillo volador, el cual tenia una dimensión de 135 pies de diámetro, el cual no rotaba. Otro que fue hecho por Habermol y Schriever consistía en un anillo que giraba sobre su eje y tenía una cabina en el centro de la tripulación.[47]

El testimonio de Klein llamó la atención del equipo de la Operación LUSTY, quienes consecuentemente se dedicaron a interrogarlo, y ponerlo así mismo en una lista para investigación siguiente.

Lo que arrojaron los reportes de la CIA y el FBI a partir de la recopilación de los periódicos, demostraron claramente que los Alemanes se encontraban desarrollando platillos voladores como parte de los esfuerzos de guerra. Algunos de estos artefactos alcanzaban velocidades supersónicas. Estas fuentes dieron información detallada en las pruebas de desarrollos de prototipos, pero a su vez dieron pocos datos acerca del éxito obtenido. Para encontrar modelos de estos artefactos que hubieran sido exitosos, debemos considerar buscar fuera de lo que nos comunica el FBI y la CIA en su base de datos, como parte del Acto de información de la libertad y transparencia.

Los denunciantes informaron que cuatro platillos voladores habían sido recuperados de la Alemania Nazi, y haberlos enviado a los Estados Unidos. Uno de los denunciantes era un criptólogo del Ejército que con el pseudónimo "Kewper", el afirmó que fue reclutado por la CIA en 1958, para trabajar en avistamientos de OVNIS. Kewper dijo que él personalmente vio cuatro platillos voladores Alemanes Nazis que habían sido llevados a Norteamérica al terminar la guerra. La veterana investigadora de OVNIS, Linda Moulton Howe, lo entrevistó por primera vez en 1998. Ella estaba convencida de que Kewper era un testigo ocular creíble de los acontecimientos que le reveló.[48]

La nave fue alojada en Wright Field (Más tarde sería renombrada como la base aérea de Wright Patterson en Septiembre de 1947) donde la Operación LUSTY, enviaba todo el material aeroespacial obtenido. Para 1958, los cuatro platillos fueron movidos a las instalaciones S-4 en el área 51, para su almacenamiento y estudio posterior. Aquí fue donde Kewper los vio. En una entrevista con Linda Howe, Kewper discutió acerca de los platillos voladores que el presenció:

> En el área 51, las dos naves que vimos lucían casi idénticamente, y eran pequeñas, no eran tan grande como otro ejemplar que estaba en la parte de atrás, el

CAPÍTULO 2

Coronel Jim (USAF guía del Área 51/S4) Mencionó que las dos naves eran "vril", le preguntamos que significaba "vril", el Coronel respondió que se trataba de una nave extranjera, construida entre 1920 y 1930, entonces señaló arriba y dijo que las otras tres naves eran "alienigenas" *extraterrestres,* estas habían sido recuperadas en Nuevo México. Habían otras tres en la parte de atrás, eran enormes y estaban colocadas en caballetes de metal, o soportes para mantenerlas elevadas...

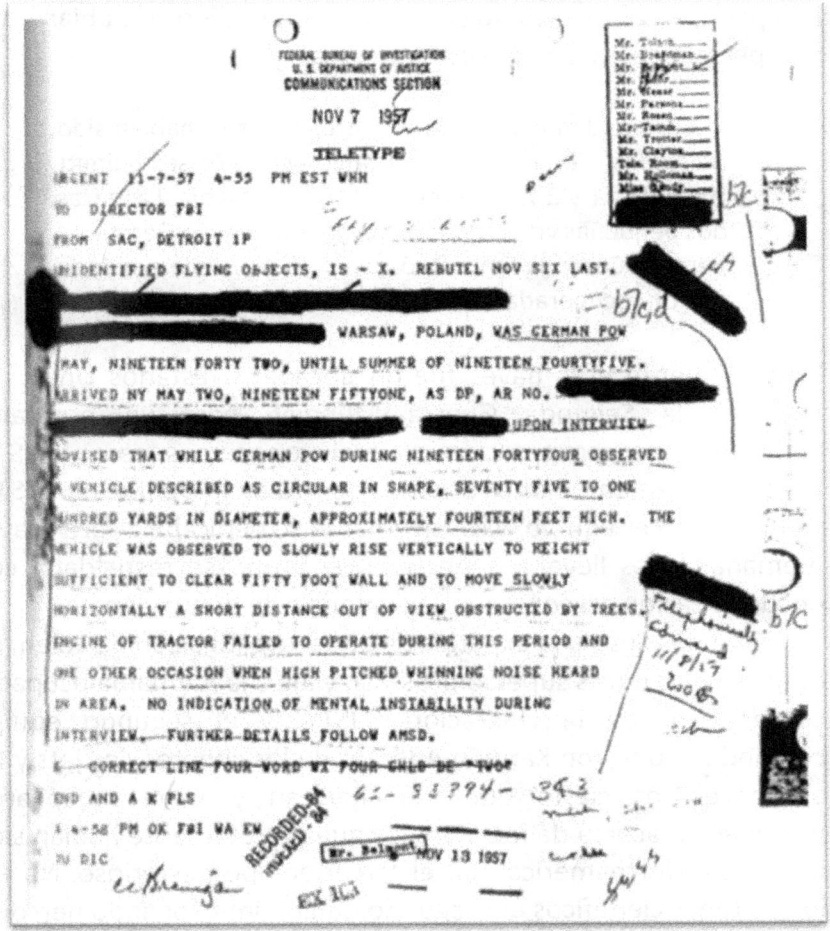

Figura 4. Teletipo con el testimonio del testigo Polaco que afirmo un avistamiento de Platillo Volador.

> El disco que se encontraba al final era enorme, el Coronel Jim dijo que se trataba de una nave Alemana de la Segunda Guerra Mundial, construida en 1938 y fue levantada más alta de las gradas, debido a que tenía un arma de emplazamiento debajo, los alemanes le llamaron el *"rayo de la muerte"* tenía una forma diferente al otro objeto, era de color obscuro, su parte superior se levantaba 10 o 12 pies, y medía entre 50 o 60 pies.[49]

Kewper descubrió los lugares donde le dijeron habían sido recuperadas las cuatro naves Alemanas.

> El Coronel Jim indicó que los otros objetos, habían sido recogidos en áreas extranjeras. Messerschimitt Haunebu 1 y 2 fueron recogidos en Alemania. Las otras dos pequeñas vril, fueron recogidas en terreno Germano, pero el Coronel Jim actuó como si no supiera donde fueron recuperadas esas naves.[50]

Evidentemente esas naves fueron llevadas a Estados Unidos al terminar la Segunda Guerra Mundial, bajo un programa encubierto de recuperación el cual conocemos como LUSTY. Consecuentemente hubo reclamos dentro de la Operación LUSTY, ya que el tercer equipo, exclusivamente se dedicaba a cazar naves Alemanas y las llevaba a América, el grupo se respaldaba con documentación así como por la evidencia de denunciantes.

Esto nos lleva a la experiencia en la investigación de Tsien, en relación a las naves supersónicas y su viaje a la Alemania ocupada, como parte de la Operación LUSTY, y el segundo equipo comandado por Von Karman.Además de los cohetes, los jets y las aeronaves, es cierto que Von Karman y Tsien recopilaron información acerca de los modelos que secretamente habían sido llevados a Norteamérica, por el tercer equipo misterioso. No era lógico tener científicos del segundo equipo interrogando personal Nazi, acerca de los sistemas de propulsión de jets y cohetes obtenidos por el equipo uno, pero no investigando acerca de la tecnología invaluable recuperada por el tercer equipo.

CAPÍTULO 2

Aquí hay que enfatizar que el principal asesor científico del General Arnold era Von Karman, así como la cabeza de su grupo de consultores de la misma facultad. Lo que quiere decir que Von Karman tenía, al igual que Tsien, acceso a toda la tecnología Nazi, con la intensión de asesorar a Von Karman acerca de las tecnologías aeroespaciales futuras con potencial, así como sus aplicaciones. Por lo tanto Von Karman, Tsien y todos los que formaban el segundo equipo LUSTY, podrían entrevistar a cualquier científico o técnico Alemán, que hubiese trabajado en proyectos de objetos voladores y sus varios componentes esenciales para su operación.

Tsien definitivamente estaba intrigado por la posibilidad de que aparatos con forma de disco alcanzaran velocidades supersónicas, sin apegarse a los principios aeronáuticos conocidos, cómo exigir alas para la elevación aerodinámica. Los platillos en forma de disco apuntaban un efecto antigravedad, generado de alguna manera inesperada por un nuevo tipo de sistema de propulsión. Ingenieros y Científicos Teutones, fueron interrogados acerca del diseño de navegación y los sistemas de propulsión de las naves que se encontraban bajo el desarrollo y cómo se generaba el efecto antigravedad. Tsien preguntó el por qué los científicos alemanes, estaban experimentando con tal diseño tan poco convencional desde la perspectiva de lo conocido en los principios aerodinámicos, esto fue cuando por primera vez, el supo acerca del origen extraterrestre, de algunas de las naves, y cómo se generó el efecto antigravedad.

La historia confirma que Tsien interrogó a Werner Von Braun, en relación a sus conocimientos del sistema de propulsión cohetes V-2, el primero desarrollado en Peenemunde (1941 a 1943), que luego fue trasladado a una instalación subterránea, en Nordhausen para escapar a las redadas del bombardeo aliado ¿Von Braun reveló algo sobre el Platillo Volador de los Nazis, el programa y sus orígenes misteriosos? Ciertamente es posible todo lo que Von Braun reveló más tarde a la prensa Alemana cuando estuvo de visita en 1959, un periodista le preguntó sobre el fracaso que tuvo Estados Unidos y la NASA con el cohete Juno II, a lo cual respondió:

> "Nos encontramos ante poderes que son más fuertes de lo que habíamos supuesto hasta ahora, y con fundamentos de base actualmente desconocidos por nosotros. No puedo decir más. "Ahora estamos ocupados a entrar en contacto más cercano con esos poderes"...[51]

Aquí, Von Braun estaba insinuando acerca de un poder espacial desconocido, posiblemente extraterrestre, que podría interferir con los cohetes Estadounidenses. Ciertamente Von Braun habría explicado el papel de su mentor Dr. Herman Oberth, en el desarrollo del V-2. Oberth fue considerado como el padre de los cohetes Alemanes, él fue ubicado en Peenemunde de 1941 a 1943 y recibió una medalla de los Nazis por "comportamiento sobresaliente y valiente"... Durante el ataque "realizado por bombarderos aliados durante la Operación Hydra. [52]

Además de su amplio conocimiento sobre cohetes y su ejecución en el mundo supersónico, Oberth también fue un erudito en lo relacionado a OVNIS, y sus orígenes misteriosos, probablemente su experiencia se extendió a los prototipos del platillo volador desarrollado por la SS Nazi. Esto se refleja en entrevistas donde Oberth reveló su comprensión extensa del comportamiento de vuelo de OVNIS y cómo las cargas eléctricas fueron utilizadas para influir en la gravedad. En una entrevista de 1968, Oberth declaró:

> *Hoy no podemos producir máquinas que vuelen como lo hacen los OVNIS. Están volando por medio de campos artificiales de gravedad. Esto explicaría los cambios repentinos de dirección... Esta hipótesis también explicaría como al apilar estos discos se pueden transportar a una forma cilíndrica, de cigarro o de nave nodriza, para poder salir de la Tierra por que de esta manera solo un campo de gravedad sería requerido por todos los discos.*

CAPÍTULO 2

Ellos producen cargas eléctricas de alta tensión para empujar el aire fuera de su camino...Además de fuertes campos Magnéticos, para influir en el aire ionizado a mayor altitud...Esto explicaría su luminosidad, en segundo lugar, explicaría la silenciosidad del vuelo de los OVNIS. Finalmente esta suposición también explica a veces los fuertes efectos electrónicos y magnéticos, sin embargo no siempre se observa en las proximidades de las naves.[53]

Vale la pena recordar lo que dijo el general Arnold a Von Karman, antes de enviarlo a Alemania con la Operación LUSTY. El General le dio instrucciones de que estudiara todo lo relacionado a las invenciones aeroespaciales de los Nazis. Adicionalmente a los cohetes V-2, incluían "otros aparatos electrónicos"[54] de interés para Arnold y las Fuerzas Armadas, en los cuales habían estado trabajando los Nazis. Esto también se generó a partir del desarrollo tecnológico rápido de los Alemanes durante la Segunda Guerra Mundial. Oberth dijo: "Nosotros solos no podemos tomar el crédito de los avances en algunos de los campos científicos. Ellos nos están ayudando", cuando le preguntaron ¿ quien son ellos?, el respondió "Gente de otros mundos. [55]

Obeth no era el único que pensaba que los extraterrestres estaban ayudando a los Teutones, en su desarrollo de tecnología aeroespacial, William Tompkins, ayudante del Almirante de la Marina Norteamericana Rico Botta durante la Segunda Guerra Mundial, entregó paquetes informativos de espionaje naval, así como un programa para las principales instituciones científicas y militares en todo Estados Unidos. Tompkins dijo que estos informes eran de alto secreto de la inteligencia Norteamericana, acerca de como los Alemanes estaban siendo ayudados por una civilización extraterrestre. En su libro *Selected by Extraterrestrials*, "Seleccionado por extraterrestres", Tompkins escribió:

Los agentes de la Marina (espías) Alemana descubrieron lo que esos alienígenas de otro mundo dieron a Hitler:

OVNIS, propulsión antigravitacional, armas de rayos, vida extendida y programas de control mental, así como el control de la voluntad de mujeres jóvenes. Los reptilianos hicieron un trato con la SS y el Tercer Reich dándoles esta gran caja de juguetes a cambio de que Hitler esclavizara al resto del planeta.[56]

Tompkins afirma que visitó las instalaciones de Caltech (JPL) tres o cuatro veces desde 1942 hasta 1944, entregando los paquetes informativos. [57] Mientras Tsien trabajaba en el Caltech/ dentro del laboratorio JPL, antes de su traslado a Washington DC, el visitaba las instalaciones de aviación a finales de 1944 como parte del grupo de asesoría científica. Probablemente Tsien se encontró con uno de los paquetes informativos de Tompkins. Posiblemente la lectura de estas informaciones debería haber sido extraña en aquella epoca. Una vez en Alemania viendo las instalaciones Nazis e interrogando los científicos alemanes capturados. Tsien se encontró cara a cara con la evidencia que apoyaba las afirmaciones de que los alemanes estaban contruyendo platillos voladoes, que usaban tecnología antigravitatoria y eran ayudados por una especie extraterrestre.

En el libro *Antartica's Hidden History,* "Historia Oculta de la Antártida", se hace un análisis detallado, así como una revisión de los supuestos documentos de la SS Nazi, lanzado al final de la Guerra Fría por un ex miembro de la Academia de Ciencias de Bulgaria, Vladimir Terziski.[58] En 1991, Terziski afirmó que el entró en posesión de una película documental filtrada de los archivos Nazis de la SS, que había circulado entre los Países del Pacto de Varsovia; esta peliculsa reveló diferentes tipos de Platillos Voladores construidos y probados en Alemania Nazi.[59] La película mostraba documentos de finales del 1944 y principios de 1945, con datos detallados de cuatro platillos voladores de diferentes tamaños que estaban desarrollando y probando su tecnología por la SS Nazi, lo cual se realizaba en varias instalaciones subterráneas.

La nave de platillo volador construida y probada por los Nazis, excedió las velocidades supersónicas mencionadas por George Klein. De hecho la serie de discos voladores Vril y Haunebu

I-III fueron capaces de lograr un vuelo supersónico (cinco veces la barrera del sonido) En uno de los documentos filtrados de la SS los Nazis detallan las estadísticas de producción de cuatro modelos de platillo volador, en términos de cuántos se habían construido, así como el número de veces que se realizó un vuelo de prueba y el sistema de propulsión utilizado. Lo que Tsien y sus colegas habrían encontrado más intrigante, es la referencia a dos sistemas de propulsión utilizados en modelos diferentes. Las preguntas ardientes, que sin duda se hicieron ellos mismos, fueron: ¿Los Alemanes presentaron una alternativa a una propulsión a chorro de un cohete para lograr un vuelo supersónico?

Existe una referencia en un sistema de propulsión que simplemente se titulaba Schumann, que es una abreviación de SM Levitator, la cual se plantea en otros documentos publicados por Tersizki.[60] Este aparato de propulsión, supuestamente puesto en marcha por profesor Schumann, uno de los científicos Alemanes que fueron llevados a Estados Unidos en 1947, bajo la operación *Paperclip*. Un esfuerzo militar conjunto para traer eruditos Germanos a Norteamérica, para que pudieran ayudar a avanzar en la investigación y desarrollo en diferentes campos científicos.

Mientras tanto Schumann fue entrevistado por el equipo científico de la Operación LUSTY entre Mayo y Junio del 1945. No hay registros del interrogatorio, pero el equipo LUSTY, se impresionó lo suficiente para enviarlo a Estados Unidos, bajo el proyecto *Paperclip*. Por lo tanto, Tsien estaba bien consciente del testimonio de Schumann además de su importancia para comprender los sistemas de propulsión exóticos.

La especialidad de investigación de Schumann, era el alto voltaje electrostático, el plasma altamente presurizado. Sabemos que su investigación tuvo una aplicación en la propulsión de aviones en el Ejército Aéreo lo cual llevó a Wright Field, Ohio, en 1947, para trabajar en un proyecto clasificado. En mi libro *US Secret Program*, "Programa Espacial Secreto de la Fuerza Aérea de los Estados Unidos," en el cual se prevé el programa de ingeniería inversa el cual se inició en Wright Field.[61] Seguramente esto intrigó muchísimo a Tsien, que la electrostática de alto voltaje y el plasma altamente presionado, tuviera aplicaciones de propulsión en aeronaves.

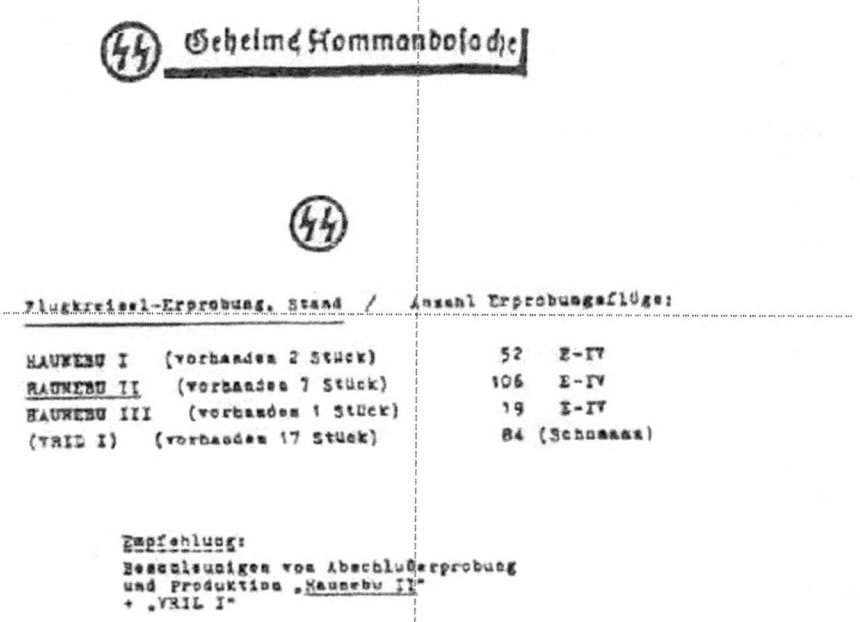

Figura 5. Presunto documento de la SS Nazi que muestra las cifras de producción de un platillo volador.

Que el "Schumann SM- Levitator", se hubiera incorporado en un dispositivo de energía de punto cero, que fue creado por el Alemán inventor, Hans Coler (También conocido como Kohler) con un sistema de propulsión desarrollado por Otto Schumann.[62] Se ha documentado que Schumman investigó el dispositivo de energía de punto cero de Coler, que originalmente estaba destinado a generar suficiente energía eléctrica para impulsar un submarino:

> Un informe de un subcomité de inteligencia Británico, cita el apoyo entusiasta de Schumann para el dispositivo Coler, como un medio eficaz para generar una nueva fuente de energía en 1926 una época en la que la Armada Alemana estaba desarrollando encubiertamente su

próxima generación de U Submarinos, después del presente examen realizado lo más cuidadosamente posible, debo suponer, que tenemos para enfrentar la explotación de <u>Una nueva fuente de energía,</u> debo suponer que tenemos para enfrentar la explotación de una nueva fuente de energía, cuyos desarrollos posteriores pueden ser de una inmensa importancia. El aparato era visible y accesible en todas sus partes esenciales. El inventor accedió con gusto a cada ensayo en la medida y de acuerdo a su declaración, no se podía danar el trabajo del aparato. No creo en un engaño. Considero conveniente hacerle una prueba adicional al aparato y dar ayuda al inventor, la cual será justificada ya que es de gran importancia.[63]

El dispositivo Coler estaba intencionado a producir energía para ayudar el sistema de propulsión de la nave en forma de platillo desarrollado por Schumann, este utilizó electrostática de alto voltaje par generar un empuje similar al efecto Biefeld-Brown.[64] Esto se remonta al 1923, cuando Thomas Townsend Brown, aprendió por primera vez que la alta tensión electrostática, así como las cargas, podrían proporcionar un empuje previamente desconocido a un condensador en la dirección del lado cargado positivamente. Brown cooperó con un Profesor de Física de la Universidad Denison de Ohio, el Dr. Alfred Biefield, en la mejora de sus experimentos y mediciones, Brown solicitó una patente Británica en Agosto de 1927, que le fue otorgada en Noviembre de 1928.[65] El campo de especialización de Shumann tendría familiaridad con el trabajo de Biefield el cual pudo haber sido adaptado para crear su levitador.

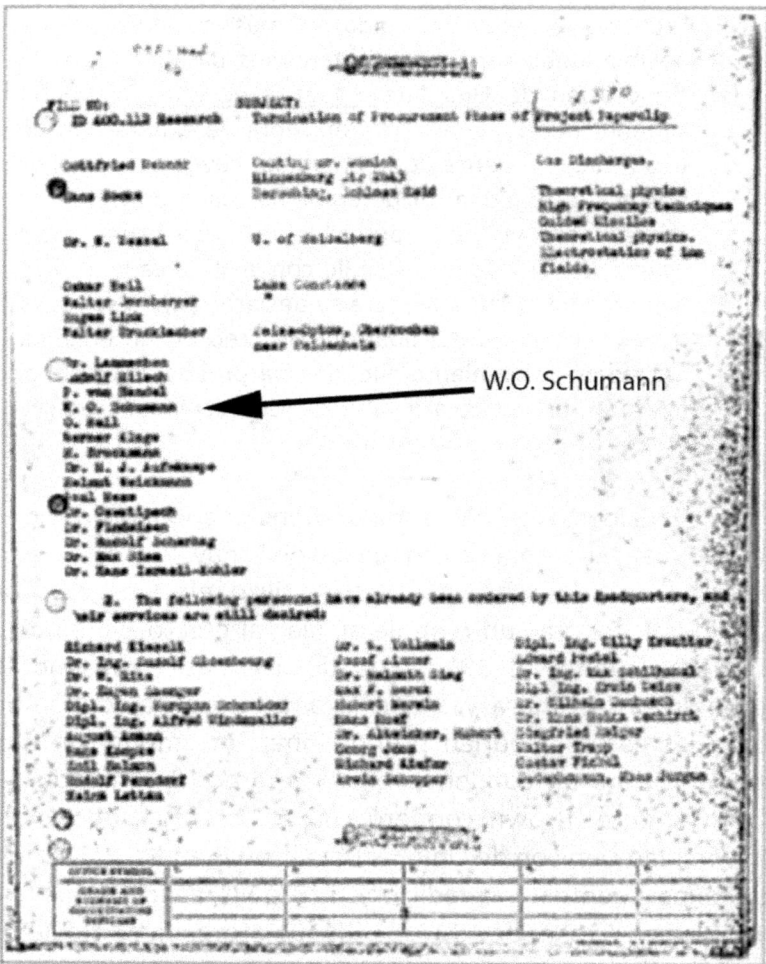

Second page of a three page declassified Operation Paperclip Memorandum dated 6 June 1947. This is a list of of German scientists requested by the U.S. Army Air Force for classified research at its Dayton, Ohio facilities. The appearance of Schumann's name is evidence that after his debriefing in post-war Germany, his expertise in aerospace projects was deemed important for the Army Air Force's classified foreign technology research. Source: Richard Sauder, *Hidden in Plain Sight* (2011).

Segunda de tres páginas desclasificadas en la Operación Paperclip. Memorándum fechado el 6 de Junio de 1947. Es una lista de científicos Alemanes, solicitados por la Armada de los Estados Unidos para una investigación clasificada en las instalaciones de Dayton Ohio. La aparición del nombre de Schumann es una evidencia del interrogatorio en Alemania, post guerra. Su experiencia en proyectos aeroespaciales, eran considerados muy importantes para las Fuerzas Armadas clasificados como investigación de tecnología extranjera.

FIGURA 6 *Evidencia de cómo Shumann fue parte de la operación Paperclip.*

El documento referente a la producción del platillo volador de la SS Nazi, muestra que se construyeron 17 naves vril-1 y el vuelo se probó 84 veces. Los documentos de origen Nazi, muestran el tamaño de la tripulación del Vril-I en dos, y un vuelo con una duración de 5.5 horas y una velocidad máxima de 7,200 mph (12,000 Km/h).[66] Es muy significativo el testimonio de Kewper, ya que dos partes del Vril-I llegaron a Estados Unidos para su estudio de ingeniería inversa y esta nave fue llevada por el tercer equipo del programa operación LUSTY, lo cual significa que Tsien y Von Karman aprendieron del SM-Levitador como fuente de energía del Vril-I. Sin embargo, había un segundo sistema de propulsión mencionado en el documento Nazi de las SS.

Este documento también describe las pruebas, la producción, números y sistemas de propulsión de tres diferentes prototipos Haunebu. La serie de naves Haunebu, fueron equipadas con sistemas de propulsión E-IV que es una designación alemana como "unidad tachionador 7", el investigador del fenómeno OVNI Rob Arndt, describió la "unidad tachionador 7" como:

> Un motor electromagnético-gravitatorio revolucionario que mejoró la máquina de energía libre de Hans Coler, en un convertidor de energía acoplado a un generador de banda Van De Graaf y a un dinamo de vórtice Marconi (Un tanque esférico de mercurio) para crear campos potentes de energía, así como reducción de masa. Fue designado como el motor Thule (Empuje conocido como la unidad tachionador 7). [67]

La última nave de la serie, el Haunebu-III supuestamente fue capaz del alcanzar la asombrosa velocidad de 24,855 mph (40,000km/h) llevándola a viajar a tal rapidez al borde del escape de la Tierra. Vale la pena hacer hincapié, que este documento fue creado entre 1944/45 para las naves que la SS Nazi quiso armar sin éxito. En mi libro **"Antartica's Hidden History"** hablo acerca de una colonia alemana secretamente establecida en la Antártica, durante el conflicto armado. Fueron dejados sin ninguna revisión después de la guerra. Esta colonia hizo mejoras importantes a la serie Haunebu, permitiéndoles viajar más allá de la gravedad de la Tierra, hacia la Luna y más allá. [68]

Las compañías que construyeron componentes clave para los exóticos vehículos aeroespaciales vril y Haunebú, incluyeron a Dornier, Siemens I.G. Farbe, Messerschmitt, Zeppelin, Krupp y otros. [69] Es seguro decir que algunos científicos e ingenieros relacionados a dichos proyectos podrían haber sido interrogados por el equipo científico de la operación LUSTY, e incluso cuestionados por Tsien.

Poco después de su regreso a los Estados Unidos, en el 20 de junio de 1945, Tsien contribuyó al informe clasificado, donde destacaba el General Arnold quien esperaba un futuro desarrollo en la aviación militar, así como claros objetivos en los siguientes veinte a cincuenta años. La casi ilimitada exposición de Tsien a través del Grupo Científico Asesor, le permitió evaluar lo que ocurriría en las instituciones principales Aeroespaciales Estadounidenses, lo cual incluía lo que había visto en la operación LUSTY además de todo lo que en privado le había compartido Von Karman, esto le dio una amplia visión acerca de las futuras tecnologías cultivadas en Estados Unidos. Fue colocado en una posición única, para aprender de primera mano como iba a responder el Ejército Norteamericano al potencial revolucionario de motores a reacción, propulsión de cohetes y, lo que es más importante, a los sistemas de propulsión antigravedad que se encuentran a bordo del platillo volador. Tsien se encontraba entre un cuadro selecto de científicos, los cuales estaban involucrados en dar un amplio esquema al futuro de la Fuerza Aérea de los

Estados Unidos, que no solo poseerían jets supersónicos y cohetes propulsados por misiles, si no también ser parte de un programa espacial secreto de ingeniería inversa, así como tecnologías de platillos voladores.

En Otoño de 1945, Tsien reanudó su carrera en la enseñanza en el Caltech, y fue promovido a profesor asociado en Noviembre de ese año. Tsien editó los estudios científicos que él y su colega habían llevado en el Caltech, anteriores a su trabajo en Washington DC. con el grupo de asesoría científica en un trabajo definitivo en aeronáutica. El periodista Mark Wade explica:

> De regreso de Alemania, Tsien editó los hallazgos principales del proyecto publicado en las 800 páginas del "Jet de Propulsión a Chorro", que se convirtió en la Biblia clasificada post guerra así como la investigación técnica en los Estados Unidos.[70]

Desde ese momento con el Grupo de Asesoría Científica, el contribuyó con seis documentos para una serie de nueve volúmenes, editada por Von Karman llamada *"Toward new horizons"*, "Hacia Nuevos Horizontes". [71] Era la porción no clasificada, del plan de décadas, para una futura Fuerza Aérea de los Estados Unidos solicitada por General Arnold. No es sorprende que se omite la mención a los programas Alemanes de platillos voladores y la revolucionaria tecnologías antigravedad de propulsión que emplearon. Dicha información permaneció altamente clasificada, incluso hasta nuestros días.

Una idea de cuán seria es la naturaleza del platillo volador, el asunto fue manejado desde el principio por Wilbert Smith, un alto funcionario del Departamento de Comunicaciones del Gobierno de Canadá, en un informe oficial a sus superiores en 1950, en el cual abordó puntos clave sobre el tema del platillo volador, e identificó al asesor científico del Presidente Truman como cabeza, del pequeño grupo de investigación:

A.- El asunto es el tema más altamente clasificado en el gobierno de los Estados Unidos, incluso más alto que la bomba H.
B.-Existen platillos voladores.
C.-Su modus operandi es desconocido, pero un concentrado esfuerzo se está llevando a cabo por un pequeño grupo encabezado por el Dr. Vannevar Bush.
D.- Todo el asunto es considerado de gran importancia por las autoridades de Estados Unidos.

Es importante señalar, que mientras Tsien trabajó en el Grupo de Asesoría Científica, se familiarizó mucho con la tecnología atómica, incluyendo sus aplicaciones destructivas a través del proyecto. Manhattan. Encontró la posibilidad de utilizar la energía atómica, como sistema de propulsión especialmente intrigante. Uno de los periódicos que escribió para *Toward New Horizons* "Hacia nuevos horizontes". La serie multivolumen se titula "Posibilidad de combustibles atómicos para Aeronaves a Propulsión de plantas de energía.[73] Aquí, Tsien puede haber ya combinado, lo que había aprendido en la investigación de la innovadora Alemania Nazi, sobre nuevos sistemas de propulsión, y su interés en la energía atómica, como fuente de alimentación revolucionaria con potencial aeroespacial.

Von Karman estaba encantado con el trabajo de Tsien, con el Grupo Asesor Científico y la Operación LUSTY, así como el desarrollo del plan de décadas de la Fuerza Aérea del Ejército. Transmitió su satisfacción al General Arnold, quien en Diciembre de 1945 arregló un elogio oficial y una recomendación para Tsien calificándolo excelente y completo en su estudio de nuevas tecnologías de propulsión y su invaluable contribución a los sistemas de propulsión nuclear.[74]

Elogios similares vinieron del asesor presidencial el Dr. Vannevar Bush, jefe de la Oficina de Investigación y Desarrollo Científico.[75] Dada la revelación de Wilbert Smith, de que Bush estaba dirigiendo un grupo pequeño de trabajo con supervisión sobre el tema de los platillos voladores, Bush reconoció que Tsien se había vuelto notablemente significativo. Immediatemente después del final de la Operación LUSTY. Fue un gran elogio de hecho, Von Karmen, Arnold y Bush comprendieron que la mente brillante de Tsien Hsue Shen, era lo suficientemente crítica para comprender los avances de Alemania, no solo en la cohetería y la propulsión a chorro, si no también en el desarrollo de platillos voladores, y en sus sistemas revolucionarios de propulsión.

EL ASCENSO DEL DRAGON ROJO

CAPÍTULO 3

El Dr. Tsien se une a las investigaciones de la Junta de Asesoría Científica, en las investigaciones de los accidentes de OVNIS

> La Fuerza Aérea del ejército (RAAF) Captura un platillo volador en un rancho en una región de Roswell.
>
> *Encabezado del Diario "Roswell Daily"*
> *Publicacion: 8 de Julio de 1947*

Cuando terminó la Segunda Guerra Mundial, el Grupo de Asesoría Científica fue disuelto después de su última junta el 6 de Junio de 1946. El General Arnold personalmente agradeció a sus miembros, expresando su esperanza en que sus colegas ayudaran a la Fuerza Aérea de los Estados Unidos. "Continuando con la supremacía en tiempos de paz".[76] El grupo se había establecido inicialmente, bajo la premisa de que los científicos civiles podrían ayudar a la Fuerza Aérea de los Estados Unidos, en anticipar nuevas direcciones en los esfuerzos de la guerra y la investigación aeronáutica. Además, este proyecto se había establecido bajo el cargo del general Arnold, antes de su retiro programado. El 9 de enero de 1946, el general Carl A. Spaatz lo reemplazó como Comandante General.

Una semana después de la disolución del Grupo de Asesoría Científica, surge la idea inicialmente propuesta por Von Karman en **Toward New Horizons** "Hacia nuevos horizontes", por un tiempo permanente de paz, el grupo científico comenzó a obtener apoyo. Thomas A Sturm escribió:

Más tarde, Dr. Von Karman respaldó la propuesta del General Arnold, indicando que creía firmemente que el comandante de la Fuerza Aérea de los Estados Unidos, necesitaba una asesoría constante, y un grupo de científicos destacados debían estar listos para proveerla.[77]

Arnold pasó la recomendación de Von Karman, al Mayor General Curtis LeMay, quién había sido instalado como Jefe Adjunto del personal aéreo para la investigación y desarrollo en Octubre de 1945.[78] LeMay aprobó la propuesta y pasó la recomendación al General Spaatz, quien igualmente aprobó la idea, y subsecuentemente se hicieron cartas de invitación, para ser parte de este Grupo Asesor Científico de manera permanente. Sturm explica:

> Spaatz señaló que el éxito de las Fuerzas Aéreas, en la guerra reciente se debió en gran medida, a la integración de nuestros recursos científicos, industriales y militares, el futuro de la seguridad nacional dependería a su vez en el grado en que podamos continuar esta relación íntima y constructiva. El nuevo grupo - se llamaría Junta de Asesoría Científica *SAB* la cual ayudaría a asegurar la supervivencia de esta relación, al brindarle a la Fuerza Aérea orientación en la planificación y programación de investigación, así como el desarrollo de actividades.[79]

Von Karman aceptó la invitación de Spaatz para ser el primer presidente del Junta de Asesoría Científica *SAB,* en un puesto de tiempo completo que ocuparía desde Marzo de 1946 hasta Diciembre de 1954 cuando se jubilaría.[80] Abogando con éxito que la Junta necesitaba informar directamente al Jefe del Cabinete. Von Karman aseguró al SAB que las recomendaciones no serían filtradas por militares de carrera científicos e ingenieros, dentro de las diferentes capas burocráticas de la fuerza Aérea.[81]

Inmediatamente Von Karman recomendó a Tsien para integrarse al SAB, para brindar asesoría en las tendencias futuras de aviones supersónicos. Una explicación colorida fue otorgada por Von Karman, en su cargo en el SAB, donde decía lo que esperaba tanto de Tsien y de todos los científicos en este nuevo proyecto.

> *Estamos aquí, para hacer lo que podríamos llamar una mirada al cristal e intentar prever lo que sucederá en diez años. Algunos de los problemas que la junta deberá enfrentar serán los conflictos científicos actuales. Nosotros debemos implantar un procedimiento determinado para hacer posible que los militares, puedan utilizar los servicios individuales de los miembros de la junta para problemas urgentes.*[82]

Esencialmente, el SAB proporcionaría perspectivas científicas civiles sobre posibles tecnologías futuras, planes a largo plazo para subdesarrollo, así como a resolver problemas de tecnología avanzada descubierta por científicos e ingenieros de carrera dentro de la Fuerza Aérea. A Tsien la afiliación en la junta le dio una experiencia invaluable en el desarrollo de planes a largo plazo, diez años, veinte años o más, después de su regreso a China.

El SAB estaba dividido en cinco comités, y cada uno estaba diseñado para especializarse en áreas de interés en la aeronáutica dentro de la Fuerza Aérea. Tsien era un miembro inaugural del Panel de los vehículos aeroespaciales, un comité especializado en aeronaves supersónicas tales como el XS-1 (también conocidocomo Bell X-1)El avión cohete.[83] El XS-1 fue un precursor del programa Boeing X-20 Dyna-Soar, una versión inicial del posterior transbordador espacial, que funcionó desde 1957 hasta 1963.

El 17 de junio de 1946, Tsien y Von Karman asistieron a la primera reunión del SAB junto con otros 24 consultores.[84] Los miembros fueron trasladados a Wright Field el 19 de junio para recorrer la instalación, recibir informes detallados, así como a elaborar un informe exhaustivo y un plan de investigación y desarrollo hasta 1949, mientras servía en el SAB, Tsien visitó con frecuencia Wright Field, así como otras instalaciones militares en todo el país, para observar los últimos desarrollos en aeronáutica para prevenir problemas así como otros en el futuro.

APPENDIX C
MEMBERSHIP*
SCIENTIFIC ADVISORY BOARD
1946-1964

NAME	46	47	48	49	50	51	52	53	54	55	56	57	58	59	60	61	62	63	64	
Townes, Dr. Charles H.																				MIT
Tsien, Dr. Hsue-shen																				Caltech
Tullis, Dr. John L.																				New Jersey Hosp.

■ Years of membership.   ⊠ Ex officio member or associate advisor.

Composite of extracts from Thomas Sturm, *The USAF Scientific Advisory Board: Its First Twenty Years, 1944-1964*, pp. 136,142

Figura 7. Documento oficial de la Fuerza Aérea Norteamericana, confirmando a Tsien Hsue-Shen como miembro de 1946 a 1949.

Los Científicos Alemanes interrogados o identificados durante la Operación LUSTY, y posteriormente llevados a los Estados Unidos fueron de interés especial para Von Karman y Tsien. Algunos como el Dr. Otto Schumann, que tenía experiencia en los programas en energía electromagnética así como en sistemas de propulsión utilizados dentro del platillo volador nazi, ocuparon un lugar destacado en la lista de los que visitarían para observar el progreso en los esfuerzos de investigación y desarrollo, junto con Von Karman, así como el panel de Vehículos Aeroespaciales de la Junta Científica Asesora. El anterior Grupo Asesor Científico había llamado la atención del Dr. Jerome Hunsaker, jefe del Departamento de Aeronáutica del Instituto Tecnológico de Massachusetts (MIT) (1933-1951), quien posteriormente le ofreció a Tsien un puesto como profesor asociado con la promesa de titularidad. Tsien aceptó la posición a pesar de que el Caltech hizo todo para retenerlo. En una carta al presidente del MIT, el Dr. Hunsaker escribió: "Creo que el C.I.T. debería ejercer considerable presión sobre él para que lo reconsidere".[85] Sin embargo Tsien se mudó de Pasadena a Boston en Septiembre de 1946 y comenzó a trabajar en el MIT con Hunsaker.

Es importante tener en cuenta la participación directa de Hunsaker, en mantener a Tsien lejos de Caltech porque Hunsaker era parte del pequeño grupo de científicos, dirigido por el Dr. Vannevar Bush, los cuales estaban investigando los asuntos relacionados al platillo volador. Debemos recordar la divulgación secreta de Wilbert Smith, de la relación de Bush al gobierno Canadiense en 1950. Un documento filtrado llamado "El Documento informativo de Einsenhower; revela el nombre de este grupo como "Majestic 12", y aparecen los nombres de Hunsaker y Bush entre sus 12 miembros fundadores. La Operación Majestic 12 fue establecida formalmente por el presidente Truman el 24 de Septiembre de 1947, por orden ejecutiva para hacerse cargo del tema del OVNI/ platillo volador. Ambos documentos - informativos de Eisenhower y la orden ejecutiva de Truman fueron investigados rigurosamente por el famoso investigador de OVNIS Stanton Friedman, quien concluyó que no se encontró nada que invalidara su autenticidad.[86]

Si la autenticidad del documento informativo de Eisenhower es aceptada, la afiliación de Bush y Hunsaker plantea varias preguntas interesantes, en tanto a la percepción que tenía en relación al trabajo de Tsien con Von Karman en el Grupo de Asesoría Científico, así como en la operación LUSTY, a principios de 1946. Una pregunta que surge es si Tsien ¿Fue atraído al MIT no solo por su trabajo innovador en propulsión atómica y otros sistemas avanzados de propulsión para aviones supersónicos?, o ¿Debido a su familiaridad con los programas del platillo volador nazi y sus sistemas revolucionarios de propulsión electromagnética? Otra pregunta intrigante es si Tsien, además de ser un consultor de la Junta Asesora Científica de la Fuerza Aérea, ¿También fue consultor de Hunsaker y del Grupo Majestic 12 mientras trabajaba en el MIT hasta 1949?

No solo Tsien era importante para las Fuerzas Armadas de los Estados Unidos, para estudiar las tecnologías de los platillos. También el grupo Majestic 12, necesitaba la contribución de Tsien para desarrollar políticas y prioridades futuras, para responder a la amenaza de seguridad nacional planteada por la colonia Nazi y sus aliados extraterrestres.

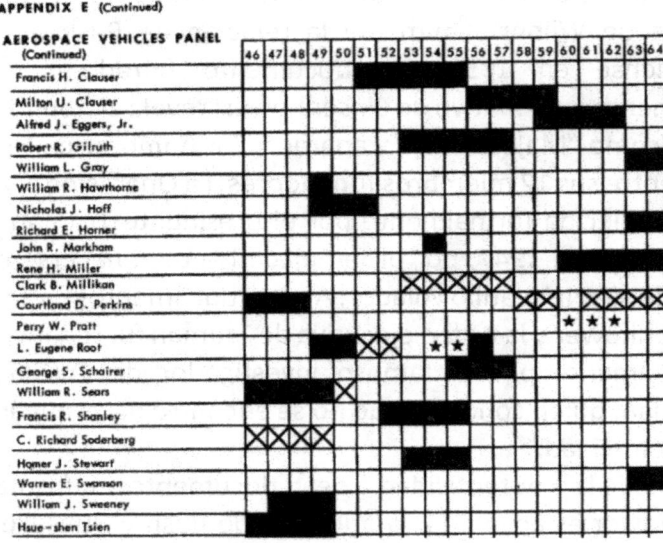

Composite of extracts from Thomas Sturm, *The USAF Scientific Advisory Board: Its First Twenty Years, 1944-1964*, pp. 146-47

Extractos compuestos de Thomas Sturm. Tabla de Junta Asesora Científica de La Fuerza Aérea Norteamericana: Primeros 20 años de 1944 a 1964.

Figura 8. Documento de la Fuerza Aérea de Estados Unidos confirmando a Tsien Hsue- Shen como miembro del SAB, Panel de vehículos aeroespaciales 1946-2949.

Uno de los asuntos que requería atención inmediata fueron las posibles aplicaciones de la energía nuclear, de lo cual Tsien continuó siendo informado a través de su asociación con el Proyecto Manhattan. El trabajo de Tsien en la energía nuclear como sistema de propulsión viable en el futuro del desarrollo de los aviones, captó la atención de muchos.

CAPÍTULO 3

TOP SECRET / MAJIC EYES ONLY

* TOP SECRET *

002

EYES ONLY

COPY ONE OF ONE.

SUBJECT: OPERATION MAJESTIC-12 PRELIMINARY BRIEFING FOR PRESIDENT-ELECT EISENHOWER.

DOCUMENT PREPARED 18 NOVEMBER, 1952.

BRIEFING OFFICER: ADM. ROSCOE H. HILLENKOETTER (MJ-1)

NOTE: This document has been prepared as a preliminary briefing only. It should be regarded as introductory to a full operations briefing intended to follow.

* * * * * *

OPERATION MAJESTIC-12 is a TOP SECRET Research and Development/Intelligence operation responsible directly and only to the President of the United States. Operations of the project are carried out under control of the Majestic-12 (Majic-12) Group which was established by special classified executive order of President Truman on 24 September, 1947, upon recommendation by Dr. Vannevar Bush and Secretary James Forrestal. (See Attachment "A".) Members of the Majestic-12 Group were designated as follows:

    Adm. Roscoe H. Hillenkoetter
    Dr. Vannevar Bush
    Secy. James V. Forrestal*
    Gen. Nathan F. Twining
    Gen. Hoyt S. Vandenberg
    Dr. Detlev Bronk
    Dr. Jerome Hunsaker
    Mr. Sidney W. Souers
    Mr. Gordon Gray
    Dr. Donald Menzel
    Gen. Robert M. Montague
    Dr. Lloyd V. Berkner

The death of Secretary Forrestal on 22 May, 1949, created a vacancy which remained unfilled until 01 August, 1950, upon which date Gen. Walter B. Smith was designated as permanent replacement.

* TOP SECRET *

TOP SECRET / MAJIC EYES ONLY

EYES ONLY

T52-EXEMPT (E)

Documento confidencial, copia uno de uno. Operación del Majestic 12 con las instrucciones del Presidente Electo Eisenhower. Documento realizado el 18 de Noviembre de 1952. Oficial de orden Administrador Roscoe H. Hillenkoeter (MJ1) Este documento ha sido preparado como un resumen preliminar destinado a seguir:

OPERACIÓN MAJESTIC 12 ES UN DOCUMENTO DE ALTO SECRETO de desarrollo e investigación.

La operación de inteligencia, está únicamente bajo la responsabilidad y dirección del Presidente de Estados Unidos. Las operaciones del programa son llevadas bajo el control del grupo Majestic 12, que fue establecida por una orden especial ejecutiva del Presidente Truman el 24 de Septiembre de 1947 bajo la recomendación del Dr. Vannevar Bush y el Secretario James Porrestal (Ver Adjunto A) Miembros del Grupo Majestic 12 fue designado en el siguiente orden:

    Admin. Roscoe H Hillentoeker
    Dr. Vannevar Bush
    Sec. James V. Porrestal
    Gen. Nathan F. Twining
    Ge. Hoyt Vandenberg
    Dr. Detlev Bronk
    Dr. Jerome Hunsaker
    Sr. Sidney Souers
    Sr. Gordon Gray
    Dr. Donald Menzel
    Gen. Robert M. Montage
    Dr. Lloyd V Berner

La muerte del Sec. Porrestal el 29 de Mayo de 1949, creó una vacante vacía hasta el 01 de Agosto de 1950, hasta esa fecha el General Walter B Smith fue designado como reemplazo permanente.

Fig. 9 Vannevar Bush y Jerome Hunsaker aparecen como miembros del MJ12.

Iris Chang escribe:

Tsien también preparó una serie de conferencias sobre cohetes alimentados con energía nuclear, que fueron pronunciadas en el MIT y el Laboratorio Johns Hopkins en Silver Springs, Maryland: conferencias que cautivaron tanto la imaginación de sus asistentes, los cuales lo recordaron por décadas.[89]

El estilo de enseñanza de Tsien era intransigente y difícil de comprender para sus alumnos, muchos de los cuales se sintieron intimidados por él, y nunca se atrevían a hacer preguntas Sin embargo, el talento de Tsien nunca fue cuestionado y continuó sobresaliendo.

En Mayo de 1947, Tsien fue ascendido a profesor titular en el MIT, algo que la mayoría de los profesores solo podrían lograr después de 20 años de docencia e investigación. Con solo 35 años, Tsien se había convertido en uno de los profesores más jóvenes en recibir el cargo en el MIT.[90] Mientras estuvo en esta institución, Tsien continuó trabajando con Von Karman y el SAB en la realización de estudios pioneros aeronáuticos. El trabajo incluyó un estudio activo de avistamientos y accidentes de ovnis en el área de Nuevo México. Afortunadamente, hay documentación que prueba que Von Karman y el SAB estuvieron directamente involucrados en los estudios de OVNIS.

Un documento del 12 de Mayo de 1949, que fue desclasificado y publicado por la USAF en 1975, muestra que von Karman estaba dirigiendo una investigación sobre objetos voladores a través del SAB. El documento emitido por el General Inspector de la Oficina de Investigaciones Especiales del Distrito 17, de la Base de la Fuerza Aérea de Kirtland, declara:

> El 27 y 28 de Abril de 1948, el Dr. Joseph Kaplan de La Universidad de California, miembro de la Junta Asesora Científica de la USAF, visitó la oficina de distrito en el área de instalaciones gubernamentales y militares [Base Sandia de la Comisión de Energía Atómica y Laboratorios Nacionales de Los Álamos]. El propósito de la visita, fue revisar los informes de investigaciones y las circunstancias que los rodean, así como los fenómenos aéreos no identificados, que se han observado en este área durante los últimos cinco meses, y por lo tanto hacen recomendaciones sobre la conveniencia de una investigación científica sobre lo ocurrido. La investigación fue realizada bajo las órdenes transmitidas por el Dr. Theodore Von Karman, Secretario de la Junta de Asesoría Científica de la USAF.[91]

Este documento es de vital importancia ya que es muestra concluyente, que Von Karman estaba dando órdenes a diferentes científicos trabajando con el SAB para investigar varios aspectos del fenómeno. Confirma que la junta estaba discutiendo el Fenómeno OVNI / platillo volador y sus implicaciones para la investigación aeronáutica. El tema cayó directamente en el área de responsabilidad dada al Comite de Vehículos Aeroespaciales de la junta, de la cual Tsien formó parte hasta 1949. Tsien estuvo involucrado en más discusiones clasificadas de la junta sobre avistamientos de ovnis. Él también participó en las investigaciones científicas del platillo volador recuperados en secreto por el Ejército de la Fuerza Aérea.

Hay dos documentos filtrados que conectan explícitamente a Von Karman y el SAB a estudios altamente clasificados de escombros recuperados de accidentes del platillo volador en el estado de Nuevo México. Uno de los documentos está fechado el 16 de julio de 1947, y el informe de accidente aéreo de un objeto volador siniestrado cerca del campo de pruebas de White Sands, Nuevo México.[92]

Está clasificado como Alto Secreto y fue emitido por el Teniente General Nathan Twining quien en ese momento, estaba a cargo del Comando de Material Aéreo de las Fuerzas Aéreas de los Estados Unidos, con sede en Wright Campo en Dayton, Ohio. El informe de accidente aéreo establece:

> Según lo ordenado por la directiva presidencial, con fecha del 9 de julio 1947, una investigación preliminar de la recuperación de un disco volador, así como restos de un posible segundo disco, fue realizado por el personal superior de este comando.
> Los datos en este informe, fueron proporcionados por el personal de ingeniería del T-2 y aviones laboratorio, y por la División de Ingeniería T-3. Datos adicionales fueron suministrados, por el personal científico del laboratorio de los Jet de propulsión, y del Ejército de las Fuerzas Aéreas del Ejército, además del Grupo de Asesoramiento Científico [también conocido como la Junta de Asesoría

Científica], encabezada por el Dr. Theodore Von Karman.⁹³

El análisis posterior fue realizado por personal de Investigación y desarrollo... Al examinar el interior de la nave, un compartimento que exhibe un posible motor atómico fue descubierto. Al menos esta es la opinión del Dr. Oppenheimer y el Dr. Von Karman. El reporte claramente vincula a Von Karman, y a la Junta de Asesoría Científica, y este se dirigió hacia el estudio y análisis de los escombros de la Nave extraterrestre, de los lugares donde ocurrió el accidente.

Además el reporte establece un vínculo entre JPL y Caltech así como el MIT en relación a sus estudios respectivos de era profesor del MIT, pero regresó al JPL en el Otoño de 1949, cómo el Maestro de Goddard en materia de la propulsión a chorro. Debido al trabajo avanzado de Tsien sobre la propulsión aeronautica tanto en el MIT como en el Caltech y su labor simultánea en la Junta de Asesoría Científica, posiblemente el se involucró y se profundizó en el análisis de la recuperación de restos de naves entre estas dos instituciones selectas.

Una de las áreas de interés común entre JPL y Caltech, fue la posibilidad de generar energía nuclear para alimentar las naves. Cerca de dos años antes, en Diciembre de 1945. Tsien había escrito su "Posibilidad de Combustibles Atómicos", para la propulsión de aviones de plantas de energía.⁹⁴ El descubrimiento de la propulsión nuclear, en una nave espacial extraterrestre, generó mucho rntusiasmo en Tsien, porque esto verificaba su idea anterior, la cual no solo era factible sino increíble, pues en realidad había sido desarrollado por una civilización fuera del planeta.

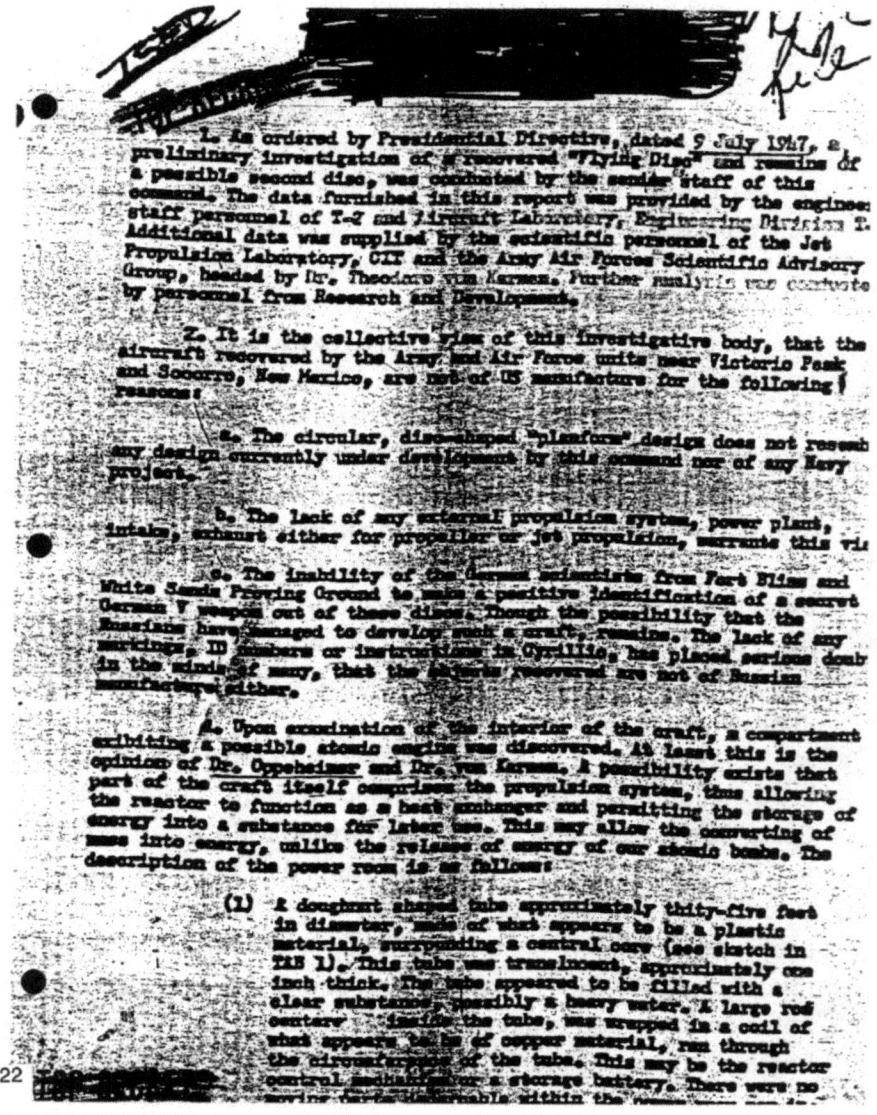

Figura 10.- El Reporte del accidente que vinculaba a Theodore Von Karman y a la Junta de Asesoría Científica con el siniestro del platillo volador.

CAPÍTULO 3

Según el Dr. Robert Wood y Ryan Wood, quienes son ampliamente reconocidos como los principales expertos mundiales en la autenticación de los documentos del Majestic relacionados con los OVNIS, el informe del accidente aéreo se categorizo con una calificación de autenticidad media a alta.[95] Ellos explicaron:

> El nivel medio-alto, significa que existe una cantidad de investigación considerable, y las pruebas fueron completadas, hay signos fuertes de autenticidad en cuanto al contenido, tanto forense, en tipografía, ocurrencias etc. Aunque puede haber algunos anacronismos identificados, que no parecen ser importantes.[96]

Si bien su calificación de nivel medio-alto indica fuertes signos de autenticidad para el informe de accidente aéreo de Julio de 1947, todavía hay motivos de duda expresados por los escépticos.[97] Es un caso diferente de un segundo documento filtrado del ejército, en relación a una investigación científica a gran escala, que inicialmente se trata del informe en relación al reporte del accidente del platillo volador.[98]

The Woods, dio un segundo documento que se titula como el *"White Hot Report"* de alto nivel de autenticidad,[99] el cuál se explica de la siguiente m" Reporte blanco " Fechado el 19 de Septiembre de 1947, con un raiting anera:

> Esto significa que prácticamente todos los canales de investigación disponibles, así como las ideas han pasado cada prueba para demostrar que este es auténtico. Por ejemplo, pruebas en papel, tinta, contenido oscuro, escritura a mano, periodo de la tipografía, fuentes, formato correcto, y lingüística forense (junto a los signos de anacronismos), todos indican el nivel de autenticidad más alta. En este nivel, los testigos deben presentarse para declarar que han visto o leído el documento en una

capacidad oficial y firmarán, o habrán firmado una declaración jurada para ese efecto.[100]

Si alguno acepta el trabajo del equipo *Woods* autenticando el *White Hot Report*, como real. Entonces es lógico el asumir que el accidente aéreo, basa sus antecedentes en el accidente o choque de Nuevo México, es similarmente genuino. Sin embargo hay quienes disputan su autenticidad al filtrado *White Hot Report*, así como al informe al accidente aéreo. Vale la pena enfatizar que los documentos desclasificados de la USAF, fechados el 12 de Mayo de 1949, confirmando el reporte Von Karman ordenó un estudio científico de los OVNIS, es indiscutible el corroborar que tanto los documentos Majestic y sus investigaciones son genuinos, así mismo los choques de OVNIS que fueron parte de una importante investigación científica ordenada por Von Karman. El cual consideró ambos documentos tanto el Majestic como los reportes, como auténticos y ahora examinaremos los contenidos en el *White Hot Report*, lo que nos dice acerca de los papeles que jugaban Von Karman y Tsien, así como el de la Junta Asesora Científica, en la investigación de los Choques de OVNIS.

El *White Hot Report,* tal como el informe de su Predecesor fue comisionado por el general Nathan Twining, el Dr. Von Karman, quien nuevamente llevó el papel principal como el jefe científico, de la Fuerza Aérea de los Estados Unidos, experto en sistemas de propulsión exótica, y de OVNIS. El *White Hot Report* reclutó a 12 militares de alto rango, encabezados por Twining, para analizar los escombros de múltiples choques de objetos voladores, sucedidos en diferentes partes de Nuevo México. Incluido el famoso choque del OVNI en Julio de 1947, en Roswell. La misión estaba respaldada por 4 científicos distinguidos que contribuyeron a la comprensión del estudio: el Dr. Theodore Von Karman, Dr. J Robert Oppenheimer, Dr. James H Doolittle y el Profesor Albert Einstein.

El *White Hot Report* se divide en cinco partes: I. Inteligencia; II. Estimación; III. Técnica de evaluación; IV. Probabilidades científicas; V. Estructura de seguridad nacional. Von Karman contribuyó a la evaluación técnica de las probabilidades científicas de la nave recuperada. La sección de probabilidades se inicia de la siguiente forma.

> 1.-Basada en toda la evidencia disponible recolectada, actualmente se encuentra bajo estudio del Comando de material aéreo (AMC), Proyecto de Armas Especiales de las Fuerzas Armadas (AFSWP),Proyecto de Energía Nuclear para la Propulsión de Aeronaves (NSPA),Comisión de Energía Atómica (AEC),Oficina de Investigación Naval (ONR), Comité Consultivo Nacional de Aeronáutica (NACA),Proyecto RAND (RAND),Fuerza Aérea del Ejército de Estados Unidos. (USAAF),Grupo de Asesoramiento Científico (SAG) y del Instituto de Tecnología de Massachusetts (MIT). Son considerados de naturaleza extraterrestre debido a la tecnología, que va más allá de la ciencia en los Estados Unidos, e incluso más que los cohetes Alemanes y su desarrollo aéreo.[101]

La conclusión en relación a los escombros recogidos del choque, era de qué se trataba de algo de origen extraterrestre, y se encontraba bajo estudio en diferentes instituciones científicas, en donde el Dr.Tsien se encontraba involucrado en las instituciones nombradas, El *White Hot Report* (SAG) Grupo de Asesoramiento Científico. Así mismo el MIT estuvieron directamente relacionados con Tsien. Su afiliación en La Junta de Asesoría Científica, y en el panel de vehículos aeroespaciales es lo que tiene más significado. Este panel es el que tenía más experiencia, en identificar componentes aeronáuticos críticos de un Objeto volador siniestrado, y consecuentemente hizo recomendaciones al jefe de la Fuerza Aérea, para llevar a cabo un plan de investigación y desarrollo a largo plazo.

El *White Hot Report* también dio a conocer que los escombros estaban siendo estudiados en el (AMC) Comando de material aéreo, con sede en Wright Field, el cual visitaba Tsien en su papel de Consultor de la Junta de Asesoría Científica. Es seguro concluir que su membresía en el panel de vehículos aeroespaciales, le dio acceso a las naves recuperadas que se encontraban resguardadas en Wright Field. De hecho, previamente a que Von Karman finalizara su contribución al *White Hot Report*, es seguro que consultó con Tsien acerca de su investigación.

El *White Hot Report* declaraba que

2-Los viajes interplanetarios son posibles, si es que existe el financiamiento adecuado y los recursos que lo hagan viable, y si el interés nacional en otros factores se encuentran en picada.

6.-Las leyes de la física y la genética, puede que tengan una génesis en un orden estructurado más alto, de lo que se pensó previamente.[102]

Estos puntos son muy significativos dado que Von Karman y sus colegas científicos que el consultó, específicamente Tsien y los miembros del panel de vehículos aeroespaciales, creían que la construcción de naves interplanetarias era viable y sólo requerían los fondos necesarios así como los recursos. Además, Ellos creían que un enfoque nuevo en las leyes de la física y la genética, incluiría un entendimiento mejor de temas esotéricos tales como la telepatía, así como poderes extra sensoriales y estos ayudarían a generar una nueva aventura en la ciencia. Décadas después en China, Tsien abogaría por un estudio sistemático de los poderes extrasensoriales y la telepatía con mejoramiento científico e integral para la comprensión del universo, Estudio al que le dio el término de "ciencia somática".[103]

Dado que la prioridad del jefe responsable de la Junta de Asesoría científica era crear planes a largo plazo, para el desarrollo y la investigación de las tecnologías aeroespaciales, sería seguro concluir que un plan altamente clasificado, estaba siendo escrito en ingeniería inversa. La nave extraterrestre recuperada en Nuevo México, los objetos voladores obtenidos por los nazis, se encontraban bajo estudio en Wright field /Wright Patterson en la Base de las Fuerzas Aereas. Debido a la posición de Tsien en el Panel de Vehículos Aeroespaciales y su contribución en los planos del libro *Toward New horizons,* "Hacia nuevos horizontes" de Von Karman. La Junta de Asesoría Científica ayudó a la Fuerza Aérea, a desarrollar un plan de investigación y desarrollo, altamente clasificado de un "Programa espacial secreto" Basado en la ingeniería inversa de las naves nazis y extraterrestres capturadas. El Dr. Tsien estaba involucrado en este esfuerzo.

En este punto, vale la pena sumar la experiencia ganada por Tsien en el tema de los objetos voladores y sus varias asociaciones históricas con Von Karman, Caltech, JPL (Laboratorio de Jets de Propulsión) , La Junta y Grupo de Asesoría Científica y el MIT. Primero como parte del grupo central, de estudiantes graduados trabajando con Von Karman y el grupo de cohetería que eventualmente se fusionó en el JPL en 1944, ante el desarrollo de nuevas tecnologías y es muy posible que durante este tiempo, estuvo expuesto a la información de los paquetes informativos que William Tompkins distribuía por parte de la Marina de Estados Unidos a instituciones líderes en aeronáutica. Tompkins, reclamaba que estos sistemas de propulsión supersónica habían sido desarrollados en el momento de la guerra por los Nazis, en un programa de objetos voladores.

Segundo como miembro de tiempo completo del Grupo de Asesoría Científica de Von Karman. De finales de 1944 a Febrero de 1946. Tsien Viajó pon instalaciones de los Estados Unidos siendo pionero de la investigación aeronáutica. Durante estas visitas, el encontró información de los choques (accidentes) de objetos voladores en los Estados Unidos, y que eran de origen extraterrestre, así mismo fueron programados para estudios adicionales, después de que terminara, La Segunda Guerra Mundial.

Tercero, como miembro de la operación LUSTY el equipo encabezado por Von Karman, viajaron por Alemania de Abril a Julio de 1945. Los principios detrás de los sistemas de propulsión supersónica de los prototipos Nazis, fueron de interés particular para Tsien.

Figura 11 Dr. Theodore Von Karman. Jefe de la Junta de Asesoría Científica (SAB) 1946-1954. Fuente USAF

CAPÍTULO 3

Cuarto, como consultor de la Junta de Asesoría Científica de 1946 a 1949, Tsien trabajo estrachemente con Von Karman en el análisis de los sistemas revolucionarios de propulsión, y sus aplicaciones potenciales y cultivando el futuro de investigación y desarrollo enn planes que iban de una a cinco décadas. Como los documentos desclasificados del 12 de Mayo de 1949, un documento de la Fuerza Aérea que confirmó que Von Karman y la Junta de Asesoría Científica, estaban activamente estudiando avistamientos OVNI.[104] Además de los documentos Majestic filtrados, Von Karman, y la Junta estaban activamente estudiando y analizando los restos de la nave extraterrestre, llevada a Wright Field.

Finalmente, la experiencia aeronáutica de Tsien fue invaluable para su nueva posición de profesor titular en 1947 en el *MIT* trabajando bajo las órdenes de Jerome Hunsaker, el cual se habia convertido en miembro fundador del grupo Majestic 12 solo unos meses después del accidente de Roswell. Hunsaker, necesitaba elaborar un programa a largo plazo, qué respondiera a dos situaciones críticas: Las visitas extraterrestres que estaban ocurriendo, así como la presencia de los nazis en la Antárctica, y que habían comenzado el vuelo a través de territorio Estadounidense. Tal como Tsien ayudó a Von Karman, y al SAB a implementar planes de desarrollo a lo largo de varias décadas para fabricar naves con ingeniería inversa extraterrestre, Tsien quizá ayudo a Hunsaker y al grupo Majestic 12, a crear planes a largo plazo similares basados en su análisis de los escombros, tomados de la nave y que fueron llevados al Instituto Tecnológico de Massachusetts para su estudio, tal como fue revelado el *White Hot Report*.

La exposición innovadora de objetos voladores que tuvo Tsien y sus tecnologías de propulsión exótica en los Estados Unidos, ayudan a explicar subsecuente el interés en los avistamientos OVNI y temas paranormales tales como los poderes extrasensoriales y la telepatía.[105] Como veremos en futuros capítulos, los OVNIS se convertirán en un tema de gran interés para Tsien y líderes del Partido Comunista de la República Popular de China.

Después de 3 años en el Instituto Tecnológico de Massachusetts (1946-1949) Tsien aceptó una oferta para regresar al Caltech, como profesor del Jet a Propulsión bajo el cargo de Robert H Goddard, es aquí donde se convierte en celebridad nacional, rivalizando con Werner Von Braun con sus ideas de aviones cohete supersónicos, que pudieran viajar de Nueva York a Los Ángeles en una hora. Sin embargo, cuando el estado de celebridad de Tsien estaba al nivel mas alto, su reputación en Estados Unidos pronto sería golpeada por el desastre.

CAPÍTULO 3

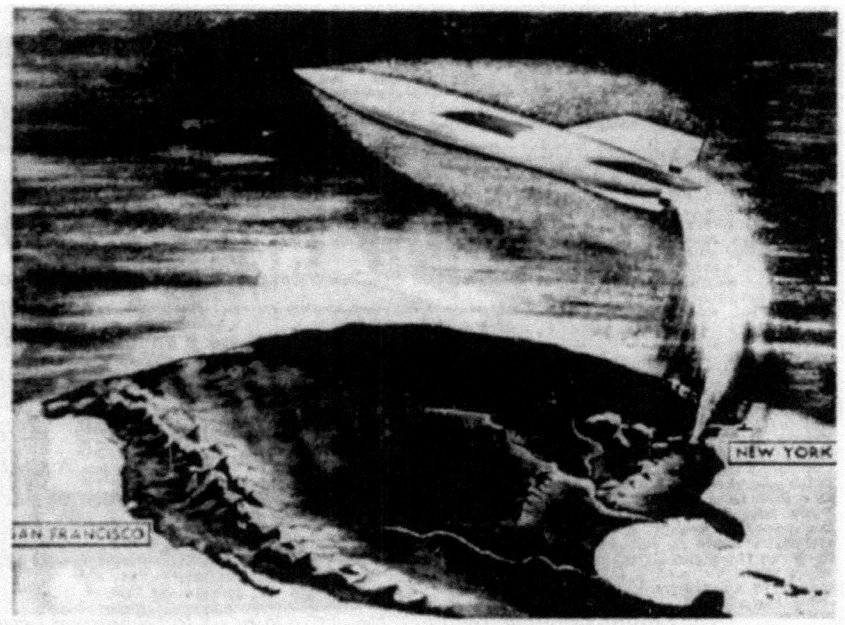

ARTIST'S CONCEPTION OF ROCKET PLANE OF FUTURE IN FLIGHT
80-Foot Creation Based On Sketch By California Professor

10,000-MPH SPEED ENVISIONED
Rocket To Span U.S. In One Hour Seen

BY HOWARD W. BLAKESLEE
(Associated Press Science Editor)

NEW YORK, Dec. 1 — A rocket airplane to fly from New York to San Francisco in less than an hour was described to the American Society of Mechanical Engineers today.

It will travel almost 10,000 miles an hour, but will land at only 150.

The shape is a fat, sharp-pointed pencil, 80 feet long, 9 feet wide. A pair of small wings is set midway between point and tail. The tail fins are as big as the wings, and the vertical tail fin is bigger.

This outline drawing was shown to the American Rocket Society section of the meeting by Dr. Hsue-Shen Tsien, of the California Institute of Technology. He is Robert H. Goddard professor at the Daniel and Florence Guggenheim jet propulsion center.

* * *

The ship hasn't been built. But it is a lot closer than engineers suspected.

"The requirements," said Dr. Tsien, "are not at all beyond the grasp of present day technology."

The plane would travel 1,200 miles under rocket power, and then glide 1,800 miles farther. Most of the first 1,200 miles would be up above the atmosphere, somewhere over 30 miles. This part would be a big, flat arch in the blue.

The glide would start at 27 miles altitude. This is where there is a tiny amount of air, enough to gently begin slowing the ship, but not enough to burn her up by friction.

* * *

The ship takes off weighing 50 tons. But by the time she begins the glide, she weighs only 13. The rest is fuel that has been burned.

Dr. Tsien said the best take-off would be vertically upward. He said the early part of this rise might best be by drive of a ram-jet engine, which is a flying stovepipe, or almost hollow tube. The ram-jet advantage while the ship is ascending through the air is that it burns mostly air, and so saves carrying fuel.

After getting above the air the rocket fuel will be hydrogen with either oxygen or fluorine, all of them liquid.

All the power drive is done in a few minutes. After that the ship is a projectile until the glide begins.

Concepción de un artista un avión cohete en un vuelo del futuro.
Bosquejo de 80 pies creado por un profesor de California.
10000 millas por hora previstas. .
Cohete recorre Estados Unidos entonces solo una hora.
Por Howard W.Blakeslee (Editor de Ciencia de Associated Press)
Nueva York Diciembre 1
Un avión cohete vuelo de Nueva York a San Francisco, en menos de una hora así fue descrito a la sociedad Norteamericana y a los ingenieros mecánicos hoy.

Puede viajar A 10000 millas por hora pero puede aterrizar en solo 150. Es como un lápiz puntiagudo y grueso de 80 pies de largo. 9 pies de ancho. Un par de alas pequeñas que establecen un punto medio entre la punta y la cola. las aletas de la cola son tan grandes como las alas y la aleta vertical es mucho más grande.
Este dibujo Fue mostrado a la sociedad Norteamericana de cohetes, el encuentro dirigido por el Dr. Hsue-Shen Tsien,Hotel del Instituto de Tecnología de California. El es profesor Robert H Goddard en el centro de Jets de propulsión de Daniel y Florence Guggenheim.
Esta nave no ha sido construida todavia,. pero está mucho más cercana a lo que los ingenieros sospechan.
Los requisitos dijo el Dr. Tsien No están lejos de la tecnología actual.
El avión Podrá viajar 1200 millas, por debajo del poder de un cohete, Y luego planear 1800 millas más lejos. más de las primeras 1200 millas y estaría fuera de la atmósfera. Esto sería un gran Arco plano en el azul. Puede empezar a planear, A las 27 millas en altitud. Aquí es donde una pequeña cantidad de aire suficiente, amablemente comienza alentar la nave, pero no lo suficiente para quemarla con la fricción.
La nave puede despegar pesando 50 toneladas. Pero al mismo tiempo puede planear sí solamente pesa solo 13. El resto es combustible que se ha quemado. El Dr Tsien Dijo que el mejor despegue sería de forma vertical hacia arriba. Dijo Que el despegue sería la mejor parte del viaje, ya que el manejo del ramjet es cómo viajar en una estufa o en un tubo hueco. La ventaja del ramjet es que mientras la nave asciende en el aire, quema básicamente aire, y esto ahorra combustible.
Poco después de ir sobre el aire el combustible del cohete se llenará de hidrógeno, así como de oxígeno y flúor, todos en forma líquida.
Una vez que el motor ejecuta todo su poder, en unos cuantos minutos. después de eso la nave es un proyectil, Es así que comienza a deslizarse.
Figura 12.Tsien Hsue-Shen Es entrevistado sobre su avión cohete, en el periódico The Miami News.

CAPÍTULO 4

El Desastre golpea, el arresto y deportación de Tsien a China

> Fue la estupidez más grande que hizo este país",
> El ex Secretario de Marina, Dan Kimball dijo después: Él no era más comunista que yo, y fuimos forzados a dejarle ir.
>
> -*The New Yorker, Noviembre 3 de 2009*

El 6 de Junio de 1950, mientras estaba sentado en su oficina del Caltech, la cuál había sido ocupada por Von Karman. Tsien fue visitado por dos agentes del FBI. Le dijeron que varias personas que él había conocido en el Caltech en la década de 1930, eran miembros del Partido Comunista en Pasadena. Los agentes declararon que el nombre de Tsien estaba en una lista bajo el alias de "John Decker", y el era sospechoso de ser comunista. Tsien repudió los cargos vigorosamente, y exclamó que el se oponía al comunismo internacional. El comunismo Ruso en la opinión de Tsien "no era más que una forma totalitaria de gobierno, y relativa a la democracia o gobierno libre, era malvado".[106]

A pesar de la falta de evidencia para establecer sus vínculos con el comunismo, el FBI se encargó de revocar las autorizaciones de inmediato, y le quitó a Tsien todos los accesos que él tenía. La capacidad de poder continuar con su investigación pionera en la aeronáutica en el Caltech fue destruida de la noche a la mañana. Chang escribió acerca de las reacciones, del Caltech a las acusaciones del FBI.

La facultad del Caltech y su administración, estaban incrédulos cuando escucharon las noticias. ¿Tsien un comunista? Algunos creían que el era la persona más aristocrática que habían conocido. ¿No estaba casado con la hija del estratega militar que trabajó con Chiang Kai-Shek? No, Tsien hubiera sido la última persona. -La menos pensada por el establecimiento Caltech, que hubiera sido comunista.[107]

Dos semanas después, Tsien renunció al Caltech y regresó a China. Para algunos, esto solo reforzó las sospechas del FBI, de que era comunista y un posible espía. ¿Por qué regresar a la China comunista si después de todo tú no eres comunista? Otros que conocían mejor a Tsien, se dieron cuenta que él solamente reaccionó a la Ira, al orgullo, la confusión y al miedo, "todas esas emociones transformaron a la persona en la que se convirtió Tsien."[108] Además fueron razones personales muy fuertes para volver, ya que su padre enfermo no había visto a sus nietos y además estaba pidiendo el regreso de su hijo. Oficiales Estadounidenses sospecharon que autoridades comunistas presionaron al padre de Tsien, para que le pidiera a su hijo volver a casa. Aparentemente era una práctica común entre las autoridades comunistas, para hacer regresar a los Chinos con experiencia Universitaria para modernizar China.

El Caltech y Von Karman, saltaron en defensa de Tsien. El presidente del Caltech Lee Du Bridge resumió mejor las opiniones de Von Karman y de la mayoría en la facultad:

> Esta es una situación ridícula que uno de los grandes expertos en cohetes y propulsión, se le está negando la oportunidad de trabajar en su campo. Y ante tal negativa, lo forzaron a ocupar sus talentos en China, los cuales fueron disponibles para el régimen comunista.[109]

Desafortunadamente para el Caltech, Von Karman y Los Estados Unidos, esto fue lo que sucedió.

CAPÍTULO 4

Las cosas se complicaron aún más para Tsien. El intento enviar sus pertenencias personales incluyendo sus libros, documentos y notas a Hong Kong antes de su partida a China. Sin embargo cuando los trabajadores de la mudanza, encontraron unos papeles marcados como "secretos" y "confidencial". Los oficiales de la Aduana fueron notificados. Ocho estuches fueron confiscados por la Aduana de Estados Unidos, con el argumento de que violó varias leyes federales, incluido el espionaje. Un juez generó una orden de arresto el 25 de Agosto de 1950 en contra de Tsien.

Las cosas no podrían haber ocurrido en un momento peor, ya que desde el inicio de la guerra de Corea, se había desatado una oleada de violencia en contra del comunismo y sus simpatizantes. En respuesta a los cuestionamientos de la Prensa, Tsien dio una declaración acerca de los contenidos en su intento de envío previo a su detención:

> No hay libros de códigos, no hay libros de señales, no hay planos. Hay algunos dibujos, logaritmos, tablas. Que alguien confundió con códigos. Deseaba llevar mis notas personales, muchas de ellas son solamente notas de lectura y otros materiales de estudio que quería llevar conmigo, no estaba tratando sustraer nada de naturaleza secreta.[110]

La prensa que tan solo meses antes había catalogado a Tsien cómo un científico de cohetes visionario, ahora lo trataba de espía comunista. Después de que se cumplió la orden de arresto, fue encarcelado por dos semanas en un centro de detención de inmigrantes, antes de ser puesto en libertad bajo fianza, sorprendentemente era una cifra muy alta 25,000 dólares (equivalente a 250,000 dólares en el 2020). A pesar de no encontrar nada clasificado en sus notas personales, el servicio de inmigración y naturalización, (INS) decidió deportar a Tsien bajo la ley de Control Subversivo de 1950, sobre la base de que era un miembro del Partido Comunista, cuando entró por última vez a Estados Unidos en 1948.[111]

De 1950 a 1955, Tsien vivió en un limbo legal creado por imperativos burocráticos. El departamento de Estado no le permitiría ir a China. Debido a sus amplios conocimientos en la investigación aeronáutica clasificada. Sin embargo vivió en una nube de deportación después del fallo de la INS. A Tsien se le permitió seguir dando clases en el Caltech, pero no pudo llevar a cabo más investigaciones aeronáuticas, ya que todos los accesos nunca le fueron devueltos. Fue solo después del final de la Guerra de Corea (27 de Julio de 1953) que las negociaciones entre China y Estados Unidos sobre prisioneros de Guerra se convirtió en el catalizador que condujo a su eventual partida. En Junio de 1955, el presidente Dwight Eisenhower en privado, aprobó liberar a Tsien y a otros Chinos con información técnica, que podrían ayudar al régimen comunista, Eisenhower fue informado de que este gesto era esencial para lograr la liberación de prisioneros de guerra Norteamericanos, el 4 de Agosto de 1955, la INS le escribió a Tsien que era libre de salir de los Estados Unidos.[112]

Mientras tanto Tsien se las arregló para mandarle cartas a la hermana de su esposa, solicitando a las autoridades comunistas que le ayudaran a volver a China continental. El 8 de Agosto de 1955 las negociaciones tomaron lugar en Génova, la carta de Tsien había sido llevada al embajador de China, Wang- Ping Nan, tomando por sorpresa a la delegación Norteamericana dirigida por el embajador Alexis Johnson, "La carta afirmó Johnson, era una prueba vívida de que los científicos Chinos en Estados Unidos, querían regresar al Continente Chino y no pudieron hacerlo".[113] En Septiembre de 1955 Tsien pudo regresar a China, debido a un acuerdo de su intercambio con once pilotos Estadounidenses capturados. Años después, el ministro de China (también conocido como Premier) Zhou Enlai habló sobre las negociaciones de Ginebra declaradando triunfalmente: "habíamos recuperado a Hsuen- Shen Tsien, solamente por él, valieron las negociaciones.[114]

CAPÍTULO 4

Oakland Tribune, Friday, Sept. 8, 1950

Chinese Scientist Held as Red As U.S. Colleague Is Convicted

LOS ANGELES, Sept. 8.— The Government today accused a Chinese research scientist of being an alien communist as another top-flight physicist was convicted of lying about former communist party ties.

Dr. Hsue-Shen Tsien, 40, head of the jet propulsion center at California Institute of Technology, was held at Terminal Island.

Immigration service agents arrested him only two weeks after customs officials seized eight packing cases of scientific papers which Tsien tried to ship to Shanghai, in communist China.

Meanwhile, Dr. Sidney Weinbaum was jailed without bail and awaited sentencing Tuesday on three counts of perjury and one count of fraud. A Federal Jury decided yesterday that the former Caltech physicist lied when he told an Army security officer last year that he had never been a communist.

The Russian-born Weinbaum, 52, said he would appeal the verdict.

The Weinbaum and Tsien cases were not related, authorities said. Tsien's work was with the Guggenheim jet propulsion center and concerned with pure scientific research. Weinbaum had worked in the top secret jet propulsion laboratory at the institution.

Bank Officer Dead

SCARSDAL, N.Y., Sept. 8.— Dudley F. Fowler, 60, trust officer of the City Bank Farmers Trust Company of New York and member of the War Department's board of contract adjustments after World War I, died last night.

Figura 13.- Los periódicos nacionales cubrirían el arresto de Tsien. Tribuna Oakland Viernes 8 de Septiembre de 1950

Los Ángeles. El gobierno hoy acusó al científico e investigador Chino de ser un extranjero comunista, así como a otros cinco científicos de alto nivel, fueron encarcelados por mentir acerca de tener lazos con el partido comunista. El Dr. Hsue-Shen Tsien de 40 años, cabeza del centro de propulsión en el Instituto de Califnornia, fue retenido en una Isla Terminal. Los agentes del servicio de migración lo arrestaron tan solo dos semanas después de que las aduanas le confiscaran 8 estuches con papeles científicos que Tsien se quería llevar a Shangai, a la China Comunista. Mientras tanto el Dr. Sidney Weinbaum fue encarcelado sin fianza, y espera por una sentencia el Martes, por tres cargos de perjurio y uno de fraude. Un jurado decidió ayer que el físico del Caltech mintió cuando le dijo a un oficial de la seguridad del Ejército hace un año, que él nunca había sido comunista. El nacido en Rusia Weinbaum de 52 años dijo que apelaría el veredicto. Los casos de Weinbaum y Tsien no estuvieron relacionados. Las autoridades dijeron que el trabajo de Tsien estuvo ligado al centro de Jets de propulsión de Guggenheim, con pura investigación científica en un laboratorio secreto de la institución ...

Lo que Tsien llevó a China no fue solamente su conocimiento, sino el esfuerzo de los Estados Unidos en el desarrollo de Programas de cohetes y jets de propulsión, además de lo que aprendió de la iniciativa de la Alemania Nazi, en la investigación de platillos voladores, así como estudios clasificados de las naves recuperadas, a finales de 1949.

Vale la pena especular sobre las extraordinarias circunstancias que llevaron a la deportación de Tsien y si era un grupo oculto o era una inteligencia consciente, maniobrando esta triste salida. Existen tres escenarios a considerar. Primero de acuerdo al punto de vista dominante, una combinación de mala suerte, el inicio del McCartismo, la discriminación racial y sorprendentemente el mal juicio de los funcionarios de migración y del FBI resultó en Tsien siendo atacado y expulsado de su hogar adoptivo. Esencialmente no era más que casualidad y mala suerte después de todo.

Sin embargo una segunda posibilidad involucra un plan a largo plazo, a ayudar a China a hacer un puente y cerrar la brecha con la Unión Soviética y los Estados Unidos, entonces algún día China, podría rivalizar con estas grandes potencias, en términos de supremacía globlal. Este escenario está arraigado históricamente: por un poderoso grupo de controladores ocultos (también conocidos como Estado Profundo/iluminati) quienes han construido centros de poder global, para rivalizarlos entre ellos, para perpetuar la guerra, la pobreza y el hambre en todo el Planeta. Este punto de vista está mejor reflejado en el libro *Gods of Eden*, "Dioses del Eden", de William Bramley, quien ve a la humanidad siendo manipulada por un grupo de extraterrestres llamados los

"Guardianes".[115] Este grupo de control colaboró desastrosamente a la controvertida partida de Tsien de los Estados Unidos, para hacerlo vulnerable a compartir todos los secretos clasificados, que el obtuvo en su estado de totalitarismo deseando un ejército poderoso que tuviera armas nucleares. El último objetivo para que China obtuviera paridad tecnológica y militar con los Estados Unidos lo más pronto posible y así ambos países podrían ser manejados en una guerra nuclear apocalíptica. Esta explicación tan pesimista, pone a Tsien en el papel de un simple peón, en un plan manipulado por multidécadas, tramado por el Estado Profundo.

La tercera posibilidad es que haya un sistema de un planeta con inteligencia que no es humana y que intenta lograr el equilibrio entre los poderes principales de una manera que fomenta la igualdad global y la abundancia. Este punto de vista se refleja en el trabajo de James Lovelock y su idea de *Gaia Hypothesis* "Hipótesis de Gaia", que fue explicado por primera vez en el libro que lo influenció *Gaia: A new look of life on Earth*, "Gaia: Una nueva visión de la vida en la Tierra".[116] Lovelock cree que la "homeostasis" es un proceso plantario, que se afirma en si mismo, cuando Gaia también conocida como "la Tierra" detecta que está fuera de balance, en alguna manera crítica. Loveloch cree que la homeostasis, es un proceso de autorregulación mecánica que funciona a nivel macro entre los organismos vivos y su entorno inorgánico, el proceso bien podría ser una inteligencia no humana, de gran alcance que puede funcionar a nivel micro para guiar humanos así como asuntos planetarios.

Esta última perspectiva, se refleja mejor en el trabajo del filósofo Alemán Georg Hegel quien afirmó que un Zeitgeist (Espíritu de las eras) guía los asuntos humanos a través de las figuras de la Historia Mundial, para que la humanidad crezca en autoconsciencia hacia una manifestación colectiva del Espíritu absoluto.[117] Esta es la más optimista de todas las tres posibilidades, explicando las circunstancias extraordinarias detrás de la deportación de Tsien, haciendo una figura mundial histórica, y cuyo papel era traer balance al planeta. Dominado por los poderes occidentales y el materialismo. Tsien se involucró en el establecimiento de Programas Espaciales Secretos, tanto en Estados Unidos como en China. Fue entonces parte de un plan de una inteligencia superior, para introducir una armonía mayor y una manifestación profunda de un "Espíritu Absoluto" en el planeta.

¿Fue Tsien una víctima desafortunada de acontecimientos casuales? ¿Fue una marioneta manipulada por un grupo siniestro de controladores? Fue solamente una figura mundial histórica? Elegida por el planetario Zetgeist, para traer paz y armonía a un nivel global. Es posible que las tres explicaciones sean correctas, de manera similar a la muñeca proverbial rusa Matroyoshka, donde la razón más obvia quizá puede ser desempacada para encontrar respuestas más profundas que están escondidas dentro.

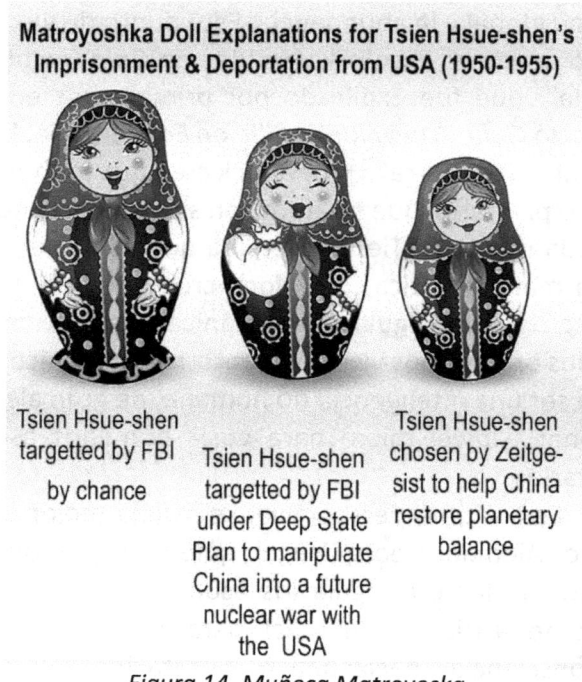

Figura 14. Muñeca Matroyoska
[1]Tsien Hsue-Shen es señalado por casualidad por el FBI.
[2] Tsien Hsue-Shen es señalado por el FBI con el cargo de manipular a China en una guerra nuclear futura con los Estados Unidos.
[3]Tsien Hsue-Shen es elegido por Zeitgeist para ayudar a China a restaurar el balance del planeta.

CAPÍTULO 5

Tsien establece los cimientos para las actividades espaciales de China

*El sueño de ayer es la esperanza de hoy y la
realidad de mañana.
-Robert Goddard, El primer constructor de cohetes
en Estados Unidos*

Despues del regreso trascendental de Tsien a China en Octubre de 1955, el problema que se le enfrentó immediatamente fue el atraso económico de su país, en respecto al desarrollo de cohetes y otras tecnologías ultramodernas, el ya no podría estudiar en Instituciones líderes de vanguardia haciendo investigaciones de aeronáutica. En cambio siguió un camino similar en su carrera que el de su mentor Von Karman, quien sacrificó su trayecto académico para ayudar a la USAF en su preparación en la era supersónica, en los jets de propulsión a chorro, aeronaves y naves espaciales utilizando sistemas de propulsión exótica. Tsien ahora tenia que ayudar a los militares Chinos a seguir con el estudio y desarrollo, El plan de Tsien siguió el mismo camino que el preparo diez años antes para crear el plan de acción del Ejército de la Fuerza Aérea de los Estados Unidos en 1944, y dispuesto en *Toward New Horizons (Hacia Nuevos Horizontes)* escrito por Von Karman con la ayuda de Tsien. No es sorpendente que el "Plan de Tsien para indagación científica China"... Tenía un parecido evocador del plano monumental en la que había trabajado solo diez años antes[118] para la defensa aérea de los Estados Unidos

Finalmente, Tsien combinó dos modelos a seguir que había encontrado a lo largo de 20 años durante su estancia en los Estados Unidos. Se convirtió en el Von Karman de China, al crear un plan de varias décadas que gobierna los progresos aeronáuticos para el Ejército Popular de Liberación (PLA People for Liberation Army).[119] También más tarde ayudó al Ejército de Liberación Popular a iniciar, con la tarea más desafiante de la ingeniería inversa, y las tecnologías de platillo volador, que habían estado en posesión de China. Segundo Tsien se convirtió en el Von Braun de China, supervisando la construcción de los sistemas de balística de misiles, lo cual inevitablemente se convertiría en la columna vertebral del Futuro Programa Espacial "público" del país.[120]

Zhou Enlai arregló para que el Partido Comunista instalara de inmediato a Tsien en la Academia China de Ciencias y le asignó un papel de liderazgo, en las nuevas armas nucleares, así como un programa de misiles balísticos. Tsien comenzó su tarea monumental con el lanzamiento del instituto de mecánica de Beiging, donde se centró en la "Mecánica aplicada y el desarrollo del alta velocidad aerodinámica con fines de defensa".[121] El instituto abrió sus puertas el 5 de Enero de 1956 con Tsien como Director y fundador. Meses después fue seguido por Zhoy Enlai respaldando a Tsien ante los líderes del Partido Comunista a establecer una instalación para el estudio de la aeronáutica y el desarrollo de misiles.

Zhou Enlai supervisó el proceso del Partido Comunista para sancionar la creación de la "Quinta Academia del Ministerio de Defensa Nacional" la cual fue lanzada el 8 de Octubre de 1956, con Tsien como su fundador y director. En su libro *China's Space Program*, "Programa Espacial Chino", Brian Harvey resume el significado de esta serie de acontecimientos, en términos del nacimiento, del Programa Espacial de China:

> En Abril de 1956, Zhou Enlai presidió una reunión de la Comisión del Comité Central Militar que invitó a Tsien Hsue Shen a describir el potencial de misiles guiados y cohetes. En unos días, el gobierno había designado la Comisión Industrial de Aeronáutica Estatal, para fabricar los aviones y los misiles del país. El 8 de Octubre de 1956, el Comité Central del Partido Comunista de Chino, presidido por Mao Zedong, estableció la Quinta

CAPÍTULO 5

Academia de investigación del Ministerio Nacional de Defensa, para crear esfuerzos espaciales. De esta forma quedó oficialmente registrado el cumpleaños del Programa Espacial Chino.[122]

Tsien se convirtió rápidamente en "uno de los científicos más poderosos en el país, sirviendo de enlace entre la comunidad científica y los alcances más altos del Gobierno".[123]

Una foto tomada de Tsien en uniforme militar sin marca, sentado junto a Mao Zedong en 1956, ilustra muy bien su importancia en el liderazgo Chino.[124] Tsien se reunió con Mao unas 6 veces y se convirtió en su tutor oficial en ciencias, era muy diferente a Mao y el Partido Comunista, esto lo protegió a él y sus Programas Aeroespaciales, durante la agitación años después.

Para Tsien, fue esencial que la Unión Soviética fuera un proveedor de asesoría técnica y científica a China. Mientras ambos países negociaban con su tecnología de misiles balísticos a inicios de la década de 1950. Fue en Septiembre de 1956, después de la llegada de Tsien que los Soviéticos vendieron a China dos misiles R-1. Eran réplicas de los cohetes Nazis V-2, que Tsien había visto 11 años antes, en Nordhaussen mientras servía en la operación LUSTY. Tsien inmediatamente reconoció que los Soviéticos estaban vendiendo tecnología anticuada a los Chinos. Y deseaba tecnología más moderna, fue entonces que China se dio cuenta que tenía que dar algo a cambio más valioso. El conocimiento de Tsien y lo que estaba desarrollando Estados Unidos se convirtió en un factor necesario para alcanzar un acuerdo entre China y la Unión Soviética.

Es muy comprensible el porqué la Unión Soviética estaba interesada en la experiencia extensa de Tsien, debido a su conocimiento en el Programa de Cohetes Norteamericanos su investigación y descubrimientos en armas nucleares, así como en los prototipos de platillos Alemanes, así como en los estudios de sistemas de los sistemas de propulsión exótica, que fueron encontrados en las naves capturadas. La voluntad de China para que Tsien viajara a Moscú y compartiera su amplio conocimiento, fue un factor crítico en las negociaciones con la Unión Soviética, el cual resultó en la asistencia técnica a China a lo largo de 30 años por parte de la URSS. En ese tiempo la experiencia de China era inexistente.¹²⁵

Figura 15. Hsue-Shen Tsien sentado al lado de mao zedong.

Tsien directamente era el encargado en llevar los pactos de asistencia técnica, la cual era muy necesaria para el Programa Nuclear y Balística de misiles de China. Debido a este acuerdo firmado el 15 de Octubre de 1956, la URSS comenzó a enviar tecnologías de cohete a China, aportó documentos técnicos concedió becas a estudiantes Chinos, que quisieran estudiar ciencias en Universidades Soviéticas.¹²⁶ Adicionalmente les dieron su versión mejorada del cohete V-2 que fue otorgado secretamente durante la noche, en la Quinta Academia de Tsien. En el verano de 1957, Tsien personalmente viajó a la URSS como parte de la delegación del Ejército de China, para compartir algo de su amplio conocimiento de los esfuerzos en tecnología inversa de platillos voladores que había visto en Estados Unidos. Los Soviéticos aceleraron su asistencia y para 1958 habían transferido 10,000 volúmenes de planos y documentos técnicos para la construcción, pruebas y lanzamientos de los R2, junto con el adicional doce R-2, que la Quinta Academia había comprado.[127]

La escala de investigación y desarrollo monumental que estaba ocurriendo bajo la dirección de Tsien y su Quinta Academia fue descrito por Iris Chang:

> Entre Abril de 1958 y Abril de 1959, el Ejército Popular de Liberación China *(EPL)* transfirió más de tres mil técnicos y grupos profesionales de otras agencias para ayudar a Tsien y a su Quinta Academia, junto con trescientos expertos en la ingeniería de la Industria.[128]

Mientras se le daba prioridad a la fabricación de balística de misiles en China, es seguro que Tsien evaluó a los funcionarios del Partido Comunista, y algunos de los principales científicos de la Quinta Academia sobre su conocimiento del programa de ingeniería inversa Norteamericano. El problema que encontró Tsien, fue el profundo escepticismo de Mao Zedong en relación a lo paranormal, la religión, las historias de las naves antigravedad, vinculadas al fenómeno OVNI. Mao y otros altos funcionarios del Partido, creían que los OVNIS eran un truco occidental destinado a engañar a las Naciones Comunistas, como señalaron Wendelle Stevens y Paul Dong, coautores de *UFOS Over Modern China* "OVNIS sobre la China Moderna".[129] Zhou Enai tenía una personalidad mucho más pragmática, que el radical Mao. Podría haber comprendido el programa de platillos voladores de Estados Unidos y la Unión Soviética, y pudo haber manifestado más empatía con la situación insostenible de Tsien.

Mientras que el conocimiento de Tsien sobre cohetes, motores a reacción y energía nuclear fue aceptado como crítico para el futuro científico de China, así como para su desarrollo militar, Mao y los líderes del Partido Comunista, no fueron muy solidarios, sino directamente lo opuesto y no apoyaron a Tsien en utilizar recursos estatales valiosos, para estudiar platillos voladores. Sin embargo, cuando se trataba de la Unión Soviética, la situación era muy diferente.

Sabemos de los documentos Nazis filtrados de la SS Nazi y que fueron discutidos en el capítulo dos, referente a dos diferentes naves las Vril y las Haunebu, que 27 de ellas fueron probadas por la SS Nazi, y Estados Unidos confiscó cuatro naves de platillo volador, que fueron llevadas a América, por el misterioso tercer equipo de la operación LUSTY. Quizá durante el periodo de seis días, cuando el tercer ejército ocupó las obras de Pilsen Skoda.

Se sabe que los Soviéticos invadieron algunas de las instalaciones secretas donde la SS Nazis construyeron bajo la montaña Owl (Eulengebirge) de la Baja Silesia (Schelesian) parte de Alemania en ese momento ahora actualmente Polonia. Se sabe que se fabricaron siete sistemas de túneles separados, y fueron creados para la construcción de súper armas, que cayó dentro del proyecto general nombrado Riese (Gigante). El Infame proyecto Nazi *"Bell"*, generado dentro de las instalaciones, en las montañas Owl, junto a otros proyectos relacionados a los prototipos de platillo volador.[130] Los Soviéticos habían obtenido sus propios prototipos de platillo volador, e iniciaron su programa de desarrollo e investigación independiente, abarcando las tecnologías capturadas. Es muy probable que los Soviéticos, como los Estadounidenses, hayan adquirido sus propios artefactos extraterrestres, o incluso naves espaciales estrelladas y también estos fueron estudiados en instalaciones clasificadas.

Compartir el conocimiento de las naves Nazis capturadas así como de los posibles platillos voladores extraterrestres con Tsien, ciertamente tenía sentido para los Soviéticos. Tsien tenía una visión única, de lo que la Fuerza Aérea de los Estados Unidos estaba haciendo en términos de su futuro de desarrollo e investigación de las tecnologías exóticas, encontradas en las naves confiscadas, así como las extraterrestres.

Por lo tanto, es razonable suponer que Tsien compartió algo de lo que había aprendido con los Soviéticos quienes a cambio le proporcionaron algunos de sus propios hallazgos de estudio sobre platillos Nazis expropiados y posiblemente naves extraterrestres para el desarrollo futuro de China, una vez que los recursos estuvieran disponibles, y una política más solidaria y un

CAPÍTULO 5

liderazgo apropriado ocupara su lugar. También tenía sentido para los Soviéticos obtener toda la información posible de Tsien, para comprender la tecnología que estaba décadas por delante de lo convencional, los sistemas de propulsión se comenzaron a generar para aviones y misiles. Estados Unidos tenía vastos recursos financieros y experiencia científica, para moverse rápidamente en su investigación y desarrollo de las naves capturadas. Más noticias inquietantes llegaron en la década de 1950, acerca de los acuerdos entre Estados Unidos y el grupo separatista Alemán que se encontraba en la Antártida y que involucraba a la colonia extraterrestre aliada.[131]

En Agosto de 1960, a menos de cuatro años después de haber firmado el acuerdo de 30 años de asistencia, la Unión Soviética se retiró y suspendió la cooperación técnica con China, debido a las crecientes diferencias en ideologías. Khrushchev y Mao tuvieron una caída en la medida de cómo la URSS ayudaría a China a fabricar armas nucleares. Khrushchev creyó que Mao era imprudente, y dispuesto a utilizar armas nucleares para lograr sus ideologías y cumplir sus metas, Brian Harvey explica lo que sucedió:

> El inquebrantable acuerdo chino-soviético de 30 años, terminó en lágrimas en Agosto de 1960. Sin ninguna explicación la relación colapso. La negativa de la URSS a suministrar específicamente tecnología nuclear, exasperó a Mao, y parece ser la razón principal. Khrushchev por su parte se convenció más y más de que las invenciones que desarrollaba, eran para utilizarlas en una guerra nuclear en la primera oportunidad disponible. Mil cuatrocientos asesores técnicos, volvieron a casa abruptamente, llevando sus planos con ellos, y triturando todo aquello que no pudieran regresar consigo. Más de doscientos proyectos conjuntos fueron cancelados. La partida de los Soviéticos de la Quinta Academia, fue aparentemente de buena manera, y un momento de arrepentimiento genuino para ambas partes, las fotografías tomadas en el instante, muestran a los científicos despedirse con cariño.[132]

A pesar de esta caída, la asistencia técnica que dieron los Soviéticos fue suficiente para Tsien para crear su versión modificada del Soviético R-2 (también conocido como SS-2 Sibling) que se llamaba DF-1. Fue el primero de la serie de cohetes de Dongfeng de China *East wind* , "Viento del Este", y exitosamente fue puesto en órbita el 5 de Noviembre de 1960, desde la nueva instalación de lanzamiento de cohetes en Jiuquan situada en el desierto de Gobi en la remota provincia de Gansu. Un ferrocarril había sido construido conectando Juquipan con la Quinta Academia de Tsien en Beijing. Así se enviaban materiales secretos a un lugar remoto para pruebas.

En la superficie es difícil entender porqué los científicos acordaron en dar asistencia en primer lugar dado que Rusia y China han sido rivales geopolíticos en Asia Central durante mucho tiempo. Si China modernizaba su ejercito con armas nucleares, podría amenazar los intereses de la Unión Soviética en la región. Mientras China y la URSS compartían ideas comunistas, intereses nacionales, por tanto estaban destinados a chocar, dado el punto de vista de Khrushchev de que Mao era otro Stalinista, dispuesto a sacrificar millones en una guerra nuclear para llegar a sus metas.

Una respuesta convincente del porqué los Soviéticos firmaron el documento técnico, es por que a través del acuerdo podrían ganar mucho trabajando directamente con el Dr. Tsien Hsue-Shen. Su conocimiento de primera mano en sistemas de propulsión exótica, que Estados Unidos tenía bajo estudio confidencial, además de las tecnologías avanzadas que los Alemanes habían reubicado en secreto a la Antártida y en (Sudamérica) antes del colapso de la Alemania Nazi, la cual fue invaluable para los Soviéticos. Al establecer un acuerdo técnico, aunque e corta duración debido a las diferencias geopolíticas, los Soviéticos habían ganado lo que querían.Tsien proporcionó información rara, que ayudó a los Soviéticos a avanzar con la investigación y desarrollo de tecnologías de propulsión exóticas que tenían en su posesión.A pesar de los conocimientos de China en relación a los esfuerzos de entender las tecnologías de platillo volador y las propias investigaciones y desarrollo de Rusia en relación a los esfuerzos de entender la similitud en las tecnologías exóticas. La primera prioridad para la China de Mao, debía crear un programa de armas nucleares y un sistema entregable, usando cohetes convencionales basados en mejorar la versión DF1.

Pasarían más de veinte años antes de que la comunidad científica China estuviera lista para abordar más problemas desafiantes en la propulsión exótica de los platillos voladores. Pasarían más de veinte años, antes de que la Comunidad científica China estuviera lista para abordar más problemas desafiantes en la propulsión exótica de los platillos voladores.

China no podía esperar en compararse a los vastos recursos de Estados Unidos para el estudio y desarrollo antigravedad en una nave espacial. Además del escepticismo de Mao sobre la realidad, del Fenómeno OVNI, pasarían décadas antes de que China tuviera la base económica y técnica necesaria que coincidiera con lo que Tsien sabía que la Fuerza Aérea de los Estados Unidos estaba haciendo.

Consecuentemente se dedicó a ayudar a China en su tarea principal en fabricar cohetes convencionales, para que fueran utilizados como sistema de entrega de misiles balísticos, para las armas nucleares y generar un Programa Espacial capaz de enviar satélites hasta el cosmos. China estaba en una posición muy similar a la de Estados Unidos, enfrentados después de haber adquirido los platillos voladores en Cape Girardeau Missouri (1941) y Los Ángeles (1942) y posteriormente aprendieron que la Alemania Nazi, intentaba armar un platillo volador con tecnologías para los esfuerzos de guerra. El presidente Roosevelt retrasó todos los desarrollos y las investigaciones hasta que hubiera finalizado la guerra, debido al gran gasto requerido para impulsar tales tecnologías. Fabricar armas nucleares convencionales era la prioridad, como quedó claro en el memorando de 1944 al "Comité Especial de Tecnologías y Ciencias no Terrestres".[133]

En consecuencia, como miembro del personal y consultor para el Grupo de Asesoría Científica de Von Karman, durante la Segunda Guerra Mundial, Tsien había aprendido mucho del debate de la política de alto nivel, si era viable científicamente poner armas inmediatas a los platillos voladores capturados. Mientras Roosevelt había ordenado al Ejército de los Estados Unidos, no adquirir tareas científicas complejas en ese momento, tal como lo explicó en *Antartica's Hidden History,* Historia Escondida de la Antártida, en contraste, si lo hicieron los Nazis y Hitler.[134] El éxito aliado de la Segunda Guerra Mundial, reivindicó a la política de Roosevelt. Consecuentemente fue después de la Segunda Guerra que en Estados Unidos se iniciaron los Programas de investigación y desarrollo, en las tecnologías de platillo volador, y Tsien desempeñó un papel prominente, como parte del staff de Von Karman.

Tsien como miembro del Ejército de la Fuerza Aérea, y el Grupo de la Asesoría Científica y la Junta de Asesoría Científica de 1944, a 1949, poseía un conocimiento íntimo de las políticas y los establecimientos de la seguridad Nacional de los Estados Unidos. Lo que lo llevó a proponer una serie de prioridades similares a China. Se daría preferencia a la creación de armas nucleares y convencionales de China y más tarde para abordar las tareas científicas más desafiantes, de ingeniería inversa de los platillos voladores, una vez que China hubiera crecido lo suficiente en economía y base técnica.

Mientras tanto, Tsien o cualquier científico de la Quinta Academia que tuviera su confianza de Zhou Enlai. Podría monitorear bajo incógnita la actividad OVNI en territorio Chino, adquiriendo registros históricos sobre tecnologías antiguas, avanzadas y contacto extraterrestre, así como el estudio de cualquier tecnología alienígena, que estuviera en su posesión. El interés secreto de Tsien en el fenómeno OVNI, fue corroborado años después, en discursos que pronunció tras la muerte de Mao en 1976, donde públicamente "instó a que los estudios de OVNIS debían ser incluidos en la enseñanza de las geociencias."[135] Cuando se trata del fenómeno OVNI, China tiene una rica historia con muchas pistas históricas que indican que las civilizaciones antiguas desarrollaron tecnologías de aviación avanzadas e incluso naves espaciales antigravedad como resultado del contacto extraterrestre.

CAPÍTULO 6

Antiguos OVNIS en China

> Huang Ti, uno de los emperadores legendarios, alcanzó la inmortalidad montando una criatura fantástica, que tenía el cuerpo de un caballo y las alas de un dragón, capaz de soportar a sus esposas y ministros, llevando mas de setenta personas.
> - *Berthold Laufer, 1928*

Notablemente, hay registros históricos de la antigua China, que demuestran que no solamente existieron avistamientos OVNI, sino que hubo naves que fueron parte de las primeras invenciones en esta antigua cultura. En su libro *"The prehistory of aviation" (Prehistoria de la aviación)* del Dr. Berthold Laufer, un destacado sinólogo germano-estadounidense, que estudió los registros de aviación del mundo ancestral,[136] existen múltiples referencias a emperadores Chinos construyendo o utilizando máquinas voladoras. Laufer describe el reporte más remoto:

> El emperador Chino Shun, que vivió en el tercer milenio antes de nuestra era, (fecha tradicional 2258-2208 a.C.) No fue el primer volador registrado en la historia, pero si el primero en tener éxito descendiendo en paracaídas, un experimento que fue hecho por primera vez o repetido a mediados de nuestra civilización hasta 1783 D.C. [137]

De acuerdo con registros antiguos que examinó Laufer. Shun escapó de su padre cruel y su madrastra por medio de un "aparato basado en el vuelo de un ave". Dos hijas del emperador Yao- cuyos nombres son sinónimo con la era dorada de China-

ayudaron a Shun y lo instruyeron en "el arte de volar como un ave".[138] *The Annals of The Bamboo Books (*Los anales de los libros de bamboo) se describen las aventuras de Shun con su máquina voladora, donde sugiere que es un aparato real, y sus principios solo fueron enseñados a algunos que fueron seleccionados por tener la virtud y el carácter adecuados.

Laufer también describe leyendas Chinas, sobre una raza misteriosa de gente que vuela comosi fueran hombres-pájaro, que eran parecidos a las figuras de seres alados de Siria-Babilonia que tenían cabezas humanas o de aves, quienes dieron las instrucciones, para fabricar las máquinas voladoras y alcanzar la inmortalidad.[139] Los registros Chinos apuntan a las montañas Kunlun, con una extensión de 1900 millas (300 km) desde el borde norte en la meseta del Tíbet, a las planicies sureñas de la provincia de Shaanxi, como la morada de estos misteriosos hombres pájaro. En un capítulo futuro se verá la importancia de estas leyendas, donde hablo también del misterio de las pirámides en la provincia de Shaanxi y de las tecnologías preservadas en ellas.

Según Laufer, muchos de los anteriores emperadores Chinos tuvieron máquinas voladoras:

> El Ti Wang shi ki ("Historia de los Emperadores Chinos") Escrito por Huang-fu Mi (215-282 d.C) contiene este aviso: "Ki-kung-shi pudo fabricar un carro volador, que fue impulsado por un viento suave, recorrió una gran distancia en el tiempo del emperador Ch'eng T'ang (1766-54 a.C) Fundador de la dinastía Shang, el viento del oeste sopló el carro de King kung hasta Yu-Chou. El emperador ordenó destruir este carro para que este hecho no pudiera ser conocido por la gente. Diez años después cuando el viento del Este soplo el emperador generó otro artefacto de este tipo, construido por Ki-kung y lo envió de regreso".[140]

El carro de Ki-Kung parecía ser una especie de planeador, que el emperador hizo un secreto de Estado para no ser compartido con gente común. Por lo tanto, este pasaje indica que los antiguos gobernantes Chinos se aseguraron de que los carros voladores y los otros dispositivos de aviación antiguos fueran restrictivos a la aristocracia. Laufer conecta estos carros voladores a las tecnologías más modernas desarrolladas por inventores Chinos en la era preindustrial.

Según estos registros históricos, algunas de estas naves voladoras eran tan avanzadas, que eran capaces de viajar por el espacio. Indicando que los primeros Programas Espaciales fueron construidos por los Chinos y otras civilizaciones ancestrales en todo el mundo hace milenios. Andrew Tomas, el autor del libro *We are not the first,* "No somos los primeros", se refiere a un inventor Chino, Hou Yih, quien construyó una nave capaz de llegar a la Luna:

> En el año 2309 a.C. decidió ir a la Luna en un pájaro celestial. Este pájaro le aconsejó exactamente, el tiempo del amanecer, establecimiento y atardecer del Sol... Hou Yih exploró el espacio "montando una corriente de aire luminosa" ¿El escape en un cohete de fuego?... En la Luna, el astronauta Chino vio el "horizonte de aspecto congelado y construyó allí el "Palacio del gran frío".[141]

Alrededor de este tiempo de la fantástica aventura de Hou Yih, registros Chinos hablan también de una nave espacial enorme que podía remontarse por los cielos o navegar por los mares por un periodo de 12 años:

> Apareció una nave enorme sobre el mar con luces brillantes, que se extinguían durante el día. Pudo navegar hasta la Luna y las estrellas, por lo tanto su nombre era "la nave que se colgaba entre las estrellas", o "el barco a la luna". Esta nave gigantesca que podía viajar en el cielo y el mar, fue vista por 12 años.[142]

¿De dónde obtuvieron las ideas los inventores Chinos, para crear naves hace más de cuatro milenios? Al parecer, los antiguos Chinos, al igual que los humanos modernos, tuvieron ayuda de seres misteriosos, gente con "aspecto de ave" o visitantes extraterrestres, que trajeron con ellos tecnologías avanzadas que estaban dispuestos a compartir o intercambiar, para obtener asistencia para establecer una presencia en la Tierra. El caso más famoso, involucra a los Dropa (Conocidos como Dzopa) Quienes se dice habían aterrizado en una remota región fronteriza entre China y Tíbet hace aproximadamente 12,000 años.

Hartwig Hausdorf autor del libro *"The Chinese Roswell"* (El Roswell Chino) ha recopilado mucha información acerca de extraterrestres, que se establecieron después del aterrizaje forzoso, en las montañas de Baian Kara-Ula e interactuaron con una tribu local indígena, conocida como "Ham", de los cuales surgió una nueva raza llamados los "Dropa".[143] Hausdorf cita a un arqueólogo Chino, Chi Pu Tei, quién dirigió una expedición oficial de 1937-38 a una región remota en una montaña del Tíbet, donde encontraron una cueva con inscripciones en las paredes, sarcófagos con los restos óseos de cuatro seres, un cuerpo delgado de cuatro pies de altura, de raza humanoide con cabezas desproporcionadamente grandes, (similares a los extraterrestres grises) Así mismo encontraron 716 piedras en forma de disco, (30 cm de diámetro con agujeros en el centro).

Los discos tenían surcos intrincados con pequeños jeroglíficos, con información grabada en ellos. Cada disco pareciera ser un libro completo, Chi Pu Tie y su equipo, no pudieron traducir ninguno de los discos, pero sin embargo fue un descubrimiento fantástico. Dados los acontecimientos que rodearon la ocupación japonesa en la Segunda Guerra Mundial y la Guerra Civil de China, fue hasta después de que el partido comunista llegó a poder en1949, que Chi Pu Tei, intentó publicar sus hallazgos. Aparentemente, la Academia de Ciencias de China no quedó impresionada con el supuesto descubrimiento de Chi Pu Tei y no publicó su artículo, detallando lo que había encontrado.[144]

En 1958, otro arqueólogo, Tsum Un Nui de la Academia de Prehistoria de Pekín se interesó en los discos que Chi Pu Tei había descubierto.[145] Después de cuatro años de estudio, Nui afirmó que habían descifrado algunos de los intrincados discos de piedra, que

CAPÍTULO 6

revelaron detalles del aterrizaje forzoso y el mestizaje de los Dropa con la población local. Se interpretó que los discos decía:

> Los Dropa salieron de las nubes en sus aviones, Antes del amanecer nuestros hombres, mujeres y niños, se escondieron en la cueva diez veces. Cuando ellos finalmente entendieron el lenguaje de los Dropa se dieron cuenta que los recién llegados tenían intenciones de paz...[146]

El periodista investigador Holandés Philip (Filip) Coppens, dijo en un artículo publicado por Nui en 1962, tras dos años de retraso causado por la Academia de Prehistoria de Pekin. [147] Se titulaba *"The cartelled script relating to the spaceship that, as is written on the discs, descended on Earth 12,000 years ago"* (El Cartel del guión relataba a una nave espacial, que tal cómo está escrito en los discos, descendió a la Tierra hace 12,000 años).[148] Lo que pasó después según Coppens, fue que el "Profesor Um Nui aparentemente se vio obligado o (decidió) abandonar su posición y después de esto, regresó a su Japón natal, donde murió poco después"[149]

Ni el avance del Profesor Nui en 1962, ni sus reportes han sido confirmados, lo que se sabe es que la primera publicación que hacía referencia a los Dropa, salió en un artículo de una revista Alemana en Julio de 1962. La revista fue la *Das Vegetarische Universum*, "El Universo Vegetariano", y el articulo se titulaba: ¿ OVNIS en la prehistória?[150]

Además, la edición en inglés de *Russian Digest,* que podría leerse en las embajadas de la Unión Soviética de todo el mundo. También apareció una historia sobre las piedras Dropa en 1962. Según el arqueólogo independiente David Hatcher Childress, el artículo Soviético, fue muy probablemente la fuente informativa de la crónica Alemana.[151] Tal como señala Coppens en una crónica subsecuente de 2008 donde volvió a visitar las controvertidas piedras Dropa. "Algo sucedió en 1962, que se generó un reporte Chino o Japonés, en relación a ello."[152]

Coppens informó que un equipo de científicos Soviéticos

dirigido por el Dr. Viatcheslav Saizev, obtuvo acceso a varios de los discos que fueron enviados a la URSS para su análisis. El estudio reflejó que la piedra, en la que estaban tallados los discos, tenían altas cantidades de cobalto y otros metales, lo que es intrigante es lo que le ocurrió al Dr. Salzev tras poner los discos en una máquina similar a un Fonógrafo:

> Cuando se encienden los discos "Vibran" o "Zumban" como si tuviera algún tipo de carga eléctrica especial, empujada a través de los discos, en un ritmo particular; o como dijo un científico, "cómo si formaran parte de un circuito eléctrico". "De alguna manera, en algún momento tuvieron que haber estado expuestos a altas cargas eléctricas.[153]

Los resultados fueron publicados en otra revista Soviética, pero el inicio de la revolución cultural en 1966, llevó al caos a la comunidad Científica China y todo el estudio de los discos se detuvo. Coppens informó que un equipo de científicos Soviéticos dirigidos por el Dr. Viatcheslav Saizev, obtuvo acceso a varios de los discos que fueron enviados a la URSS para su análisis.

En este punto, vale la pena diferenciar los discos Dropa, de los discos Bi, o Jade los cuales son descubiertos más comúnmente en otros lugares de las regiones del oeste de China. Hatcher Childress, explica la diferencia entre los discos Dropa y Bi Jade, los cuales han sido hallados cerca de los esqueletos de antiguos gobernantes y de la élite de China:

> Los discos de piedra fueron descubiertos entre los esqueletos, son discos de jade que son de varias pulgadas de diámetro a un pie, o más grande y usualmente tenían un hoyo en el centro. Algunos fueron tallados intrincadamente como sucedió con los discos Dropa, pero no son jeroglíficos. Cuál era su propósito y como se hicieron, ha sido todo un misterio para los arqueólogos.[154]

CAPÍTULO 6

En Marzo de 1994, Hartwig Hausdorf viajó a Xian con las copias de las fotos tomadas por Wegerer buscando los discos, que él quería confirmar personalmente para ver si eran genuinos. Hausdorf describe que pasó cuando llegó al museo:

> En Xian visitamos el museo Banpo, buscando los discos que había fotografiado Wegerer dos décadas antes, pero nuestro optimismo no fue recompensado. No hubo lugar donde pudiéramos encontrar algún rastro de los discos, preguntamos a nuestros guías y al Profesor Wang Zhijung, director del museo ¡Al principio incluso negaron que existieran los discos! Después de una hora y de haberles enseñado las fotografías. Zihun declaró que uno de sus predecesores había dado Wegerer el permiso para fotografiar los discos, que los discos de hecho existieron o al menos eso parecía. Poco después de haber dado permiso a Wegerer para fotografiar los discos, las autoridades pidieron a ese director que "renunciara su cargo" supimos que desde entonces no hubo ningún rastro del director.[155]

Hausdorf no podía confirmar que los discos habían existido, pero las autoridades Chinas implementaron políticas secretas en relación a los discos y su contenido:

> El director Zhijun nos mostró- cuando se dio cuenta, de que no nos íbamos a ir sin saber todo lo que había que descubrir. Había un libro de arqueología en donde se mostraban fotografías de los discos. Luego nos llevó a un centro cerca del lugar donde se encontraba el museo donde los artefactos fueron limpiados y catalogados. En una silla había una copia ampliada de un disco de piedra. Insinuó que hace unos años, se corrió la voz de sus superiores "desde arriba" que todos los rastros de los discos, tenían que ser aniquilados y él debía decir en el registro, que todo era una gran mentira.[156]

Figura 16 - Piedra Dropa fotografía tomada por Ernst Wegerer.

Es comprensible que las autoridades Chinas quieran tomar medidas drásticas, sobre la información de las piedras Dropa, para evitar que fueran llevadas a naciones occidentales, desde una perspectiva de seguridad nacional, la información de las piedras Dropa, pudo haber sido utilizada en los Estados Unidos y otras agencias de inteligencia nacionales para expandir sus conocimientos basados en la vida y tecnología extraterrestre. Los Programas Espaciales secretos Estadounidenses y Soviéticos/ estaban muy lejos del desarrollo tecnológico chino. Las piedras Dropa proporcionarían una gran cantidad de información que ellos podrían utilizar para cerrar la brecha tecnológica. Mientras inicialmente los Chinos cooperaron con los Soviéticos en 1964, para comprender como se almacenó la información de las piedras Dropa, el continuo deterioro sobre las ideologías y fronteras comunistas restringieron el acceso a los Científicos Soviéticos.

Una nota al margen importante de la historia de Dropa es

la controversia en torno al libro de 1978, *Sungods in Exile,* "Dioses del Sol en exilio", que describe una expedición de 1947 a Baian-Kara-Ula dirigida por el Dr.Karyl Robin Evans, que hizo contacto con la gente Dropa. *Sungods in Exile,* creó mucha controversia y finalmente fue declarado un engaño. Perpetrado por el propietario de los derechos de autor, un subempleado actor británico.[157] Algunos creen que el engaño se hizo, para lucrar con la creciente popularidad de las antiguas historias de astronautas. Sin embargo Coppens, aumenta la probabilidad más viable que el libro fuera un esfuerzo oficial de desinformación, para desacreditar el caso de las piedras Dropa y decepcionar a investigadores para continuar con el caso real.[158]

Sin embargo se han realizado indagaciones adicionales, para corroborar detalles clave sobre la historia fantástica de las piedras Dropa. En 2008 Phillip Coppens escribió un capítulo de seguimiento a su artículo original de la revista Nexus 1995/1996 y presentó nuevas recomendaciones. Lo más fascinante fue el posible redescubrimiento de la tribu Dropa original, encontrada por primera vez por el profesor Chi Pu Tei en 1937-1938, quienes son los supuestos antepasados de los extraterrestres, Dropa (grises) los cuáles se estrellaron y se cruzaron con una tribu local hace 12,000 años. Coppens explica lo sucedido:

> En Noviembre de 1995, *Associated Press* "AP" declaró que unos 120 "seres enanos" habían sido descubierto en la provincia de Sichuan, en el lugar llamado "Pueblo de los Enanos"... El adulto más alto en este pueblo tenía tres pies y una pulgada (1.0m 15cm) de alto; el joven más alto media d dos pies y una pulgada (63.5cm). La ubicación del pueblo es " a unos cientos kilómetros de la montaña Baian-Kara-Ula. Sin embargo a pesar de que China se esta volviendo más abierta, toda esta área, incluidos los restos del pueblo están fuera de los límites para extranjeros.[159]

Es probable que las autoridades Chinas hayan reubicado a la tribu enana, que originalmente se descubrió que existía cerca del área donde las piedras Dropa se recuperaron por primera vez. Tanto la tribu Dropa y las piedras Dropa le dieron al gobierno Chino, una rica cosecha de información sobre la vida y la tecnología de los antiguos extraterrestres visitantes de la Tierra. Sin embargo la antipatía que sentía el Presidente Mao hacia temas paranormales, OVNIS y la religión. Significaba que la información en las piedras Dropa y la tribu Dropa, habrían sido considerados como no científicos, por un periodo de tiempo. Todo lo relacionado a los Dropa pudo incluso ser marcado, como un objetivo contrarrevolucionario durante la Revolución Cultural.

Basado en los datos disponibles, se puede concluir que las piedras Dropas son registros auténticos de una civilización extraterrestre, que se estrelló en China hace 12,000 años y estableció una colonia. La diminuta raza Dropa, fisiológicamente similar a los extraterrestres grises de hoy en día, creó una raza híbrida con la tribu indígena Dropa, utilizando sus tecnologías avanzadas, y luego comenzó a interactuar con grupos más grandes de personas del Occidente Chino.

Hay una duda pequeña en relación a la tribu Dropa, ellos utilizaban sus tecnologías avanzadas para protegerse de tribus locales agresivas, y formaron alianzas con élites poderosas, quienes a lo largo del milenio, establecieron el primer reino Chino. Por lo tanto es muy probable que la tecnología Dropa estuvieran detrás de las fantásticas máquinas voladoras, descritas en los antiguos registros de China. Cómo ha descrito Hatcher Childress con gran detalle en Vimana: *Flying Machines of the Ancients*, "Máquinas voladoras de los antiguos", estos antiguos artefactos voladores se han encontrado por todo el mundo y probablemente fueron el resultado de las interacciones similares entre extraterrestres y élites locales quienes los ayudaron a construir los primeros programas espaciales de la humanidad.[160]

Las piedras Dropa, parecen ser tecnología de comunicación, utilizada para almacenar una enorme cantidad de datos, similar a un CD o un DVD moderno. Si es así, entonces cada una de las 716 Piedras de los Dropa, es un libro completo que narra la vida y las tecnologías de una civilización extraterrestre avanzada y su adaptación a la vida en la Tierra. Las piedras Dropa, que se ciernen como un enlace histórico crítico, probablemente contenga información sobre los diversos componentes tecnológicos de naves espaciales funcionales, que mas tarde fue transmitido para permitir el desarrollo de los vehículos voladores, hechos por varios antiguos inventores Chinos.

Es posible que las piedras Bi Jade sean un derivado de una ciencia de comunicaciones, basada en las piedras Dropa, pero utilizando tecnologías menos sofisticadas, como estaban disponibles para inventores Chinos en los milenios siguientes. Alternativamente las piedras Bi Jade pueden ser crudas imitaciones, creadas de manera análoga, un culto de carga en el que las personas primitivas utilizaron sus recursos disponibles para replicar una tecnología avanzada que no entienden, pero se asocian con los Dioses. Por ejemplo se sabe de algunas tribus de las islas del Pacífico, construyeron réplicas de aviones con paja basados en el primer avistamiento que tuvieron de los aeroplanos de combate de los Estados Unidos durante la segunda Guerra mundial, y fueron asociados con Dioses.

La información contenida dentro de las piedras Dropa y varios registros Chinos antiguos de las crónicas de tecnologías de aviación, sin duda ha sido útil para las autoridades Chinas, interesadas en comprender el fenómeno OVNI moderno y sus aplicaciones dentro de China y su industria creciente. Ciertamente estos tesoros ancestrales llamaron la atención de Tsien y a su Quinta Academia. Tsien habría incorporado naturalmente lo que aprendió en su plan a largo plazo, para un Programa Espacial basado en tecnología inversa extraterrestre, el estaba esperando el día que un político Chino más adecuado llegara al poder.

Figura 17 Modelo de Aeroplano creado con paja.

CAPÍTULO 7

Avistamientos modernos de OVNIS en China

La versión oficial defendió en aquel tiempo que (el fenómeno OVNI) era un truco occidental. Y para reportar tales historias, indicaba candidez para caer en tal truco... Y era considerado contrarrevolucionario hablar de tales cosas...

- Teniente Coronel ret. Wendell Stevens y Paul Dong

UFOS Over modern China "Ovnis sobre la China Moderna". es un libro escrito conjuntamente por el Teniente Coronel Wenderll Stevens, pilóto de la Fuerza Aérea, y el investigador del Fenómeno OVNI Chino Paul Dong (Conocido como Moon Wai) en él, ofrecen una lista detallada de los avistamientos, del fenómeno OVNI, desde el periodo de la Segunda Guerra Mundial hasta 1983 los autores exploran el cambio en actitudes oficiales, durante las tres épocas políticas distintas que ocurrieron en este tiempo abarcado.[161] Cuando estos avistamientos comenzaron a tomar lugar durante los años de guerra, representaron un fenómeno desconocido o no familiar para la población en general y el liderazgo del Partido Nacional Chino. Una apertura general prevaleció y no existía una política concerniente a estos avistamientos extraños. Sin embargo las preocupaciones de guerra tuvieron prioridad, y los avistamientos fueron tácitos e inexplorados por parte de los testigos, una vez que terminó el conflicto bélico.

La primera etapa de la política de guerra y la post guerra, abarcó hasta 1949. Cuando el Partido Nacionalista Chino llegó a su final, los avistamientos OVNI comenzaron a aparecer en los periódicos en 1947, y posteriormente testigos del tiempo de la Segunda Guerra vinieron para explicar lo que habían visto.

El primer avistamiento en China durante la etapa de guerra, ocurrió en Septiembre de 1943 durante la ocupación Japonesa, cuando múltiples testigos vieron una "Sartén voladora (también conocida como platillo volador) en Qing Xiang provincia de Hebei. Ambas partes asumieron que se trataba de una arma enemiga. Una carta de uno de los testigos, un maestro Chino, describe acerca de lo que tomó lugar:

> Fue durante la guerra de resistencia contra Japón y el periodo de agresión, en algún momento de Septiembre eran las 7 de la noche en ese mes de Septiembre. "Habiamos terminado nuestra cena cuando vimos un objeto, volando cinco o seis metros sobe el suelo yendo de este a oeste y emitiendo una luz blanca que no se extendia por una gran área. Su centro era como una forma de sartén (con cúpula) que podría levantarse y rotar en el aire". Después de mucha discusión llegamos a la conclusión de que era una cacerola voladora, una nueva arma creada por los japoneses. (Los japoneses vieron este fenómeno, e incluso tuvieron éxito en fotografiar esta supuesta nueva arma china).[162]

Stevens y Dong describieron más avistamientos en 1944 y 1945 relacionados a las "cacerolas voladoras" durante la guerra.[163]

El primer reporte de un periódico ocurrió el 14 de Julio de 1947, después del famoso avistamiento de Kenneth Arnold, se vio deslizarse sobre el Estado de Washington nueve naves en formación aérea , un acontecimiento que desencadenó un frenesí mundial interesado en reportes de platillos voladores. Stevens y Dong describen el reporte por parte de la prensa, de la siguiente forma:

> "Associated Press 14 de Julio de 1947"... Un enorme platillo (volador) emanaba rayos de luz, y deslumbró

a todos los que lo vieron, eso ocurrió entre las últimas oficinas demarcadas de Associated Press en China, y fue lanzado desde el palacio de Estado Chino. Este fue el reporte de OVNIS de primera mano hecho público, antes de la Victoria de la Revolución China, que aisló a este país del mundo occidental en términos de noticias de OVNIS.[164]

Las noticias de OVNIS continuaron con incidentes ocurridos durante el otoño de 1947 en la provincia de Jianxi durante la cosecha en 1949, en el distrito de Henan.[165]

La segunda era política de avistamientos en China ocurrieron en 1949, tras el éxito de Mao Zedong en la guerra civil. La actitud de Mao y el Partido Comunista, fue abiertamente de escepticismo ante tales informes y los líderes alentaron el punto de vista de que los OVNIS eran un "truco occidental".[166] Cualquiera que reportara o estudiara OVNIS, no solo se arriesgaba a ser visto como crédulo, si no también como un contrarrevolucionario. Prediciblemente los reportes de OVNIS, desaparecieron al mismo tiempo de los medios nacionales y los testigos dejaron de denunciarlos por completo. El escepticismo de este gobierno, oficialmente alcanzó su pico en la "Revolución Cultural", de 1966 a 1976, cuando la ciencia se subordinó ante la idea del comunismo puritano. La aceptación de platillos voladores y vida extraterrestre eran considerados como parte de las doctrinas budistas, y otras creencias religiosas que necesitaban ser aplastadas.

Todo esto generó esfuerzos clandestinos por parte de Hsuen-Shen Tsien, en la Quinta Academia en aprender de los OVNIS de China, para avanzar con su propio plan para desarrollar su nave antigravitacional, lo cual era difícil casi imposible, tuvieron que esperar hasta la muerte de Mao en 1976 y la muerte de la "Revolución Cultural" que las actitudes oficiales del gobierno se volvieron más relajadas y el trabajo de Tsien en la Quinta Academia renombrada *Seventh machinery industry*, "La séptima industria de la maquinaria" pudo avanzar.

Ahora con el inicio de la tercera época política, los reportes aparecieron de nuevo en los periódicos. La gente supo por primera vez acerca de los reportes ocurridos durante el gobierno de Mao, y como las autoridades Chinas hicieron grandes esfuerzos para suprimir los intereses del público en los OVNIS. Un incidente ocurrido durante Octubre de 1963, involucró a una línea aérea civil, que fue perseguida por tres OVNIS luminosos durante quince minutos, y esto ofrece un típico ejemplo de cómo eran manejados los OVNIS en la época de Mao, así como los grandes esfuerzos que hacían las autoridades para suprimir el interés en el fenómeno. Los pilotos dieron una descripción detallada por la radio a las autoridades Chinas de aeronáutica civil. Tanto los pilotos, como los pasajeros fueron ordenados al aterrizar, que "no debían discutir el asunto con nadie".[167] Este caso ilustra, como las autoridades estaban intentando cubrir el asunto, silenciando a testigos tan creíbles, como los pilotos.

El 1 de Julio de 1964, una nave con forma de cigarro, que volaba lentamente, fue observada hacia el suroeste cerca de Shangai. Jets de combate MIG fueron enviados para interceptar, y forzar a la nave a aterrizar, sin éxito.[168] La explicación que dieron, era que se trataba de un misil norteamericano, ilustrando una vez más que las autoridades Chinas querían ocultar los avistamientos de objetos voladores no identificados.

Un investigador veterano del fenómeno OVNI Timothy Good, explica otro incidente Chino que tituló *Combat Stations* "Estaciones de Combate" En su libro *Above Top Secret* "Más allá del ultra secreto":

> A inicios de 1968 cuatro artilleros de la guardia costera, de la guarnición naval en Luda, provincia de Liaoning en el norte de China, vimos un objeto dorado, luminoso y de forma ovalada, voló de lado, dejando una traza delgada en el aire, luego subió abruptamente a una velocidad increíble y finalmente desapareció.
> En el momento que el objeto comenzó a subir, todos los sistemas de comunicación fallaron, casi causaron un accidente en la flotilla. La patrulla naval se puso en alerta

y el comandante de la flotilla, ordenó a sus hombres a prepararse. Después de media hora, el radar y las comunicaciones volvieron a la normalidad. Según la patrulla costera conformada por dos hombres vieron al OVNI aterrizar en la costa sur, y le dispararon con rifles automáticos y ametralladoras, pero los soldados enviados a investigar, no encontraron ningún rastro del objeto.[169]

Lo que es importante sobre este caso, es que la nave generaba un tipo de campo de impulso electromagnético (*EMP*). El cual neutralizó las comunicaciones electrónicas, y el sistema de radar por treinta minutos. Las implicaciones de seguridad nacional ante tal tecnología, no se pudieron haber perdido en el ejército Chino o con Tsien en 1964.

Otro incidente donde aterrizó un OVNI en el desierto Gobi, fue proporcionado por el testigo ocular señor Gu Ying, interprete de la Nueva Agencia China, en un incidente cerca de la frontera Soviética, a mediados de Abril de 1968. Quien en el momento del incidente, estaba trabajando en un regimiento de construcción militar, en un canal de riego:

> Vi un gran disco de luz, dejando un rastro de llamas cuando descendió lentamente en las arenas de Gobi. Era de un color rojo y naranja, luminoso, y aparentemente tenía un diámetro de 3 metros antes de aterrizar... Estaba a menos de un kilómetro de nosotros cuando pasó cerca, y pudimos ver los detalles claramente. De pronto descendió y el comandante de la compañía llamó a la sede del regimiento, quienes enviaron a un equipo de motociclistas para interceptarlo.
>
> Sin duda alguna la llegada de los motociclistas, fue detectado por la nave y esta ascendió como una flecha y desapareció arriba en el cielo. Como la frontera norte (bordeando la URSS) pasa a través de esta región, la mayoría de los testigos sintieron que esta, era una nave de reconocimiento, por parte del enemigo del norte,

> inspeccionando el progreso del trabajo en el canal. No sabíamos nada sobre los OVNIS en ese momento...
>
> Solo pensamos en términos políticos, y creíamos que esto significó algún tipo de preparación, para un ataque eventual del enemigo del norte. Los soldados que estuvieron en el desierto Gobi por mucho tiempo habían visto cosas antes y las grandes bolas de fuego en el cielo, no eran tan extrañas para ellos. El despegue y el aterrizaje eran un nuevo giro.[170]

Este incidente del OVNI ocurrió en un momento de una enorme tensión, entre la frontera compartida entre China y la URSS, que culminó en batallas militares de Marzo a Agosto en 1969, cuando los dos Estados Comunistas prominentes del mundo, estaban al borde de una guerra a gran escala.[171]

Debido al crecimiento rápido de la tensión en ese momento, habría sido natural que el origen del OVNI, implicó una nueva forma de tecnología de vigilancia, manufacturada por los rivales Soviéticos. Tal desarrollo tecnológico, podría pertenecer a la URSS, o a cualquier otra fuente lo cual alertaba a la inteligencia del ejercito Chino, a la necesidad de estudiar los reportes OVNI, en especial los ocurridos en la frontera con la URSS y Mongolia.

Más avistamientos y aterrizajes de OVNIS, ocurrieron cerca de la frontera y de acuerdo con Timothy Good. "Un grupo especial del ejército para el estudio de OVNIS fue formado por el gobierno Chino para vigilar los avistamientos en el área".[172] La participación de Tsien no es clara, pero pudo haber estado involucrado en su formación, sin embargo indudablemente fue informado de los descubrimientos del grupo.

Los descubrimientos continuaron ocurriendo regularmente, a lo largo de la década de los 70, durante el periodo que China comenzó a mejorar sus relaciones con los Estados Unidos. Dada la experiencia de Tsien con los programas de la USAF para realizar ingeniería inversa en platillos voladores, seguro que el ejército Chino concluyó que algunos avistamientos OVNIS involucraron nuevas tecnologías de vigilancia, desarrolladas ya sea

CAPÍTULO 7

por Estados Unidos o la URSS. Un incidente OVNI ocurrido en 1977, se pensó que era un nuevo vehículo aeroespacial estadounidense lanzado en Taiwán como explican Stevens y Dong:

> Una tarde no revelada de 1977, un objeto volador del tamaño de la Luna llena, reluciente y brillante en el cielo nocturno, se acercó a través del estrecho desde la dirección de Taiwán, y aterrizó silenciosamente en la cima de una colina de la provincia de Fujian. Trescientos soldados la rodearon con intensión de tratar de capturarla. El capitán a cargo dio la orden de "no disparar a menos que yo lo ordene". Un Teniente Coronel preguntó "¿Vamos a capturarlo?" El Capitán confidencialmente respondió, "Si, debe ser un tipo de arma secreta, que América está proporcionando a Taiwán" cuando los soldados se acercaron, el OVNI se volvió más brillante y más radiante, algunos hombres no podían ver, debido a que tenia una luz brillante que los deslumbró. Muchos se sintieron mareados "¿Capitán debemos ordenar a los hombres a disparar? El Teniente Coronel dijo "No nos podemos acercar" El capitán analizó la situación rápidamente y dijo "Ordene a nuestros hombres que se cubran primero". Entonces un ruido indescriptible provino del OVNI, un aullido que parecía el sonido del viento, y al ruido de los motores en marcha. La luz se incrementó más intensamente. Entonces el capitán ordenó a sus hombres a disparar al objetivo. Por un tiempo el sonido de los disparos reverberó a través de las montañas, pero el objeto en la cima de la colina, permaneció intacto. De pronto comenzó a elevarse y a ascender por el aire, iluminando todos los alrededores, y 20 segundos después desapareció.[173]

Incidentes cómo el aterrizaje de OVNIS en 1977, tuvieron un impacto profundo dentro del liderazgo del Ejército de Liberación Popular (*People Liberation Army PLA*) así como en el Partido Comunista Chino, (*Chinese Comunist Party CCP*) y enfatizó la seriedad del problema. El Establecimiento de tratados y relaciones diplomáticas con Estados Unidos fueron vistos como puntos críticos para el avance de la investigación de nuevas tecnologías en China, esto facilitaría adquisiciones futuras, de tecnologías aeroespaciales avanzadas, que creían estaban en posesión de los Estadounidenses, así como de los Soviéticos.

La muerte de Mao en 1976, y el encarcelamiento de la banda de los cuatro, encabezados por la viuda de Mao, marcó el fin de la Revolución Cultural, así como de una emocionante nueva era de apertura oficial, el nuevo gobierno estaba interesado en el reporte de avistamientos en China. La nueva etapa del gobierno, le trajo nuevas oportunidades a Tsien, cuyas investigaciones y desarrollos utilizando tecnologías de propulsión exótica se habían abandonadas durante la época de Mao, lo cual le dio un importante apoyo al estudio del fenómeno OVNI, y así cómo la bienvenida a *China UFO Research Organization (CURO)* "Organización de investigación OVNI de China" en el cual ingenieros y científicos podrían analizar el tema OVNI con importantes detalles, sobre su origen, desempeño y características de los objetos avistados.

Una editorial del *China UFO research Journal* "la Revista de investigación OVNI de China", publicó en 1982 la emoción del momento del lanzamiento de la investigación científica de los OVNIS en China:

> A partir de 1947 deben haber existido avistamientos por todo el mundo, relacionados con la aparición de Objetos Voladores No Identificados, la diferencia en China, es que estuvieron silenciados por esta preocupación. Sin embargo, esto no representaba que este país hubiera sido excluido por los OVNIS en sus visitas, ni tampoco había ausencia de reportes comunicados privados (ver previo a 1947 reportes OVNI).
>
> Con la caída de la banda de los cuatro, y la emancipación de la ciencia, la prohibición fue levantada con los reportes del fenómeno OVNI. Hablar de los reportes, ya no era desechado como un rumor sin sentido. Los OVNIS que asechaban los cielos de países, y regiones, no fallaron en aparecer en los suelos de China con sus

enormes 9,600,000 m². El hecho es de que visitaron China con la misma frecuencia con la que habían sido avistados en otras partes del mundo.

Es desde 1976 con la emancipación de la ciencia en China, que los OVNIS, comienzaron a ser reportados en los cielos de este país con números grandes, especialmente en 1980. El firmamento fue asechado por OVNIS y causó sensación entre su población de más de mil millones de habitantes, la resultante sorpresa y curiosidad, despertaron el anhelo de conocimiento. La gente pedía explicaciones acerca de estas rarezas querían que los científicos condujeran una investigación, deseaban que los reportes fueran comunicados y fueran del conocimiento popular. Consecuentemente en Mayo de ese año (1980)- Vio el nacimiento de la Organización de Desarrollo de la investigación del fenómeno OVNI, seguido un año después por el lanzamiento de una revista bimestral, la jornada del estudio del tema OVNI de las cuales 300,000 copias fueron vendidas, en compras de pánico.[174]

    CURO estaba organizado bajo el mando *de Chinese Academy of Social Studies* "Academia China de Ciencias Sociales". Y en 1986, eran encabezados por el Dr. Sun Shili, ex profesor del tratado internacional en la Universidad Internacional de Negocios y Economía de Beijing, quien anteriormente había trabajado para el presidente Mao, como traductor para las visitas de dignatarios Españoles.[175]

    La base de documentos en línea de la CIA, fueron publicados bajo la Ley de Libertad a la información, contiene traducciones de reportes emitidos por el servicio de noticias de China de Xinhua. Estas crónicas demuestran la aprobación del Estado a las organizaciones OVNI, quienes se encontraban revisando los reportes de estos Objetos no identificados, desde una perspectiva científica, que fue consistente con la ideología del Partido Comunista. El 13 de Mayo de 1992, reportaba el tema con el encabezado: *"LA SOCIEDAD OVNI SE REÚNE; A CONTINUAR CON ESTUDIO CIENTÍFICO"* Declaró:

> EL CUARTO CONGRESO NACIONAL DE LA SOCIEDAD OVNI (Objeto Volador No Identificado) REAFIRMÓ QUE AL ESTUDIAR EL FENÓMENO, CHINA SIEMPRE SEGUIRÍA EL MATERIAL DIALÉCTICO Y UNA ACTITUD PRÁCTICA Y CIENTÍFICA, Y ADEMÁS UTILIZARÍA UNA TEORÍA NATURAL, COMO BASE DE SU ESTUDIO.
> SE HA REPORTADO, QUE UNAS 400,000 PERSONAS EN TODO EL MUNDO, HAN ATESTIGUADO VER OVNIS, Y MÁS DE 5000 AVISTAMIENTOS HAN TOMADO LUGAR EN EL CONTINENTE CHINO.
> EN LA ÚLTIMA DÉCADA EL CÍRCULO CIENTÍFICO DE CHINA, HA HECHO UN LLAMADO PARA TRATAR AL FENÓMENO OVNI, CON UNA ACTITUD CIENTÍFICA.
> LOS CIENTÍFICOS CHINOS HAN LOGRADO RESULTADOS IMPORTANTES, EN LOS ESTUDIOS DE LOS OBJETOS CON FORMA DE BOLAS DE LUZ.[176]

Es importante destacar más de 5000 reportes de 1982 a 1992, y que los científicos Chinos, se encontraban activamente estudiando el fenómeno. Además Xinhua, reconoció que el fenómeno del rayo globular, está bajo estudio en asociación con reportes de OVNIS. Wikipedia da la descripción de *"Ball lighting"* *"rayo globular o centella"*.

> El término se refiere, a los reportes de objetos luminiscentes esféricos que varían de tamaño. Aunque generalmente está asociado con tormentas eléctricas, aunque el fenómeno es considerado más largo, de la fracción de segundo que dura un rayo... Los datos científicos de las centellas, siguen siendo escasos debido a que son imprevistos, y de poca frecuencia. La presunción de su existencia depende de avistamientos públicos reportados, lo cual ha producido algunas inconsistencias en los hallazgos, la verdadera naturaleza, de las centellas sigue siendo desconocida.[177]

CAPÍTULO 7

Es importante enfatizar que los rayos globulares, es una hipótesis que a menudo, se utiliza para explicar los informes de OVNIS en muchos países occidentales, el hecho de que los científicos Chinos, han logrado importantes avances en el estudio de los rayos globulares tiene un reconocimiento muy significativo.

Los rayos globulares o centellas, implican estudiar los efectos al alto voltaje electrostático. Uno de estos efectos es la propulsión electrogravitacional conocida comúnmente como el efecto Biefield- Brown que he explicado en detalle en los libros uno y cuatro de *Secret Space Program Series "Programas Espaciales Secretos"*. En pocas palabras, en las cargas de alto voltaje se crea una fuerza propulsora en la dirección del lado positivo de un condensador cargado. Los sistemas de propulsión electrogravitacionales son conocidos por ser utilizados en muchos platillos voladores, tal como se ejemplifica con los tres vehículos que estaban de exhibición en la Base de la Fuerza Aérea Edwards, en un espectáculo aéreo clasificado.[178] Esencialmente los científicos chinos, fueron reconociendo tácitamente, que al menos algunos avistamientos de Platillos Voladores, asociados con las centellas, fueron de hecho naves electrogravíticas, cuyos principios de propulsión estaban siendo activamente estudiados por investigadores Chinos. Esto es documentado por el Dr. Shili en una entrevista con el *Wall Street Journal*, donde reconoció el énfasis de China en el estudio científico de los OVNIS, para replicar sus tecnologías de propulsión:

> Los OVNIS son más rápidos que cualquier avión o automóvil, esperamos usar el fenómeno OVNI para resolver problemas de energía y eficiencia en China ... El enfoque de estudios extranjeros de avistamientos OVNIS, son un poco pasivo, (En China) siempre hemos vinculado nuestra investigación con la ciencia.[179]

Otro documento de la CIA describe como los científicos Chinos, estuvieron trabajando con los Soviéticos, en el entendimiento del fenómeno OVNI. El 21 de Mayo de 1990, un reporte de servicio en idioma Ruso, titulado *"USSR, PRC SCIENTISTS IN JOINT STUDY OF*

UFO's" (*URSS y científicos de la República de China, juntos en el estudio de OVNIS)* Declararon:

> CIENTÍFICOS DE LA REPÚBLICA DE CHINA, Y EL LEJANO ORIENTE SOVIÉTICO, COMENZARON UN ESTUDIO CONJUNTO DE OVNIS, LA PRIMERA JUNTA DE UFÓLOGOS DE LOS DOS PAÍSES TERMINARON EN EL PEQUEÑO PUEBLO MARÍTIMO DE DALNEGORSK. LOS SOVIÉTICOS Y LOS CHINOS ESPECIALISTAS EN FENÓMENOS ANÓMALOS, MAPEARON UN PROGRAMA PARA INCIDENTES QUE YA SE CONOCEN Y QUE SE HAN ARREGLADO PARA INTERCAMBIAR EL MATERIAL DE VIDEO Y FOTOGRAFÍA CON FENÓMENOS SIMILARES. DALNEGORSK NO HA SIDO ELEGIDO POR CASUALIDAD PARA SER EL LUGAR PARA DAR A CONOCER TAL DESCUBRIMIENTO. EL NÚMERO DE CASOS OVNIS, HA AHUMENTADO NOTABLEMENTE ALLÍ YA QUE EN LOS ÚLTIMOS CUATRO AÑOS, NO MENOS DE 10 OVNIS HAN SIDO GRABADOS, ESPECIALISTAS DESTACARON SU INTERÉS EN LUGARES DONDE LA VARIEDAD Y LA RIQUEZA COMO LA DEL KRAY MARÍTIMO. INCIDENTES SIMILARES OCURRIERON EN REGIONES DE LA MONTAÑA CHINA, CUYAS CONDICIONES CLIMÁTICAS Y PAISAJE NATURAL SE ASEMEJA A LA NUESTRA.[180]

El informe de noticias Soviético reconoce que los avistamientos de OVNIS se observaron en áreas donde se podían encontrar "minerales útiles" y expertos soviéticos vincularon la presencia de OVNIS a estos minerales. Dado que China tiene gran cantidad de metales de tierras raras, de hecho es el principal exportador mundial que produce más del 90% de dichos metales, se vuelve muy significativo que los OVNIS se vieron en la región.[181] El enlace mencionado en el informe de noticias Soviético, conduce a la conclusión de que los metales de tierras raras, han sido buscados y extraídos por los ocupantes de estos OVNIS, lo que significa que varias aleaciones que comprende metales de tierras raras, son críticas para las operaciones de naves espaciales.

Además, el hecho de que científicos Chinos y Soviéticos

comenzaron oficialmente con el fenómeno OVNI en 1990, durante los últimos años de existencia de la Unión Soviética es notable. En ese momento la Unión Soviética estaba experimentando una era de un cambio sin precedentes bajo el mando de Mikhail Gorvachov, las políticas de Glasnot (apertura política) de Gorvachev y la Perestróika (reestructura económica) que culminaron en el colapso del comunismo en los países del pacto de Varsovia en 1989, así como el de la Unión Soviética en Diciembre de 1991.

Los líderes Soviéticos/Rusos entendieron bien que se ave cinaban cambios socioeconómicos y políticos, que iban a conducir a una disminución rápida de la influencia Rusa en los asuntos internacionales, dejando a los Estados Unidos, como la única súper potencia del mundo en años venideros. Un realineamiento estratégico fue necesario entre Rusia y China, dada la nueva realidad de preeminencia de los Estados Unidos en los asuntos globales, por lo tanto decidieron anular años de relaciones hostiles, derivadas de la caída en la década de 1960, entre las dos principales naciones comunistas. Si Rusia y China se iban a mantener competitivas con los Estados Unidos en las décadas por venir, entonces la cooperación en un número vital de áreas iba a ser necesario. El documento de la CIA confirmó que una de estas áreas, de interés mutuo fue el estudio de los informes de OVNIS sobre la vasta masa continental de Eurasia, al este de los Montes Urales y la conexión OVNI a varios elementos raros de la Tierra que fueron encontrados en la región.

Más recientemente, hubo informes de noticias en 2012 de un gran número de Objetos no identificados luminosos avistados sobre la región fronteriza entre el Tíbet e india, como lo resume el veterano investigador de OVNIS Timothy Good:

> Entre Agosto 1 y Octubre 15 (2012) una unidad policiaca fronteriza, indo-tibetana desplegada en Thakung, cerca del lago Pangong Tso reportó cientos de avistamientos, de "cuerpos luminosos no identificados" (*ULOS unidentified luminous object*). Aparentemente ni el ejército Hindú, la Organización Espacial de la India, la

Organización de Defensa Investigación y Desarrollo, ni la Organización Técnica de Investigación, fueron capaces de identificar dichos objetos. De día y de noche surgieron "Esferas Amarillas" en el horizonte desde el lado chino de la frontera, desplazándose a través de los cielos durante tres o cuatro horas antes de desaparecer. "Algo está claramente mal si nuestros recursos científicos combinados, no pueden explicar el fenómeno, dijo un alto funcionario del Ejército en Dheli.[182]

Vehículos aéreos no tripulados, drones chinos y linternas, todos eran descartados como explicaciones para los OVNIS. Si bien está claro que los OVNIS, eran impulsados por la antigravedad y otros sistemas de propulsión exótica, no está claro quien los envió. ¿Eran vehículos extraterrestres? O ¿Naves pertenecientes a una civilización intraterrena? O incluso ¿Naves de ingeniería inversa ultra secreta? Nosotros sabemos que cuando se trata de extraterrestres y civilizaciones de la Tierra Interna, han habido muchos relatos históricos de tales visitantes al Tíbet.

CAPÍTULO 8

El Tíbet y el contacto extraterrestre

> Eventualmente, si recibimos visitantes de otra galaxia, vienen y ven a los mismos seres humanos, quizá un poco diferentes en las formas pero básicamente semejantes. Además del mismo ser sensible. Podemos estrechar sus manos inmediatamente.
> - *Dalai Lama 2013*

El Tíbet tiene una basta región montañosa, y posee los picos más altos del mundo, la cual fue forzada a incorporarse a China en 1950. Ha tenido avistamientos innumerables y encuentros físicos con visitantes extraterrestres, que por siglos han sido relatados en la historia Tibetana. Estos relatos tienen una relevancia especial debido a que dichos contactos continúan hasta hoy en día. Por lo tanto la ocupación de China en el Tíbet, ha brindado una rara oportunidad a los científicos Chinos para estudiar las tecnologías extraterrestres, e incorporar estas a programas espaciales secretos.

Históricamente, el Jesuita misionero Albert d' Orville fue uno de los primeros occidentales en viajar al Tíbet en 1661. Tuvo un destacado avistamiento en compañía del Lama Tibetano, quien subsecuentemente reveló detalles de los ocupantes en las naves, y sus interacciones con la humanidad:

> En Noviembre de 1661, algo moviéndose en el cielo llamó mi atención, al principio pensé que era una especie de ave desconocida para mi que habitaba en esa región. Entonces el objeto bajó cerca, tomando la forma de un

sombrero doble Chino, y mientras estaba bajando silenciosamente parecía como si fuera transportado por el aire en alas invisibles. Esta visita fue definitivamente una maravilla- o un truco de magia- El objeto se abrió camino sobre la Ciudad como si deseara ser admirado. Dio dos vueltas y luego fue envuelto por la niebla y aunque forcé mis ojos, no pude verlo más. Me preguntaba si la altura a la que yo estaba podría haber estado jugando algún truco con mis ojos, entonces me di cuenta que uno de los Lamas estaba al lado mío. Entonces le pregunté si también había visto el objeto. El respondió asintiendo la cabeza respondiendo "Hijo mío lo que acabas de presenciar no fue magia, por que los seres de otros mundos viajan a través de los océanos del espacio, y ellos fueron los que respiraron el espíritu en las personas que habitaron esta Tierra". "Estos seres condenan toda la violencia, ellos aconsejan a la humanidad a amarse unos a los otros. Sus enseñanzas son como semillas, que son sembradas en terrenos rocosos, y no pueden germinar. Estos seres son de piel clara, y los recibimos en amistad y a menudo vienen a la Tierra cerca de nuestro monasterio. Ellos nos han instruido revelando verdades que se han perdido en siglos de cataclismo, que han cambiado el rostro de la Tierra".[183]

Los seres de piel clara que menciona el Lama Tibetano corresponden a los descritos en los casos de contacto alrededor del mundo con extraterrestres de aspecto humano, de apariencia Nórdica. La historia de D'Orville es muy significativa, debido a que establece un enlace importante entre los extraterrestres y los visitantes que frecuentemente vienen a la Tierra, físicamente interactúan con humanos, y poseen conocimiento de los principios de la historia Humana.

La conexión Tíbet-Extraterrestre está bien ilustrada en el caso de George Adamski, que fue internacionalmente reconocido como el contactado Norteamericano más famoso, durante las décadas de 1950 y 1960, escribió varios best seller, acerca de sus encuentros con estos extraterrestres de aspecto humano, los cuales Adamski dijo que venían de Venus, y un número de planetas dentro de nuestro sistema solar. Lo que distingue a Adamski de otros supuestos contactados que vinieron después de él, es la recopilación de fotografías que tomó de la nave espacial. Algunas de estas cosmonaves de exploración con forma de platillos voladores, y otras nodrizas tenían la forma de un cigarro, que servían como cargueros de naves más pequeñas. Estas fotografías son evidencia persuasiva respaldando las declaraciones de Adamski de sus encuentros extraterrestres. Investigadores ufólogos veteranos, como Wendelle Stevens y Timothy Good con las declaraciones de testigos independientes, para recopilar la evidencia de contacto de Adamski fueron "reportadas adecuadamente" además de ser "sensibles y verificables".[184]

Lo que no se sabe bien de Adamski es que en 1893, cuando solamente tenía dos años, y cuando su familia llegó por primera vez a los Estados Unidos, se hizo amigo de un hombre misterioso que tomó un gran interés en el pequeño Adamski. Después de la muerte de su padre, el ahora conocido como "tío Sid", convenció a su madre para permitirle llevar al joven Adamski de 12 años para una educación y un entrenamiento especial en el Tíbet. La madre empobrecida de Adamski, luchando por criar a sus cuatro hermanos, acepto de mala gana. Adamski pasó cinco años de 1904 a 1909 viajando en el Tíbet con el tío Sid aprendiendo la meditación y las filosofías Tibetanas.[185] De acuerdo con Gerard Aartsen autor de *"George Adamski: A Herald for the Space Brothers* (George Adamski: Un heraldo para los hermanos espaciales) Hay numerosas razones para creer, que el tío Sid era uno de los extraterrestres (hermanos espaciales) con quienes Adamski interactuaría ya como adulto.[186] A su regreso a Norteamérica, Adamski sirvió honorablemente en el Ejército Estadounidense antes y durante la Primera Guerra Mundial, y Posteriormente llevó una vida convencional antes de mudarse a California.

En 1936 estableció la "Orden real del Tíbet" en Laguna Beach, un área de Los Ángeles, donde estableció un monasterio, enseñó filosofía y la práctica de la meditación que aprendió durante sus años en el Tíbet, publicó un libro con su nombre de autor, titulado: *Wisdom of the Masters of the Far East - Questions and Answers by The Royal Order Of Tibet* (Sabiduría de los maestros del Extremo Oriente - Preguntas y Respuestas por la Orden Real del Tíbet).[187] Las enseñanzas Tibetanas de Adamski coincidían muy de cerca con la filosofía cósmica, concedida por sus hermanos cósmicos, que el alegaba haber encontrado. De hecho Adamski más tarde substituyó las palabras "Orden Real del Tíbet" por "Hermanos Espaciales" De este modo estableció una firme correlación entre la filosofía de los hermanos espaciales, y las enseñanzas budistas- Precisamente lo que D'Orville había declarado tres siglos antes.[188]

Durante la década de 1960, Jon Peniel, autor de *The Children of the Law of One & Lost Teachings of Atlantis* (Los hijos de la ley de uno, y Las enseñanzas Perdidas de Atlantis) afirmó que pudo ingresar al Tíbet con una asistencia extraña, a pesar de la ocupación de la China comunista y el cierre de la frontera. Peniel describió una experiencia paranormal, en la cual un extraño se apareció en su Televisión y le dijo que debía viajar al Tíbet. Le dio direcciones específicas, para encontrar un gran monasterio desconocido y antiguo, que incluso estaba oculto de los Tibetanos locales. Peniel quien tenía solamente 17 años en ese momento, recaudó dinero y viajó hasta la frontera del Tíbet, donde algunos guías lo encontraron y lo llevaron al monasterio, le dijeron que había sido establecido por los descendientes antidiluvianos, los cuales le enseñaron la filosofía cósmica llamada la "Ley del uno".[189] El joven fue recibido en casa como un reencarnado. Un monje perteneciente a la orden tibetana específica de este monasterio, y pasó los años siguientes en estudio antes de regresar a Estados Unidos con información sobre la vida extraterrestre, filosofía cósmica y cataclismos en la Tierra.

Peniel dijo que vio muchos manuscritos mientras estuvo ahí, cuyos contenidos podían ser leídos y explicados por los Lamas durante sus clases. Los antiguos manuscritos describían civilizaciones antidiluvianas, de Atlantis y Lemuria, así como muchas razas extraterrestres visitando la Tierra. El escribió:

> Yo me acuerdo que las enseñanzas hablan de 40 o 50 razas alienígenas diferentes que han visitado la Tierra. Muchas personas estos días quieren agrupar todo en lo que la gente llama "los "grises" o un par de otras especies- Pero hay más- E incomprensiblemente hay muchas mas que no han visitado la Tierra y muchos otros que han venido a nuestro planeta, pero son espirituales y no tienen forma física como la conocemos. Entre aquellos que han visitado, los textos hablan de la gran importancia de varias razas alienígenas, la evolución espiritual como un opuesto a su evolución interior superando su tecnología física.[190]

Peniel continuó describiendo un encuentro con un maestro tibetano y dos descendientes de los antiguos Atlantes, quienes poseían un dispositivo de transporte avanzado, que solía tomar al maestro hacia el monte Shasta para una visita breve:

> Cuando era monje novicio, uno de nuestros profesores iniciados vino a visitarnos, aunque llegó tarde por un día o dos, no llegó cuando debía hacerlo y no existía razón aparente, para ello. Cuando finalmente logré reunirme con mi maestro, dijo lo que le había ocurrido durante un encuentro. Él era... No lo podías llamar una abducción, a él le preguntaron si quería ir. Un par de seres humanos, (que resultaron ser descendientes de los Atlantes) Lo interceptaron, esto es algo raro también... Ellos usaban una nave Terrestre de Lemuria (Lo cual difiere enormemente de las versiones Atlantes) Además esta gente eran Atlantes no Lemurianos. Un tipo de nave Lemuriana- la que describió el maestro era como una una plataforma circular, en la cual pisas y sostienes cierto tipo de barra.
>
> De cualquier forma, ellos lo llevaron al monte Shasta al interior del volcán inactivo. El dijo que le

explicaron que ahí había una colonia de Atlantes. Y que ellos eran descendientes de sangre pura, de los Atlantes originales, y la comunidad habitaba dentro del monte Shasta, el dijo que le dieron un recorrido completo.[191]

Si la información de Penel era correcta, el Tíbet no solo es un lugar de encuentro de visitas extraterrestres, pero también era un punto focal para las civilizaciones antiguas que viven debajo de la Tierra, alrededor del mundo. Estos visitantes avanzados regularmente visitan monasterios Tibetanos, con la intención de intercambiar enseñanzas filosóficas, información acerca de la vida extraterrestre y civilizaciones intraterrenas. Lo que hace que la información de Jon Peniel particularmente remarcable es que su nombre fue mencionado por el famoso psíquico Estadounidense Edgar Cayce, quien predijo que un profesor mundial con el nombre de "John Peniel" Aparecería a finales de la década de 1990, para preparar a la humanidad para futuros cataclismos.[192]

Lo que se puede concluir hasta ahora de los casos de D'Orville, Adamski y Peniel, es que dicen que el Tíbet es muy activo en términos de visitas de civilizaciones tecnológicamente avanzadas, que se originan fuera del planeta y dentro de la Tierra. Históricamente estos visitantes han transmitido mucha filosofía y conocimiento tecnológico a diferentes monasterios tibetanos, que han sido almacenados en manuscritos que se remontan a la antigüedad.

Durante la Revolución Cultural de China (1966-1976) muchos de los monasterios del Tíbet fueron saqueados y destruidos por grupos rivales de la Guardia Roja de Mao. La destrucción de artefactos y templos religiosos, se extendió por toda China, sin embargo el primer ministro Zhou Enlai, personalmente intervino para salvar algunos de los manuscritos del Tíbet. Muchos describen antiguas máquinas voladoras. Hartwig Hausdorf, el autor de *The Chinese Roswell* "Roswell Chino" explica lo que sucedió:

Las escrituras más importantes de los Budistas Tibetanos

son los Kanjur, que es la "Traducción de la Palabra del Buda" y el Tanjar es "La traducción de los tratados" (Los cuales constituyen todos los comentarios disponibles de la palabra del Buda) Todas estas escrituras juntas comprenden el "Libro Sagrado del Lamaismo del Tíbet"...

Es solo por pura suerte que estas obras todavía existen. A mitad del camino, a través del mandato comunista de Mao Zedong. Cuando la "Revolución Cultural" Estaba en pleno apogeo, los guardias rojos estaban cegados por la furia en contra de todo lo viejo y tradicional, destruían cualquier antigüedad que cayera en sus manos. Los textos sagrados budistas eran los que encabezaban la lista de herramientas de los reaccionarios en prioridad para ser aniquiladas.

Afortunadamente hasta cierto punto, incluso en el del nivel más alto de los políticos, pensaron que la destrucción había durado suficientemente. Uno de ellos el dignatario Zhou Enlai primer ministro de la República Popular de China, un hombre muy culto, ordenó a varias compañías al servicio del ejercito regular Chino, detener el desenfreno, controlar las hordas de destruir por completo tesoros culturales irremplazables.

Hoy en el monasterio de Derge –Sitio del Estado Editorial del Tíbet- Casi 500 Tibetanos se ocupan en mantener y archivar viejos manuscritos, así como registros. El Gobierno central de Beijing hace esfuerzos enormes para preservar las diferencias y peculiaridades de China, y para promover el patrimonio cultural de cada uno de sus Estados.[193]

Es importante tener en cuenta que Zhou Enlai fue el Líder del Partido Comunista que fuera el principal mecenas, de Tsien Hsue Shen y su partidario desde su llegada en 1955 de los Estados Unidos. Durante la revolución cultural de la Quinta Academia de Tsien (Renombrada la Séptima Maquinaria industrial en 1966) Fue protegido de la confusión política y se le otorgaron los recursos suficientes para continuar con el programa espacial, así como los misiles nucleares Chinos. Al mismo tiempo Tsien estaba juntando tanta información como él podía en todo lo relacionado al fenómeno OVNI, los orígenes de la nave, y las tecnologías avanzadas, utilizadas en la construcción de dichos vehículos.

La extensiva colección de textos tibetanos, estaba ahora en posesión de las autoridades del Partido Comunista, ofrecían un tesoro de información histórica, sobre visitantes extraterrestres y naves aéreas construidas durante la era Atlante, previa a la inundación, algunas de las cuales permanecieron en funcionamiento dentro del Tíbet. Aún más importante es destacar que el Tíbet ha sido el epicentro de contacto cara a cara con civilizaciones de tecnología avanzada, tanto extraterrestre como otras viviendo dentro de la Tierra, en la era moderna. Uno de los investigadores líderes del fenómeno OVNI Dr. Sun Shili, se refiere a extraterrestres viviendo y trabajando en China, como se reportó el 7 de Julio de 2002 en *China Daily* y su artículo Titulado *"ET's living among us"* "ET's viviendo entre nosotros" dice – Funcionario del ministerio de China".

> Teniendo en cuenta la erupción de avistamientos de OVNIS en China, vale la pena destacar la opinión de Sun Shili, un funcionario retirado del ministerio de asuntos exteriores que ahora es presidente de la Sociedad de Investigación de OVNIS de Beijing, él creé que los Waixingren (extraterrestres) viven entre nosotros. Hoy Sun no descarta la posibilidad de que los aliens (extranjeros) vivan y trabajen en la sociedad China, una posición a menudo difícil de refutar.[194]

La búsqueda del Dr. Sun de estudio de tecnologías científicas OVNI, y de extraterrestres viviendo en sociedades humanas, es muy revelador en relación a la historia del Tíbet. ¿Recientemente los Chinos hicieron contacto con extraterrestres visitando el Tíbet u otros territorios Chinos?¿Están siendo encubiertamente asistidos en sus proyectos de desarrollo tecnológico? Y si es así, esto sería consistente con la afirmación de Sun acerca de las antiguas tradiciones culturales, y que China es la tierra de las deidades o Dioses (también conocidos como extraterrestres) y que es importante "buscar la armonía entre la gente y el cielo".[195] Esta declaración sugiere que la asistencia tecnológica, provista por los Dioses/ extraterrestres para virtuosos gobernantes Chinos o los inventores en la antigüedad, continúa con la era moderna.

Apoyar la idea de que los extraterrestres están utilizando el Tíbet, como una base en la cual ayudan a ciudadanos tanto tecnológicamente como espiritualmente, esta teoría proviene del Dr. Raymond Keller un profesor de historia retirado, que trabajó en 44 países, incluyendo La China, donde enseñó Inglés.[196] Es autor de la serie de libros de la trilogía *"Venus Rising"* (Surgimiento de Venus) en los cuales revisa evidencia científica e histórica, el dice que Venus es la base de un grupo de extraterrestres que regularmente visitan la Tierra. Como previamente comentó Adamski junto con otros contactados en 1950, en su libro *"Venus Rising"* Keller destaca que las autoridades Chinas, secretamente alcanzaron acuerdos con extraterrestres que regularmente visitaban el Tíbet, y estaban infiltrados entre la sociedad China. Keller afirma haber conocido a Debora Bergara, una supuesta visitante extraterrestre, durante su visita a China.

> Cuando le pregunté que la trajo a China, Debora respondió que se dirigía al Tíbet para reunirse con otros venusinos reunidos allí, para la llegada de dos naves nodrizas que aterrizarían en ubicaciones separadas en el Distrito de los Lagos al Norte de Lhasa.[197]

Keller comenta que cuando le preguntó a Debora que hacía en China, le dijo que se trataba de una investigación ultra secreta interplanetaria, establecida por el Gobierno Chino.

> Estoy trabajando temporalmente para trabajar como traductora, de Mandarín-Portugués, para un proyecto ultra secreto del gobierno Brasileño y estoy adjunta a un programa de investigación interplanetaria de la República Popular de China.

> En Lop Nur en Xinjing. Los venusinos sentimos que China se convertirá, como lo es Estados Unidos, en un faro de esperanza para los pueblos de la Tierra conforme al progreso de las décadas.[198]

Vale la pena enfatizar que Lop Nur Xianjiang, es donde se probaron inicialmente los misiles balísticos nucleares, diseñados por Tsien Hsue Shen, el primero de los cuales fue lanzado desde el cohete de Jiuquan Desde la instalación de la provincia adyacente de Gansu. Es muy probable que durante una o más de las visitas de Tsien a Lop Nur para supervisar el Programa de misiles y balísticos Chinos, fue abordado por extraterrestres, que expresaron sus preocupaciones acerca del Programa de armas nucleares. Esto reflejaría desarrollos similares dentro de los Estados Unidos. Así como cuando los extraterrestres, expresaban su preocupación acerca del desarrollo de armas nucleares, en la administración de Eisenhower.[199]

Además durante su tiempo en Estados Unidos Tsien, se familiarizó con la Unidad del Fenómeno Interplanetario (IPU) Que fuese establecido en la inteligencia del Ejército Estadounidense, para investigar a los OVNIS y asuntos extraterrestres mas generalmente. Si Tsien o cualquier otra autoridad del gobierno Chino fue abordado por extraterrestres, preocupados por el programa de armas nucleares del país, la creación de una organización modelada en la UIP habría sido el paso más prudente a seguir dada la familiaridad entre Tsien, y los militares Estadounidenses y como coordinaban, sus investigaciones acerca de la tecnología y vida extraterrestre. Esto lo convirtió en una opción lógica, para liderar un esfuerzo similar en China. Estos paralelos respaldan la afirmación de Keller, en cuanto a que China, tuvo una participación continua en un "programa de investigación interplanetaria" con visitas de extraterrestres, dicho proyecto se trasladó a una región remota, como Lop Nur. Ciertamente Tsien fue un participante clave, en la formación de dicha organización dado su cargo como director de la Quinta Academia, responsable de fabricar misiles balísticos, para el planeamiento de ojivas nucleares requiriendo así las visitas de Tsien a Lop Nur.

CAPÍTULO 8

Como describí en el libro de *"US Navy Secret Space Program"* "Programa Espacial Secreto de la Marina de los Estados Unidos". Extraterrestres de aspecto humano, *tipo nórdico* ayudaban a científicos en diferentes corporaciones, generando tecnologías avanzadas para un futuro plan espacial secreto, el cual se fecha al menos hacia los inicios de la década de 1950.[200] Cuando los expertos Estadounidenses se estancaron en un diseño o tenían algún problema técnico, los extraterrestres integrados en la corporación prestaban su ayuda. Y al parecer un proceso similar había comenzado en China, y tanto Tsien como otros científicos de la Quinta Academia, formaron parte de este proceso. Sin embargo tomarían décadas antes de que hubieran los suficientes recursos disponibles, para que Tsien y el gobierno Chino se pudieran embarcar en la tarea monumental de desarrollar la ingeniería inversa, que tenían los antiguos artefactos Tibetanos que ahora estaban en su posesión.

Keller proporciona información adicional, sobre el porqué el Tíbet es un concentrador para el contacto extraterrestre, explicando su conexión a una civilización subterránea, cerca del desierto Gobi. Él describe como el lago Namso en el Tíbet, ha sido durante mucho tiempo, un epicentro para los encuentros entre humanos y extraterrestres, y es también el lugar donde fue llevado Adamski, durante su infancia, y donde por primera vez hizo contacto con visitantes extraterrestres:

> Desde los inicios de la vida en la Tierra el lago Namtso ha servido como marcador para la nave espacial venusina, y poder penetrar la atmósfera de la Tierra, para reconectar y establecer un patrón de ruta de vuelo y aterrizaje, para descender en Shambhala, un poco más allá en el norte de la región de Gobi. Los monjes Tibetanos saben todo al respecto, debido a las frecuentes visitas de los extraterrestres y sus naves brillantes, los monjes consideran que todo el lago es una puerta dimensional sagrada, y han construido un monasterio en una de sus islas, es el lago de agua salada más alto del mundo, y los que se bañan en sus aguas cristalinas, han curado

muchas dolencias, contrariamente a la creencia popular, aquí fue donde George Adamski fue traído cuando tenía diez años por su tío Sidney a aprender a los pies de algunos de los maestros ascendidos y no en el Gran Potala en Lhasa.[201]

El reclamo de Keller es consistente con los relatos históricos de los Lamas Tibetanos contactados por extraterrestres o representantes de una civilización del interior de la Tierra, cuyo propósito era ayudar al desarrollo de la humanidad. Es importante destacar que Keller afirma que el desierto de Gobi tiene un nombre legendario: "Shambala" que es parte de esta interacción histórica, entre residentes de Tíbet y China, con civilizaciones antiguas de la Tierra interna o de otros planetas.

CAPÍTULO 9

El Desierto Gobi: Shambala y Agharta, Red de platillos voladores

> Más allá del Tíbet, más allá de los picos helados, y de los Valles apartados de Asia Central hay un paraíso inaccesible, un lugar de sabiduría universal y paz infalible llamado Shambala. Es habitado por adeptos de cada raza y cultura, quienes forman un círculo interno que secretamente guían a la humanidad hacia la evolución.
>
> *-Víctoria LePage, Shambala*

Los reportes de primera mano citados previamente en capítulos anteriores, relatan que soldados Chinos se habían acostumbrado a presenciar OVNIS en el desierto de Gobi, el tercer desierto más grande del mundo el cual se expande a través de áreas enormes de Mongolia, y el Norte de China. Si bien estos OVNIS, podrían atribuirse a naves de vigilancia desarrolladas por la Unión Soviética en la década de 1960, como había creído el ejército Chino, otra posibilidad necesitaba ser considerada, se rumoraba que había una civilización escondida en el Desierto de Gobi, llamada por ambas formas Shambala o Agartha (También conocida como Agarthi)- la cual posee tecnologías altamente avanzadas, incluidos los platillos voladores. ¿Era esta civilización subterránea el origen de los OVNIS vistos regularmente por los soldados Chinos en el periodo previo a 1969 en choques fronterizos con la Unión Soviética? Una pregunta más intrigante surge de un incidente reportado por medios poco conocidos y que tuvo lugar en 1970 en el oeste de Mongolia, donde había una base que era parte de la mencionada civilización intraterrena y que fuese atacada simultáneamente por fuerzas del ejercito tanto de China como de la Unión Soviética. Sin embargo antes de revisar este relato de la prensa, examinaremos algunos antecedentes históricos de esta región.

Al principio del siglo 20, un número importante de exploradores Europeos viajaron a través del Desierto Gobi, y estos proporcionaron información que respaldaba las leyendas locales acerca de la existencia en la región de una civilización subterránea. Uno de estos exploradores era Ferdinand Ossendowski, un ex reportero exiliado en Siberia por un Zar en 1905, debido a sus actividades revolucionarias.[202] Ossendowski se convirtió en profesor de Química y ministro de Finanzas del gobierno blanco Ruso de Siberia. Más tarde huyó del avance del ejército rojo Ruso, durante la guerra civil de (1918-1922) y pasó peleando al tiempo que huía junto con el gobierno Blanco. Durante la guerra, un número significativo de Rusos Blancos escaparon a Mongolia, un país predominado por el budismo Tibetano y que se encuentra entre Rusia y China. Mongolia cayó bajo el control Chino después de su ocupación en 1919, durante este tiempo una división de caballería del ejercito blanco Ruso, dirigido por el Teniente General Roman Von Ungern-Stenberg, ayudó a Bogd Khan el tercer Lama de mayor jerarquía en el budismo Tibetano y líder tradicional de Mongolia, se liberó del control de China en la Ciudad Capital de Urga (ahora Ulaanbaatar).

A principios de 1921 el general Ungern Sternberg junto con los combatientes de la independencia de Mongolia, liberaron al Bogd Khan y tomaron el monasterio de Manjushri. Desde 1733, el monasterio de Manjushri fue la residencia del supremo líder budista Jebsundamba Khutuktu (santo y venerado señor)[203] La historia de esa region en 1874 dice que la 8va reencarnación del Dalai Lama y Panchen Lama, cuando Mongolia ganó su independencia en 1911 de la dinastía China Qing Jebsundamba Khutuktu, se convirtió en la cabeza del Estado y fue llamado "Bogd Khan".

CAPÍTULO 9

Fue durante este periodo caótico que Ossendowski dice que se reunió con Bogd Khan y obtuvo acceso a la librería secreta del monasterio de Manjushri que tenía información de "Agarthi" (Agartha). Ossendowski también describe haber atestiguado una de las entradas de Agartha, además el escuchó muchas leyendas, que los Lamas mayores confirmaron como genuinas. Los datos de Ossendowski acerca de Agartha, está entre los reportes más recientes sobre una basta ciudad subterránea en el desierto de Gobi, la describió como el remanente de una civilización olvidada hace mucho tiempo, que se refugió en lo más profundo, para escapar a una catástrofe en la superficie.

En su libro *Beast Men and Gods,* "Bestias, Hombres y Dioses", Ossendowski relata las circunstancias que rodearon al encuentro que tuvo con Bog Khan (Bogdo) después de una presentación personal del general Ungern- Sternberg (también conocido como el "Barón"):

> El general me presentó al Bogdo, quien inclinó la cabeza como señal de saludo. Ellos iniciaron su conversación en tonos bajos. A través de la puerta abierta, vi una parte del santuario, apilé los libros e hice una mesa con un montón de ellos, algunos abiertos y otros tirados en el piso. Pronto el Barón se levantó y se inclinó ante el Bogdo. El Tibetano colocó sus manos sobre la cabeza del Barón, y le susurró una oración. Y luego tomó de su propio cuello un ícono pesado y lo colocó alrededor del cuello del Barón.
> "No morirás pero serás encarnado en la forma más elevada del ser. Recuerda eso ¡Encarnado Dios de la Guerra Khan de la agradecida Mongolia!" Yo sabía que el Buda viviente bendijo al "General Sangriento antes de la muerte".[204]

El Bogd Khan había otorgado al Barón General Ungern-Sternberg, uno de los más altos honores, además de reconocerlo como a Genghis Khan reencarnado, solo unos meses antes de que el Barón fuera capturado por el Ejército Rojo y ejecutado.

Lo cual sucedió por una orden del General Ungern- Stenberg, quien favoreció a Ossendowki, a quien le fue concedido un acceso sin precedentes a las sagradas escrituras del budismo Tibetano, reservado para los Lamas mayores.

> Durante mi estancia en Urga visité la morada del Buda viviente, y contemplé su vida, lo observé revisando los horóscopos, escuché sus predicciones, analicé sus archivos sobre libros antiguos, y los manuscritos que contenían las vidas y los vaticinios de Bogdo Khan. Los Lamas fueron francos y abiertos conmigo, debido a la carta que envió Hutuktu de Narabanchi (Bogd Khan) y con la cual gané su confianza.[205]

Los pasajes anteriores revelan la oportunidad única brindada a Ossendowski, a quien se le concedieron acceso a los secretos más profundos del Budismo por el último Bogd Khan independiente antes de que las fuerzas comunistas dirigidas por los Soviéticos se hicieran cargo más tarde en 1921, cuando la Revolución Mongol (Popular) convirtió a Mongolia en un estado vasallo de la Unión Soviética.

Ossendowski proporcionó de primera mano la última cuenta, de la antigua biblioteca del Monasterio de Manjshuri que podía visitar, ante sucesivas oleadas de persecución del Partido Comunista, quienes confiscaron todo este acervo y ejecutaron públicamente a Lamas mayores, y llevaron al cierre de la abadía Tibetana en 1936:

> Algunas salas estaban dedicadas a la biblioteca donde habían manuscritos de diferentes épocas e idiomas, con diversos temas, los cuales llenaba los estantes. Allí también vimos tabletas de arcilla, evidentemente de Babilonia, libros indios, chinos y tibetanos, archivados junto a los de Mongolia, tomos del antiguo budismo puro, libros de los *"Red Caps"*(gorros rojos), de la corrupción Budista, libros del *"Yellow"* (Amarillo) o

> Budismo Lamaite, libros de tradiciones, leyendas y parábolas. Grupos de Lamas, copiaban y estudiaban detenidamente estos libros, preservando y difundiendo la antigua sabiduría, para sus sucesores.[206]

La referencia a las tablillas de arcilla con inscripciones cuneiformes, es notable, ya que ilustraba que sin temor alguno el Budismo Tibetano, preservaba registros que se remontan a milenios de antigüedad al alba de la civilización humana. Incluso quizá desde la Atlántida, si es aceptado el relato de Peniel, acerca de un monasterio establecido por sobrevivientes Atlantes de la última inundación.

De acuerdo a Ossendowski los Lamas le dijeron acerca de un reino subterráneo, creado hace 60,000 años por un líder religioso y sus seguidores, que subsecuentemente desarrollaron la ciencia hasta la cima:

> Hace más de sesenta mil años, un hombre santo desapareció con toda una tribu de personas bajo el suelo y nunca más se les vio en la superficie de la Tierra... La ciencia se ha desarrollado con calma y nada está amenazando con la destrucción: La gente subterránea ha alcanzado el conocimiento más alto.[207]

Ossendowski siguió explicando que la monarquía subterránea de Agarthi tiene una población de millones, y es gobernada por un misterioso "Rey del Mundo", quien tiene influencia psíquica sobre una extensa parte de la humanidad en la superficie:

> Hoy en dia, esta es una gran monarquía, con millones de hombres que tienen el "Rey del mundo" como su gobernante. El conoce todas las fuerzas del planeta, y todas las almas de la humanidad, así como el gran libro de su destino. De manera invisible, el gobierna más de ochocientos millones de personas en la superficie de la Tierra, y llevarán a cabo sus ordenes. El Reino es Agarthi y se extiende a través de pasajes por todo el mundo.[208]

Durante un viaje a Pekín (más tarde renombrado Beijing), Ossendowski estuvo acompañado por un Lama que compartió más sobre el reino de Agarthi y las tecnologías avanzadas que poseía, las cuales podrían ser utilizadas para abrumar a las fuerzas militares de la superficie:

> La capital de Agarthi está rodeada de pueblos con sumos sacerdotes y científicos. Le recuerda a uno a Lhasa donde está el palacio del Dalai Lama, el "Potala" el cual se encuentra en la cima de una montaña cubierta de monasterios y templos. El palacio en si está rodeado de palacios del Goro que poseen todas las fuerzas visibles e invisibles, del cielo y del infierno, y quienes pueden hacer todo por la vida y muerte de los hombres. Si nuestra humanidad hecha, debiera comenzar una guerra en contra de ellos, podrían explotar y la superficie entera de nuestro planeta se convertiría en desiertos.[209]

A continuación, Ossendowski describió el viaje espacial llevado a cabo por gente Agarthi y como observaban las civilizaciones extraterrestres e incluso como se habían establecido en exoplanetas distantes:

> Algunos de ellos andan entre las estrellas, observan sus pueblos desconocidos, su vida y sus leyes... En Ernedi Dzu, Pandita Hutuktu vivió anteriormente allí, el provenía de Agharti. Durante su enfermedad hasta que el murió, el narró el tiempo en el que vivió bajo la voluntad de Goro, en una estrella roja en el este, flotando en el océano cubierto de hielo y navegó entre la tormenta de fuego en las profundidades de la Tierra.[210]

Al terminar su relato de lo que habían dicho sobre el reino de Agarthi. Ossendowski señaló que los Lamas le dieron esta información, "Lo hicieron en un tono solemne, prohibieron el desafío y la duda".[211]

Ossendowski no está solo al haber sido informado acerca de una civilización subterránea, bajo el desierto de Gobi, que conecta en una red mundial a través de una serie de túneles subterráneos. El afamado pintor, activista civil y explorador Ruso Nicholas Roerich, se encontró con Lamas durante sus viajes durante el Tíbet, Mongolia, y otras partes del lejano Oriente durante la década de 1920. Estos Lamas compartieron con él historias similares sobre un fabuloso Reino Subterráneo con tecnologías avanzadas:

> En muchos lugares de Asia Central hablan de Agarthi, y de la gente subterránea. Existen numerosas leyendas hermosas, que describen la misma historia y de cómo las mejores personas abandonaron a los traicioneros en la Tierra y buscaron la salvación en países escondidos, donde adquirieron nuevas fuerzas y conquistaron energías poderosas.[212]

A Roerich le dijeron acerca de una monarquía subterránea, que a veces era llamada Shambala por los Lamas Tibetanos, le revelaron el conocimiento sobre las tecnologías de vuelo desarrolladas ahí:

> "Los habitantes de Shambala son incontables y las nuevas y espléndidas fuerzas y logros que se están desarrollando ahí para la humanidad son innumerables ..."
> "El Lama Vedatana nos dice que muy pronto habrán energías, que serán dadas para la humanidad ¿Será esto cierto?"
>
> "Son innumerables las grandes cosas preparadas y predestinadas. A través de las escrituras sagradas, sabemos acerca de las enseñanzas del Bendito y su narración acerca de los habitantes de las estrellas. De la misma fuente de donde escuchamos acerca del ave de metal voladora, de las serpientes de metal, que devoran el espacio con fuego y humo.[213]

Además de las muchas leyendas y escritos sagrados, sobre un reino subterráneo en el desierto de Gobi, recopilados por viajeros del siglo XX como Ossendowski y Roerich, hay también versiones de historias más recientes de individuos que aseguran haber encontrado civilizaciones subterráneas. Entre ellos están Corey Goode, cuyas experiencias en los programas espaciales secretos, son detallados de una extraordinaria forma en el libro *"Secret Space Programs Series"* (Serie de Programas Espaciales Secretos).[214]

De acuerdo con Goode quien fue llevado físicamente a juntas diplomáticas con representantes de numerosas civilizaciones subterráneas, en 2015 se iniciaron negociaciones con la humanidad de la superficie acerca del futuro del planeta. Estas culturas son muy distintas según dice Goode y buscan cooperar en niveles diferentes entre ellos y con los líderes tradicionales de la humanidad de la superficie, el 23 de Septiembre de 2015 Goode publicó un informe titulado *"Ancient Earth Break away civilization subterranean council meeting & SSP Alliance debrief"* "La ruptura de la civilización de la Tierra Antigua, consejo y junta del programa espacial secreto, e informe de la alianza".[215] En el se describe una de estas reuniones diplomáticas que trajo miembros de siete civilizaciones antiguas subterráneas para formar una alianza debido a los cambios recientes en la política y la tecnología que ocurren en los países de la superficie. Goode también discute su conocimiento de primera mano acerca de la red de Agartha que ganó a través de reuniones cara a cara, así como durante su servicio en el programa espacial secreto, cuando tuvo acceso a las "almohadillas futuristas de cristal inteligente", que contenían informes detallados sobre las actividades de la Historia de la Tierra, las tareas en el espacio exterior y el conocimiento de la vida extraterrestre.

Goode explica que la red de Agartha se expandió a través de los eones como cataclismos sucesivos en la superficie de la Tierra, y condujeron a pueblos diferentes a buscar refugios, para las élites que habían traído las tecnologías más avanzadas con ellos. Esto hace eco con la historia que el Lama Tibetano le contó al sacerdote jesuita D'Orville durante sus viajes por el Tíbet en 1661. Según Goode, cuatro catástrofes grandes en la superficie de

CAPÍTULO 9

la Tierra han llevado a la formación de varias civilizaciones subterráneas separatistas:

> Afirmaron que en los casi 20 millones de años transcurridos, desde el surgimiento en la Tierra, de las líneas de sangre humanas, hubo cuatro cataclismos principales que cambiaron el eje rotacional u orbital de nuestro planeta en su camino en torno al sol.
> Cada vez que ocurre uno de los acontecimientos, la "élite o la casta sacerdotal mantuvo su línea genética pura, aislándose bajo la superficie. Estos pequeños grupos que sobrevivieron mientras que su contraparte en el exterior pereció.[216]

La referencia de Goode a la casta sacerdotal que lidera el éxodo corresponde con la información que le dio un Lama Mongol en 1921, sobre una catástrofe que ocurrió hace 60,000 años cuando un "hombre santo desapareció con toda una tribu de gente bajo tierra".[217] El número de ciudades subterráneas se expandieron a lo largo de los siglos, según Goode muchos se unieron para formar la red Agartha en la cual avanzaron conocimientos científicos y tecnologías de naves espaciales. Esta información es consistente con lo que Ossendowski y Roerich aprendieron de los Lamas Tibetanos y Mongoles, en sus respectivos viajes relacionados con naves voladoras desarrolladas por Agartha (alias Shambala).

Goode dice que los miembros de Agartha fingieron ser Dioses, cuando se encontraron con gente de la superficie, dando a luz, o al menos influyendo en antiguos dogmas paganos. Entre Dioses griegos y Dioses similares de otras tradiciones religiosas, muchos en realidad eran miembros de la red Agartha, el relato escrito por Ossendowski del rey Agarthi, tenía una poderosa influencia sobre grandes porciones de la humanidad en el exterior y ofrece un marco correspondiente. Según el informe de Goode, los Agarthans y otras civilizaciones subterráneas hacen el reclamo que solo pretendieron ser dioses para traer una medida de orden y desarrollo cultural en las vidas turbulentas de las personas en la superficie, que estaban siendo modificados genéticamente por varios visitantes extraterrestres para ser agresivos:

> Para agregar a esta increíble historia, declararon que más y más grupos avanzados, comenzaron a llegar desde nuestro sistema solar, durante y después de estos acontecimientos cataclísmicos. Estos grupos nuevos empezaron a tomar ventaja de la situación, como el cultivar y manipular la genética de los nativos de este sistema solar.
>
> Afirmaron que la Tierra se convirtió en el destino de los refugiados de otros planetas habitados. Extraterrestres avanzados que reubicaron a estos refugiados, aquí en la Tierra, tras cataclismos que ocurrieron en sus planetas de origen. Las razas de los refugiados eran genéticamente similares a la de los humanos originales de la Tierra, pero eran mucho más agresivos.[218]

Goode también informó que de tiempo en tiempo, la red Agartha de civilizaciones ancestrales, ayudó a la humanidad de la superficie a reconstruir sus sociedades destruidas:

> Sobre océanos de tiempo y pequeños eventos destructivos en la superficie, que obviamente eran catastróficos, casi todos los signos de sus civilizaciones anteriores fueron borradas de lo recuerdos de los supervivientes. Solo permanecieron mitos y leyendas de Dioses avanzados.
>
> Afirmaron que surgirían en algunas ocasiones y cuando fuera hora de poner en marcha a la civilización de los sobrevivientes, y quienes estaban más estrechamente relacionados con ellos en términos de su genética.
>
> Aseguraron que estas razas sobrevivientes eran los Dioses de sus propias leyendas antiguas, fue decidido que a quienes ellos ayudaran, creyeran que eran Dioses, para mantener segura a su civilización secreta.[219]

CAPÍTULO 9

El despertar actual de la humanidad dice Goode, ha dividido las siete civilizaciones subterráneas, en dos fracciones principales después de grandes debates, sobre la mejor manera de responder. Una parte quiere ayudar a la población de la superficie, a despertar a que conozcan la verdad de sus orígenes genéticos, y las intervenciones extraterrestres históricas en la Tierra, lo más pronto posible, mientras que la otra parte quiere trabajar con las élites globales, para controlar estrictamente el proceso de conocer estas realidades.

Un encuentro OVNI de 1944 en China, ofrece un sólido apoyo para la afirmación a la existencia de la red subterránea de Agartha, la cual está dirigida por una casta sacerdotal y ocasionalmente interactúa con personas en la superficie. Wedelle Stevens y Paul Dong quienes citan el encuentro en su libro *UFOS Over Modern China* "OVNIS sobre la China moderna" y escriben lo siguiente:

> En 1944, durante la guerra anti-japonesa, cuando el narrador era adolescente, se encontraba jugando con otro chico, dándole una paliza en el suelo. Cuando de repente un objeto volador vino del cielo, bajó y aterrizó silenciosamente, algunas "personas" bajaron de ahí, acercándose a los chicos, y acariciaron sus cabezas, regresaron a sus naves, y volaron lejos. El no podía ver claramente, pero refirió que los visitantes, parecían monjes Taoistas, en la serie de libros de ilustraciones, el no pudo describir la forma de la curiosa nave, el lugar donde ocurrió fue Yidu Jiangsu.[220]

Mientras que Yidu está relativamente cerca de la Costa China, cerca de Shangai. La aparición de los Monjes Taoistas, apunta firmemente a una civilización subterránea, que posee tecnologías aeroespaciales avanzadas.

Las experiencias de Ossendowski, Roerich y Goode nos proporcionan otra posible explicación para los OVNIS presenciados regularmente sobre varias partes del desierto Gobi por soldados Chinos y civiles, así como para esos avistamientos históricos en el Tíbet y Asia Central. Es entonces que tales naves pertenecen al reino Agartha/Shambala. Esta cultura es descrita en registros históricos y leyendas que por mucho tiempo, estuvieron disponibles para las autoridades gubernamentales Chinas, las preguntas siguen ¿Co que seriedad las autoridades del Partido comunista toman las afirmaciones, de que uno o más civilizaciones subterráneas existen debajo del desierto Gobi, el Tíbet, y otras áreas remotas de Asia Central? El Dr. Profesor Universitario, Andrei Znamenski, nos da una respuesta en su libro titulado: *Red Shambala Magic Prophecy and Geopolitics and the heart of Asia* (Shambala rojo, profecía mágica, y el corazón de Asia y la geopolítica.

En *Red Shambhala*, Znamenski presenta evidencia convincente mostrando que poco después de la formación de la Unión Soviética, Los bolcheviques patrocinaron expediciones científicas al Tíbet, Mongolia y otras regiones remotas donde se sabía que habían entradas a Shambhala. El jefe de la sección especial secreta Bolchevique Gleb Bokii, fue directamente involucrado en estos esfuerzos, debido a su creencia en que había algo de verdad en la existencia del Shambala y su "ciencia ancestral".[221] Bokii era el "jefe de los bolcheviques, criptógrafo responsable de códigos diplomáticos, espías y de vigilancia electrónica en la Rusia Roja.[222] El servicio de criptografía de Bokii, era una unidad autónoma dentro de la policía secreta, que reportaba directamente a la dirección del Partido Comunista.

En una carta a Bokii Alexander Barchenko, un consultor empleado por la Sección Especial de Bokii para localizar los restos de cultura prehistórica, discutió la antigua ciencia escondida en el centro de Asia y explicó porqué Shambala era ciencia escondida en el Centro y porqué Shambala era vital para la URSS.[223] Más tarde Bokii resumió lo que él y otros le habían dicho a Barchenk en 1937 sobre Shambala/ Agartha:

> Según Barchenko, en la antigüedad había existido una sociedad culturalmente avanzada, que luego pereció como resultado de una catástrofe geológica. Existía de

CAPÍTULO 9

una forma social más avanzada (comunista) Y materialmente de una manera más técnica que la nuestra. Los restos de esta sociedad, como nos dijo Barchenko todavía existen en lugares remotos, en zonas de montañas en la intersección de India, Tíbet, Kashgar y Afganistán. Esta ciencia antigua y la supervivencia de esa sociedad, es un secreto guardado cuidadosamente por sus miembros.[224]

Se desarrollaron planes para una expedición Bolchevique en Asia Central. La expedición y el papel de Bokii, se resumieron en un memorándum oficial de Georgy Chicherin, Comisario de Asuntos Exteriores, a quien se le había pedido apoyara la exploración prevista:

> Durante 19 años un tal Barchenko, ha estado buscando los restos de una cultura prehistórica. El tiene la teoría que en los orígenes de la humanidad, se desarrollaron en una civilización extremadamente avanzada, que superó con creces el periodo presente. También cree que en Asia Central, la cultura espiritual, particularmente en Lhasa y algunas hermandades secretas en Afganistán, uno puede encontrar conocimiento científico sobreviviente, proporcionado por esta civilización prehistórica avanzada. Barchenko se acercó al camarada Bokii, quien se volvió extremadamente interesado en su teoría, decidió utilizar la mano de obra y los recursos de su sección especial, para encontrar los restos de culturas prehistóricas. Los OGPU (Policía Checa Secreta). El colegio que se interesó en el proyecto de Barchenko, decidió usar recursos, que probablemente tenían a su disposición. Dos camaradas de OGPU y Barchenko, me visitaron para asegurar mi apoyo.[225]

La oposición de Chicherin y otros rivales, llevó a abortar la expedición para buscar material científico de Shambhala/Agartha, en Mongolia, el Tíbet y Afganistan. Sin embargo Chicherin, patrocinó expediciones, donde la meta no era encontrar

Shambhala y Agartha, pero si utilizar mitos locales, con motivos de propaganda:

> Para Chicherin, sus colegas comunistas internacionales, y la policía secreta de Shambala, habían profecías similares, en el reino de la geopolítica, más que las psicotécnicas internas que podrían perfeccionar las mentes humanas. Claramente Chicherin desestimó la algarabía de Barchenko y Bpokii, quienes planeaban ir al interior de Asia, y recuperar la sabiduría antigua, que podría beneficiar la causa comunista.[226]

Mientras que la mayor expedición al Tíbet y Afganistán había sido cancelada, Bokii todavía patrocinó expediciones dirigidas por Barchenko (alias el "Merlin Rojo) al sur de Siberia y la frontera adyacente regiones de Mongolia, Kazajstán y China para encontrar evidencia de Shambala y Agartha:

> Generosamente financiado por Bokii, el Merlin Rojo viajó por toda la Unión Soviética, comprando sabiduría esotérica. El objetivo de sus aventuras no eran solo recoger los restos de la ciencia universal antigua; Barchenko y su patrón alimentaron una idea ambiciosa, para convocarla en algún momento en 1927-28 en Moscú a un congreso a congreso de todos los grupos esotéricos y utilizarlos para avanzar en la agenda comunista.[227]

"*Red Shambala*" (Shambala Rojo) nos deja claro que varios elementos de la Policía Secreta de la Unión Soviética, tomaron muy enserio las declaraciones de que civilizaciones superiores con tecnología avanzada, se encontraban por debajo de Mongolia, el Tíbet, y otros territorios Asiáticos. Viajeros como Ferdinand Ossendowski y Nicholas Roerich han dado relatos vívidos de lo que escucharon sobre estas civilizaciones subterráneas incluido el hecho importante, de que los registros sobre ellos se han conservado históricamente en textos antiguos. Estos corresponden estrechamente con lo que Albert d' Orville y Jon

CAPÍTULO 9

Peniel aprendieron mientras estaban en el Tíbet. Corey Goode agrega otra capa de legitimidad a estos casos, como un testigo directo actual que ofrece descripciones gráficas, de las ciudades subterráneas diferentes o grupos autónomos que forman la red Agartha.

Esta fundación histórica prepara el escenario, para la increíble noticia de que una batalla militar (en gran parte desconocida) tomó lugar entre China y las fuerzas Soviéticas y ocurrió en el oeste de Mongolia en 1970, donde ambos bandos, atacaron una base OVNI, con extensos túneles subterráneos. Aparentemente los Chinos y los Soviéticos, pensaban que el otro era el dueño de la base, la cual estaba desplegando naves aeroespaciales avanzadas, para espiarlos y eventualmente atacar. Este informe fue revelado y presentado por un periodista Argentino Juan Norberto Comte y que involucró a un ejercito OVNI sobre Mongolia.

> En 1970 China y Rusia estaban al borde de la guerra. Extraños objetos voladores no identificados, rompieron la tranquilidad de los cielos fronterizos de Mongolia, y fueron observados con cautela por los dos gigantes del comunismo internacional, cada uno creía que eran una especie de un desarrollo militar supersecreto del otro y cada uno acusó al otro de provocación bélica.[228]

La crisis llegó a un punto critico el 24 de Abril de 1970 despues que un bombardero Soviético en una misión secreta de la frontera con Mongolia desapareció. Comte describe lo que sucedió después:

> La Fuerza Aérea de la URSS fue puesta en alarma completa, e inmediatamente lanzó 200 aviones, que se juntaron en la última posición conocida del bombardero, que se creía, habría sido derribado por los intrusos Chinos. Llegando a la posición aproximada de la desaparición, la patrulla colosal descubrió 20 aeronaves brillantes con forma de disco, se movían a velocidades

increíbles, y alturas extremas, fuera del alcance de las naves Soviéticas.[229]

Comte señala que los Soviéticos siguieron los OVNIs hasta una base occidental de Mongolia:

> Unos días después, una ola de vehículos misteriosos, apareció sobre las fronteras de Mongolia, pero esta vez hubo cientos de objetos en forma de disco que cambiaban de color intermitente de naranja a azul, y de azul a rojo. Una batería de misiles fue introducida a la acción y desde el suelo fueron lanzados proyectiles de alto alcance. Mientras intentaban determinar su origen.- Expertos Soviéticos estaban trabajando furiosamente mientras observaban sus trayectorias y los mapas de áreas acordadas en sus calculaciones. La extraña nave venía de alguna parte a 1,600 kilómetros al oeste de Ulan Bator, la Capital de Mongolia, ahora no tenían dudas de que sus vecinos belicosos eran los Chinos.[230]

Los Soviéticos movilizaron miles de tropas y de artillería pesada, hacia la base del OVNI, que erróneamente se pensaba que era de China. Mientras tanto los Chinos, rastrearon los discos voladores, y mandaron sus propias tropas y fuerzas aéreas a la base que pensaban pertenecía a la Unión Soviética.

Comte describe lo que sucedió, cuando las tropas de China y la Unión Soviética, llegaron a la base en busca de misteriosos platillos voladores que habían seguido:

> La infantería Rusa llegó a Mongolia el 30 de Abril, mientras que las fuerzas Chinas, penetraron Mongolia el 4 de Mayo, las fuerzas opuestas se unieron al combate, se produjeron batallas violentas en las cuales las perdidas de los Mongoles y sus aliados Rusos, así como las de los "Invasores" Chinos, fueron muy altas. Se informó de manera confiable, que las fuerzas Soviéticas lanzaron armas nucleares de baja potencia, en contra de la supuesta base secreta China en la frontera con Siberia.

CAPÍTULO 9

Ahora parece que las fuerzas opuestas, destruyeron una base OVNI avanzada, que consistía en una amplia red de túneles subterráneos, que se extendía por kilómetros, y su estructura en la superficie era piramidal.[231]

El primer reporte público de la batalla entre los Soviéticos y los Chinos así como la destrucción de la base OVNI, en la parte occidental de Mongolia apareció en un periódico austriaco en Viena, el 14 de Septiembre de 1974. La investigación de Comte encontró puntos importantes, para corroborar este reportaje increíble, que incluía al general retirado del Ejército Popular de Liberación, quien confirmó actividades militares en la frontera con Mongolia en aquel momento.

La explicación más plausible para esos extraordinarios eventos es que los platillos voladores no pertenecían a China o a los Soviéticos, pero si eran parte de una civilización interna de la Tierra, que tenía una base importante en el oeste de Mongolia. Después de que los Soviéticos utilizaron armas nucleares tácticas, para destruir la base, esta fue abandonada por sus ocupantes. En resumen, los Soviéticos deshicieron una base que pertenecía a la red Agartha/Shambala y pelearon con los Chinos para tomar control de las instalaciones recién dejadas y destruidas. Es muy probable que los Chinos y también los Soviéticos hayan tomado artefactos que rescataron para llevarlos a sus respectivos institutos científicos, para que algunos de los artefactos pudieran ser estudiados más profundamente, lucían como los restos de un disco volador dañado en los ataques.

Muchos de los registros ancestrales que describían las civilizaciones antidiluvianas, hablan de sus increíbles tecnologías aéreas avanzadas, y sus interacciones con visitantes extraterrestres, estaban en manos del Partido Comunista Chino, debido a la intervención directa de Zhou Enlai durante la revolución cultural, combinada con los artefactos recolectados durante la destrucción de la base Agartha/Shambala. China tenía en sus manos una variedad de materiales que podrían ayudar a desarrollar sus propias flotas de platillos voladores. No hay duda que en manos de expertos como Hsue-Shen Tsien, quien tenía el conocimiento de primera mano en lo relacionado a la ingeniería inversa de platillos voladores de las Fuerzas Aéreas de Los Estados Unidos, así como registros ancestrales, los objetos valiosos recién recuperados por China, incluyendo los artefactos de la base Agartha/Shambala, encontrarían toda esta información invaluable, una comprensión más amplia sobre los sistemas de propulsión exóticos científicamente factibles, para un futuro programa espacial secreto Chino, sin embargo hay otro recurso clave que ayudo a acelerar el estudio de Tsien: Las pirámides de China.

CAPÍTULO 10

Pirámides Chinas: Repositorios Ocultos de Tecnología Ancestral

> Mucha gente dice que yo creo que los alienígenas construyeron las pirámides, y en realidad no es así, ni siquiera apoyo la hipótesis de los alienígenas ancestrales, creo más bien en la teoría de una civilización humana perdida, es mucho mejor explicación a los misterios y paradojas de las culturas antiguas.
>
> -*Graham Hancock*

La primera referencia a las grandes pirámides en China, fue en 1912, cuando un comerciante norteamericano llamado Fred Meyer Schroeder, escribió lo que él y su socio Oscar Maman vieron durante su viaje a la provincia de Shaanxi:

> Era más espeluznante que si los hubiéramos encontrado en el desierto, habían estado frente a la nariz de todo el mundo, algo desconocido para los países occidentales. La gran pirámide mide 1000 pies de alto, (otras estimaciones van de 1000 a 1200 pies de alto) y aproximadamente 1500 en la base la hace tan grande como las pirámides de Egipto. Las cuatro caras de la estructura, están orientadas a los cuatro puntos cardinales.[233]

Los dos comerciantes tenían como guía a un Lama Mongol anciano, quien les dijo que las pirámides tenían más de 5000 años, Schroeder explicó en sus registros de viaje, "cuando le pregunté a Bogdo, cuantos años tenían estos vestigios, el me respondió que más de 5000 años". "Cuando le pregunté de donde sacaba tal conclusión, me contestó que los libros más antiguos datan de hace 5000 años, y en estos las pirámides ya son mencionadas como algo viejo desde entonces."[234]

En el capítulo anterior hablamos de cómo la biblioteca del Bogd Khan, supremo gobernante pre-comunista, fue visitada por Ferdinand Ossendowski, quien encontró las tablillas cuneiformes Sumerias (alrededor de 3200 a.C.) Esto confirma que existían registros más antiguos de 5000 años, y estaban en posesión de los altos Lamas Tibetanos. Si existen escrituras registradas hace más de 5000 años, y estas mencionan a las pirámides de Shaanxi, tan antiguas como la época de los Sumerios, la más vieja de las pirámides en esta provincia, iba de tiempo más atrás, a épocas previas a la inundación de Atlantis, la cual terminó alrededor del año 9600 a.C. Según los sacerdotes Egipcios, quienes transmitieron este conocimiento al legislador ateniense Solon y preservado posteriormente por escrito a través de Platón.[235] Las similitudes entre la culturas Egipcia y la China, han intrigado a los estudiosos Europeos, quienes especulan acerca de un origen común.[236] La antigüedad de las pirámides Egipcios y las pirámides Chinas, sugieren que las más viejas, fueron construidas, antes de la inundación de Atlantis.

La siguiente referencia a las pirámides ancestrales Chinas, proviene de un piloto, James Gaussman, el cual sobrevoló territorio Chino, en 1945, durante una misión de suministro, y documentó lo que vio:

> Volé alrededor de una montaña, entonces llegamos a un valle. Directamente debajo de nosotros había una pirámide gigante blanca. Lucía como si fuera de un cuento de hadas. El monumento estaba envuelto en un blanco brillante, que podría haber sido un metal o alguna otra forma de piedra, era blanco por todas partes. Lo más curioso de esta piedra angular, es que era una joya preciosa grandiosa, me conmovió el tamaño colosal de esta cosa.[237]

CAPÍTULO 10

Gaussman tomó fotografías de la gran pirámide blanca, pero fueron subsecuentemente escondidas por el ejercito de los Estados Unidos, según lo explica Hartwig Hausdorf autor de *"China's Roswell"*. [238]

Solo dos años después, otro aviador americano, Coronel Maurice Shehanan, también atestiguó y fotografió la pirámide gigante, mientras sobrevolaba la provincia de Shaanxi, aproximadamente a 40 millas al suroeste de la antigua ciudad de la Capital de Xian. En la misma área que recorrió Schroeder en 1912, una historia que publicó el *New York Times*, el 27 de Marzo de 1947, anunció el descubrimiento de Sheahan al mundo: "Viajero Estadounidense reporta enorme pirámide China, en montañas aisladas, al suroeste de Sian, (también conocido como Xian)".

> Shangai 27 de Marzo (U.P.) Una pirámide gigante fue encontrada en montañas aisladas de Shenshi, (alias Shaanxi) esto fue informado por el Coronel Maurice Sheahan director de una aerolínea mundial del lejano oriente.
> Desde el aire, según el Coronel Sheahan, la pirámide parece eclipsar a las de Egipto, calculó que la altura era de 1000 pies, y su base de 1500 pies, está ubicada en las montañas de Tsinling a unas cuarenta millas al suroeste de Sian (Xian) capital de la provincia. Una segunda pirámide apareció, esta era un tanto más pequeña.
> La pirámide, continuó el coronel Shehanan, está al final extremo de un largo valle, en una parte inaccesible, cerca del final hay cientos de pequeños montículos fúnebres.
> "Cuando volé sobre ella, me impresionó por su forma perfecta y su gran tamaño, el Coronel Sheahan dijo " No lo informé en los años de guerra, por que "parecía increíble que algo tan grande, fuera desconocido por el Mundo".[239]

Una fotografía apareció dos días después de la publicación de Sheahan en el *New York times*, la cual fue impresa de nuevo, y vendida en varios puntos de diferentes medios a lo largo de su historia. Era la primera evidencia fotográfica que mostraba al mundo occidental las pirámides Chinas. La imagen mostraba una enorme pirámide cuadrada truncada, en medio de una llanura, expansivamente plana. Surgió un gran debate en relación a la pirámide de 1947. Inicialmente fue atribuida a Sheahan, pero más tarde fue imputada a Gaussman, quien supuestamente la tomó durante su misión en 1945. El problema con ambas asignaciones, es que la foto de 1947, no tiene la piedra angular presenciada por Gaussman, ni el perfecto estilo piramidal Egipcio atestiguado por Sheahan. Además la foto mostró una pirámide de superficie plana, ubicada en una llanura agrícola rasa, no al pie de la montaña Tsinling (también conocida como Qinling).

Años más tarde investigadores independientes confirmaron que la fotografía de 1947, era un mausoleo de Maoling que supuestamente fue construida por el Emperador Wudi Liu Che Di de la dinastía Han de 139 al 86 a.C.[240] El problema nuevamente era que la pirámide que atestiguaron Gaussman, Sheahan y Schroder, tenía demasiadas diferencias con el mausoleo de Maoling, que solamente mide 154 pies de altura, y 728 pies de ancho. La pirámide era significativamente más grande de 1000 pies de altura por 1500 de ancho, tenía una piedra angular, una forma piramidal perfecta, y estaba a los pies de la montaña Tsinling al suroeste de Xian. En cambio, el mausoleo Maoling se encuentra al oeste de Xian en medio de una llanura plana, en las montañas y es un trapecio de cima plana.

Una explicación plausible de lo que pudo haber ocurrido, es que el *New York Times,* y otras publicaciones, utilizaron una imagen de archivo del Mausoleo Maoling, entonces las fotografías tomadas tanto por Gaussman como por Sheahan no se utilizaron y fueron encubiertas por las autoridades de Los Estados Unidos, hasta nuestros días. Los funcionarios Chinos, han estado involucrados en una ferviente cobertura en relación a las antiguas pirámides, especialmente después de que el comunismo tomó el control en 1949.

CAPÍTULO 10

Viajero descubre pirámide misteriosa en China.
La locación de esta pirámide gigante, estimada en ser más ancha de 1500 metros, y 1000 metros de alto, fue reportada por el Coronel Maurice Sheahan, en el lejano oriente, el director de Transworld Airways, las encontró en una montaña remota en Shensi provincia de China occidental. De acuerdo con Sheahan, las famosas pirámides de Egipto lucen enanas en comparación y son desconocidas por el mundo occidental.
Figura 18. Foto de la pirámide cerca de la pirámide de Xian, ahora se cree era el Mausoleo de Maoling Fuente Salem News Marzo 31 1947.

El ex capitán de una línea aérea en Nueva Zelanda, Capitán Bruce Cathie, reportó en su libro *"The Bridge to the infinity"* (El Puente al infinito) que un miembro de la embajada de China, le dijo durante su visita a Wellington, lo siguiente:

"No hay pirámides en la provincia de Shensi", me dijo mi informante, quien es miembro de la Embajada de la

República Popular de China, mientras pasaba por Wellington, en uno de mis vuelos, había decidido hacer una llamada telefónica a la Embajada, para preguntar sobre la existencia de varias pirámides descubiertas en la parte central de China. "Hay unos montículos de ruinas que probablemente sean cúmulos funerarios," continuó el funcionario de la Embajada, "No conocemos ninguna pirámide en China." Esto fue muy extraño, por que tenía en mis manos una mapa de la Fuerza Aérea de los Estados Unidos, producido a partir de fotografías satelitales de esta área, que claramente indicaban la posición de al menos dieciséis pirámides. Además de esto, tenía una copia de la pirámide más grande, tomada por un DC3 del ejército de los Estados Unidos en 1947. Aunque yo informé a los funcionarios de esto y traté de presionar este punto, él continuó negando su existencia.[241]

Cathie siguió escribiendo al embajador subsecuentemente y recibió la siguiente respuesta:

Capitán B.L Cathie,

Recibimos su carta el 2 de Julio de 1978 dirigida al Embajador, preguntando por las pirámides en la provincia de Shensi de China, según los expertos Chinos, las pirámides son tumbas de emperadores, de la dinastía Han occidental y la tierra superior de la tumba tiene forma de trapecio. Los registros históricos cuentan versiones diferentes de los sepulcros. Como estas tumbas no han sido desenterradas científicamente, no hay marcas en el piso y es difícil sacar conclusiones en este momento.[242]

Cathie reflexionó en las razones del por qué las autoridades gubernamentales Chinas, negaban la existencia de las pirámides, a pesar de la evidencia clara que habían captado los satélites que probaban su existencia y llegaron a la siguiente conclusión:

CAPÍTULO 10

Las pirámides de Shensi (Shaanxi) son construcciones masivas. El no ser consciente de ello, es como perder a un elefante en el patio de la ciudad. La única respuesta fue que el gobierno Chino, no quiere que el mundo occidental sepa demasiado sobre estas construcciones gigantescas, hasta que sus científicos hayan completado sus propias investigaciones. Los secretos que pueden revelar, comparando estas pirámides con otras del mundo, podrían ser tan importantes que las autoridades estaban haciendo todo lo posible para amortiguar el interés en ellas.[243]

Claramente estas pirámides crearon interés en los científicos Chinos quienes las estudiaron, y mantuvieron su existencia y contenidos de manera secreta para el resto del mundo.

La respuesta oficial del gobierno Chino, recibida por Cathie, es la típica versión arqueológica convencional, de que las pirámides, no son más que cúmulos funerarios de los Emperadores de las dinastías Qin y Han (221a.C -220 d.C). En apoyo a esta opinión los arqueólogos a menudo citan al historiador de la dinastía Han Sima Qian para detallar la descripción del mausoleo Qin Shi Huang que fue el primer emperador Qing:

> Cuando el primer emperador llegó al trono, comenzaron los trabajos de excavación y preparación en el monte Li. Más tarde, cuando unificó su imperio, 700,000 hombres fueron enviados allí de todas partes del imperio. Excavaron tres capas subterráneas de agua y vertieron bronce sobre el ataúd exterior, palacios y torres escénicas se construyeron para cien oficiales . Y llenaron las tumbas con tesoros, y a los artesanos se les ordenó hacer ballestas y flechas para disparar a cualquiera que entrera al sepulcro. El mercurio se utilizó para simular los ríos, el Yangtze, el río amarillo, el gran mar, listo para fluir mecánicamente. Arriba estaban las representaciones de las constelaciones celestiales, y abajo las características de la Tierra. Se hicieron velas con grasa de "hombre-pez", que estaba calculada para quemarse pero para durar mucho tiempo.

El segundo emperador dijo, "Sería inapropiado para las concubinas del emperador difunto que no tienen hijos anden libres", ordenó que deberían acompañarlo y muchos murieron. Después del entierro se sugirió que sería una violación grave, si los artesanos que construyeron dispositivos mecánicos y conocían sus tesoros, divulgaran estos enigmas, por lo tanto después de que las ceremonias fúnebres fueron completadas y los tesoros fueron escondidos, el pasillo interior estaba bloqueado y la puerta exterior fue bajada rápidamente, atrapando a todos los trabajadores y artesanos dentro. Ninguno pudo escapar, plantas y vegetación fueron colocadas en el montículo de la tumba, para que apareciera como una colina. [244]

Este relato histórico muestra que el emperador Qin empleó la tecnología más avanzada de la época para recrear un entorno de la ciudad que podría usarse en el más allá. La historia también muestra el comienzo de la tradición China de ocultar objetos o personas en la parte superior del mausoleo en forma de pirámide de los primeros emperadores cubriéndolos con árboles para esconderlos de ladrones futuros de tumbas. Sin embargo, esta tradición no se siguió con todas las pirámides en China, como la foto del Mausoléo Maoling de 1947 muestra claramente de una pirámide truncada, libre de cobertura arbórea, lo que implica que probablemente sea anterior a tales prácticas. Más intrigante es que hoy el Mausoleo Maoling está completamente tapado por árboles que fueron plantados después del lanzamiento de la foto de 1947. De hecho, fotografías modernas muestran nuevos árboles de coniferas, plantados en la cima de las estructuras piramidales, las cuales han sido declaradas como mausoleos por las autoridades Chinas.[245]

La jurisdicción China hoy está utilizando una antigua tradición, para oscurecer y ocultar pirámides que son mucho más antiguas que la del Emperador Qin, para que parezca que todas son mausoleos simples para no ser profanados. En 1974, un agricultor hizo un pozo donde se descubrió artefactos que llevaron a la excavación de una parte periférica del complejo de la ciudad que

CAPÍTULO 10

contiene el mausoleo del primer Emperador. En el sitio a pocos kilómetros del mausoleo, fue encontrado el Ejército de Terracota que se ha hecho famoso mundialmente. Sin embargo lo más importante, es que ninguna de las pirámides principales de China, han sido excavadas por arqueólogos.

A pesar de la insistencia de las autoridades Chinas de que sus pirámides en realidad son mausoleos, su similitud con las de Egipto y América Latina, plantean la posibilidad de que algunas son anteriores a las dinastías Qin y Han, según lo declarado por el Lama Mongol, guía de Schroeder y su compañero a través de la provincia de Shaanxi. Antes de la datación de las dinastías chinas, la fabulosa pirámide blanca no era la cámara funeraria de un emperador Chino, y superó con creces la altura del mausoleo Maoling, la cámara mortuoria más grande, pertenecía a los emperadores Chinos Qin o Han. De todo esto surge una pregunta importante: ¿Por qué fueron construidas después las cámaras mortuorias con la forma de una pirámide? ¿Los emperadores Qing y Han instruyeron a sus arquitectos para que imitaran el diseño de la pirámide blanca, y otras para predinastías que se creía, habían sido construidas por Dioses, o visitantes extraterrestres, o alguna civilización humana perdida? ¿Cómo sabemos que la más grande de las pirámides en Maoling en Shaanxi, es en realidad un mausoleo cuando nunca se ha realizado ninguna excavación?

Después de viajar tres veces a la provincia de Shaanxi, en busca de la esquiva Pirámide Blanca, Hausdorf concluyó que las pirámides Chinas, son conocidas por unos pocos de sus estudiosos, para contener tecnologías avanzadas que se han mantenido en secreto del público. Hausdorf afirma que algunas de las tecnologías, son de origen extraterrestre, y algunas de ellas se encuentran ocultas en las pirámides, incluido el mausoleo del primer emperador de China.[246] Esto no es una gran sorpresa ya que algunas de las pirámides en Shaanxi, se remontan a la era Atlante, descrita en registros Budistas Antiguos.

La conexión extraterrestre también es consistente con antiguos registros Chinos, sobre máquinas voladoras desarrolladas por inventores y utilizadas por emperadores, como se presenta en el capítulo 7. A, acerca del misterioso grupo de "hombres pájaro" de las montañas Kunlun, que se extiende desde el Tíbet hasta las llanuras de Shaanxi, quienes dieron los secretos de tecnología de la aviación, a unos pocos individuos que poseen el carácter correcto y la virtud. ¿Eran los hombres pájaro los que ayudaron a la Civilización China a Evolucionar? O acaso ¿Una cultura subterránea en nuestro planeta? O ¿Extraterrestre?

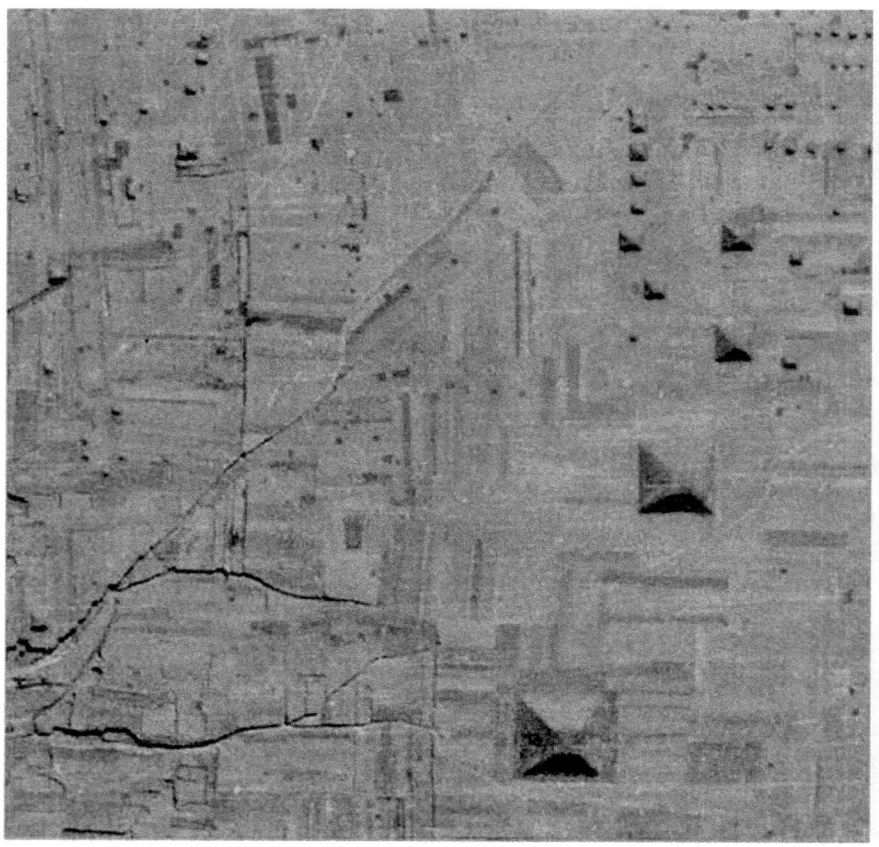

Figura 19. Imagen satelital de las pirámides en la provincia de Shaanxi China.

Mientras que los arqueólogos asiáticos y occidentales, se han alejado del tema de las pirámides de China, desde que se anunció su existencia por primera vez en 1947. Existen buenas razones

CAPÍTULO 10

para creer que en 1980, bajo el liderazgo de Deng Xiaoping esa política cambió, como lo sugirió Cathie. Seguramente científicos y arqueólogos Chinos en programas altamente clasificados, comenzaron excavaciones metódicas, peinando a través de los mausoleos, en búsqueda de tecnologías avanzadas, abandonadas por civilizaciones ancestrales que interactuaban con extraterrestres.

En conclusión, el acceso de China a recursos sensibles, merece una cuidadosa consideración. China ha estado extrayendo en secreto artefactos e información sobre culturas ancestrales y tecnologías avanzadas de sus pirámides, así como de las piedras Dropa, lo cual detalla una colonia híbrida humano-extraterrestre, establecida hace 12,000 años en la histórica región fronteriza entre el Tíbet y China. Adicionalmente existe la información revelada en antiguos manuscritos Tibetanos, sobre contactos extraterrestres, así como los artefactos recuperados en la base OVNI en la base de Mongolia en 1970. Cuando todo esto se combina, queda clara la riqueza extraordinaria de información de civilizaciones antiguas, sus tecnologías y el contacto que visitantes extraterrestres iniciaron con los antepasados de China hace eones.

En consecuencia, el Dr. Tsien Hsue-Shen tenía abundante material para estudiar y analizar en las instituciones científicas de elite que dirigió, el rápido salto tecnológico que dio China hacia adelante. Él ha creado metódica y pacientemente un plan a largo plazo para investigar y cultivar estos descubrimientos increíbles. Tal como lo hizo de 1944 a 1949 con Theodore Von Karman, cuando ayudó a crear un plan que duraría décadas, para la futura Fuerza Aérea de los Estados Unidos, el Programa Espacial Secreto, basado en información obtenida de los platillos voladores recuperados. Tsien ahora utilizó registros ancestrales, tecnologías desarrolladas y artefactos extraterrestres, para impulsar el plan de China, y generar su propio Programa Espacial Secreto. Pero primero, Tsien tuvo que construir un programa espacial impulsado por un cohete convencional, para proporcionar a los científicos y técnicos calificados los elementos necesarios, que eventualmente podrían dirigir su atención a sistemas de propulsión exóticos y naves galácticas, en un programa espacial altamente clasificado.

Capítulo 11

Construyendo el Programa Espacial Convencional de China

> Un buen defensor se esconde bajo nueve capas de tierra, un buen ataque se mueve sobre nueve capas de cielo, por lo tanto es capaz de preservarse a si mismo y lograr una victoria completa.
> - Sun Tzu, *El Arte de la Guerra*

Bajo el liderazgo de Hsue- Shen Tsien como científico experto, China estableció con éxito un programa de misiles balísticos, utilizando la serie de cohetes Dongfeng. Cada Dongfeng fue diseñado para alcanzar grandes distancias, el DF2 podía llegar a Japón, el DF3 podía llegar a Filipinas, el DF4 a Guam, y el DF5 a Norteamérica. A lo largo de la década de 1960, Tsien realizó mejoras en la serie Donfeng, para entregar cargas nucleares. El 27 de Octubre de 1966 un DF2A fue cargado con un dispositivo nuclear de 12 kilotones, y disparado desde Jiuquan a 800 kilómetros de la región desértica de la provincia de Xinjiang. Se ha considerado la prueba nuclear más peligrosa que se ha llevado a cabo, ya que un error podría haber destruido las instalaciones o centros cercanos poblados.[248] Sin embargo, este lanzamiento exitoso fue reportado en Estados Unidos y en los medios de comunicación al nivel internacional. Varios periódicos comentaron la trágica ironía que un científico Chino entrenado en Estados Unidos, y que llegó a amar a esta tierra, fue forzado en la era de McCarthy a regresar a China, donde él ayudó a construir su proyecto de misiles balísticos.[249]

Mientras Tsien estaba ayudando con éxito a China a construir cohetes capaces de entregar armas nucleares por todo el mundo, él simultáneamente sentó las bases para el programa espacial convencional de China, quienes usarían los cohetes para otros propósitos. Tsien destacó la importancia de los satélites poco después de su regreso a su tierra natal. El 4 de Octubre de 1957, la Unión Soviética, lanzó con éxito el Sputnik y dio un golpe poderoso al prestigio Estadounidense, como líder mundial en tecnología avanzada. Solo unos meses después, en Enero de 1958, Tsien y otros científicos Chinos, elaboraron un plan secreto, para implementar un proyecto y construir un satélite, al cual le dieron el nombre clave de "581".[250] En Enero de 1965, Tsien propuso su construcción al comité central del Partido Comunista y además reportó el progreso en el desarrollo de la serie de cohetes Dongfeng. El había logrado lanzar exitosamente los primeros Satélites Chinos en 1970. Zhou Enlai aprobó formalmente el plan de Tsien el 10 de Agosto de 1965, y proporcionaron los fondos y recursos necesarios para hacerlo una realidad.

El primer satélite Chino se llamó Dongfanhong 1 (The East is red/DFH1) y se lanzó un cohete de tres etapas llamado el Changzeng 1 (Long March-1/CZ1). Las primeras dos etapas de la CZ-1 fue una adaptación de un misil de balística de rango intermedio y la tercera etapa, fue un motor de cohete de nuevo diseño.[251]

Sin embargo los acontecimientos políticos de China se volvieron caóticos, después de la revolución cultural de 1966. Científicos de cohetes que trabajaron con Tsien, fueron encarcelados por las divisiones fanáticas de la guardia roja, y fueron enviados a campos de re educación, e incluso algunos fueron ejecutados. Tsien en persona fue forzado a firmar una confesión a pesar de ser el Director de la Quinta Academia/ Industria de la séptima maquinaria, los radicales gritaban consignas degradantes "Si los satélites suben, las banderas rojas bajan" [252] Las cosas se pusieron tan mal que Zhou Enlai tuvo que declarar ley marcial, y moverse en unidades militares, para salvaguardar el incipiente programa espacial de la fanatizada Guardia roja.

CAPÍTULO 11

Chinese Nuclear Puzzle
Did Western-Educated Men Help?

By Frank Carey
Of the Associated Press

Washington, Nov. 7 (AP)

There's a real Chinese puzzle connected with Red China's recent nuclear weapons test: Who were the scientists who masterminded the venture?

The Red Chinese have given no clues, nor have the U.S. State Department or the Atomic Energy Commission.

But there has been considerable speculation in newspaper stories in the United States, Britain and France—with most of the theorizing centering on two men.

These two scientists—whose backgrounds make it very likely they were in on the project— are:

—Ch'ien San-chiang, who heads the institute of nuclear physics at Peking and who worked in France during World War II on various research studies, including nuclear fission.

Hsu-shen Tsien, 55, who spent 20 years in the United States before being deported to Red China on allegations he had been a member of the Communist party before entering this country.

The trouble is, there have been so many variations in the published spelling of the names of this pair that a quick reading of the published reports might make it appear that a whole flock of Chinese scientists had been pinned down as members of the A-bomb cast.

Tsien came to the United States in 1934. He got a master's degree in aeronautical engineering at Massachusetts Institute of Technology, and at California Institute of Technology he got his doctorate in 1939 and later took part in government-sponsored rocket research. He became an associate professor at Cal Tech, and was chief research analyst at the famed Jet Propulsion Laboratory there.

He also is reported to have done atomic energy research while in this country.

However, former colleagues at Cal Tech have questioned he could have headed the A-bomb effort since they say this was not his field.

The scientist consistently denied allegations that he had been a member of the Communist party before coming to the United States. For several years Washington barred his departure because of his technical knowledge.

Figura 20 periódico Decatur Daily Review. Noviembre 7 1964, página 1

ROMPECABEZAS NUCLEAR CHINO
¿ Ayudaron los hombres educados en occidente?
Por Frank Carey de Associated Press Washington 7 de Noviembre (AP)

Existe un verdadero rompecabezas, en relación a las pruebas de armas nucleares, vinculadas a la China Roja, ¿Quién fue la mente maestra que quiso aventurarse? Los Chinos rojos no han querido dar pistas, o la Comisión del Departamento de Estado de Energías Atómicas, pero existe una especulación considerable en las historias de la Prensa Norteamericana, Británica y Francesa, la mayoria de las teorías están centradas centradas en dos hombres.

Estos dos científicos cuyos antecedentes, los colocó en este proyecto, son Ch'ien, San Chiang, el cual es la cabeza del instituto de física en Pekín y había trabajado en Francia durante la Segunda Guerra Mundial, en la investigación de diferentes materias incluida la Fisión nuclear. Hsue-Shen Tsien de 55 años, estuvo 20 de ellos en los Estados Unidos antes de ser deportado a la China Roja, bajo acusaciones de ser miembro del Partido Comunista, antes de entrar a Estados Unidos.

El problema es que han habido muchas variaciones en la publicación y ortografía de los nombres de este par, que en una lectura rápida, de los reportes publicados, que hizo parecer que todo el grupo de científicos Chinos, fueron inmovilizados como parte del equipo de la bomba A.

Tsien vino a Estados Unidos en 1934 y obtuvo una maestría en ingeniería aeronáutica, en California y el instituto de Tecnología de Massachusetts, y en el instituto Tecnológico de California, consiguió su doctorado en 1939 y más tarde fue parte de la investigación patrocinada por el Gobierno, se convirtió en Profesor asociado del Caltech, y fue analista y jefe de investigación y análisis del afamado laboratorio de los Jets de propulsión a Chorro.

También reportó haber hecho investigación de energía atómica, en este país.

CAPÍTULO 11

Sin embargo sus ex colegas en el Caltech, se preguntaron si el encabezó los esfuerzos para llevar a cabo la Bomba A, ya que este no era su campo.

Los científicos negaron las acusaciones de que el hubiera sido parte del Partido Comunista, antes de llegar a Estados Unidos, por muchos años Washington prohibió su salida debido a sus conocimientos.

Despues de repetidas demoras, el 24 de Abril de 1970, China lanzó exitosamente su primer satélite al espacio desde el Centro de Lanzamiento de Juiquan (también conocido como base 10). De nuevo Tsien fue nombrado héroe nacional de China, condecorado por el presidente Mao, así mismo periódicos de todo el mundo anunciaron su logro y el de su país. Desafortunadamente para Tsien la política nacional intervendría para restringirlo de hacer algo más por la creación del programa satelital una década más tarde.

Desde su llegada a China en 1955, Tsien fue muy leal al presidente Mao y a Zhou Enlai y respaldó firmemente sus políticas, incluido el confinamiento de Deng Xiaoping, debido a sus propuestas de reforma económica en 1976, hasta este punto el éxito de Tsien, se basaba en su habilidad para utilizar su influencia, con el liderazgo del Partido Comunista Chino, para ganar los recursos para su investigación y desarrollo de vanguardia en proyectos de la industria aeroespacial. Si Tsien quería poner a la altura a China, de lo que era Estados Unidos y Rusia, se necesitarían una cantidad importante de recursos económicos, y todo el apoyo de los líderes del Partido Comunista.

La muerte de Zhou Enlai el 8 de Enero de 1976 fue un revés importante para Tsien ya que Zhou, había sido uno de sus defensores principales en el Partido Comunista, además es posible que en silencio Zhou haya apoyado los ambiciosos planes de Tsien para el desarrollo de ingeniería inversa extraterrestre, tecnologías futuras para un programa espacial secreto. Por lo tanto Tsien creía que necesitaba un nuevo mecenas para promover sus ideas y proyectos, en lo que resultó ser un paso desastroso, Tsien hizo una declaración política sobre Deng a quien acusó de ser "el enemigo jurado de todos los trabajadores científicos, que toman el camino revolucionario".²⁵³ Tsien ahora estaba asociado con "La banda de los cuatro" dirigidos por la viuda de Mao, quien deseaba continuar con las políticas de su esposo, después de su muerte el 9 de Septiembre de 1976.

Deng organizó un notable regreso político contra la banda de los cuatro, quienes finalmente fueron juzgados por delitos políticos. En 1978 Deng se convirtió en el líder supremo de China. Desafortunadamente para Tsien, su condena a Deng volvió para perseguirlo. El perdió considerable fuerza política en el Partido Comunista y esto dañó severamente sus esfuerzos para obtener fondos adicionales, para la creación de sistemas de propulsión exóticos, así como para un programa espacial secreto.

Al presentar su política espacial en Agosto 1978, Deng declaró que el proyecto espacial de China, no se expandiría y se mantendría enfocado en mandar satélites a la órbita de la Tierra.

> En lo que respecta a la carrera espacial, no estamos participando en ella. No tenemos necesidad de ir a la Luna, y precisamos concentrar los recursos de manera urgente, y mantener nuestros satélites prácticos y funcionales.²⁵⁴

El presupuesto se redujo al 0.35 del Producto Interno Bruto y Deng promovió una nueva generación de científicos e ingenieros, en posiciones de influencia sobre Tsien y la vieja guardia. Las esperanzas de Tsien para que China desarrollara un programa espacial basado en su conocimiento en los proyectos secretos de Estados Unidos, así como de la Unión Soviética, además de la información que obtuvo en textos y artefactos antiguos que su equipo había estudiado, lo retrasó nuevamente, al igual que sus ideas revolucionarias. Tanto Deng como el nuevo liderazgo le dieron baja prioridad.

De 1978 a 1989 Tsien se centró firmemente en ayudar al programa satelital de China para que se ampliara y modernizara. Encabezó la Sociedad China y fue un instrumento importante al unirse a la Federación Internacional de Astronáutica en 1980. "La

CAPÍTULO 11

Quinta Academia" fue renombrada como: "El séptimo ministerio de construcción de máquinas" en Noviembre de 1964, estaba por sufrir otro cambio de nombre, para convertirse en: "El Ministerio de la Industria Espacial".[255] Sería cambiado de nombre nuevamente como: "El Ministerio de la Industria Aeroespacial". En Julio de 1999 la Corporación Aeroespacial en China se dividió en dos principales empresas estatales. Estos fueron llamados "La Corporación de Ciencia (CASC) y Tecnología Aeroespacial de China" (CAMEC).[256] En Julio de 2001 se convirtió en la Corporación de la Industria Aeroespacial. Si bien el enfoque principal de CASIC era ayudar a PLA con su proyecto de misiles y otros sistemas de armas, la función principal de (CASC) era suministrar componentes para el programa espacial Chino.

En relación al programa de cohetes de propulsión del programa convencional de este país, tenía preocupación de obtener resultados notables después de la jubilación de Tsien en 1991 a la edad de 80 años, sin embargo el retiro de Tsien no trajo un cierre a sus actividades. En cambio inició una nueva fase emocionante para él, el financiamiento y los recursos finalmente estuvieron disponibles para el avance del desarrollo de naves aeroespaciales de propulsión exótica. Antes de que esto sucediera en sus últimos años (vivió hasta los 98 años), Tsien tuvo que someterse a un proceso desalentador con muchos contratiempos, como se mostrará en el siguiente capítulo.

El 15 de Octubre de 2003, fue lanzado el primer vuelo tripulado al espacio, desde Jiuquan, el Shenzhou-5 (Divine Vessel-5) Llevó un astronauta, Yang Liwei a la órbita baja de la Tierra, por poco más de 21 horas. Esto continuó por dos años seguidos, después de que el Shenzhou-6 transportó a dos astronautas, durante 5 días. Tsien fue testigo del primer vuelo tripulado de China al espacio, con los cohetes que se desarrollaron con su trabajo pionero en la Quinta Academia, en las instalaciones de lanzamiento de Jiuquan.

El 29 de Septiembre de 2011, China lanzó el Tiangong-1 (Heavenly Palace-1) su primer prototipo de estación espacial, que fue utilizado como laboratorio tripulado por poco más de 20 días durante su servicio de vida que duró hasta abril de 2018. El Tiangong 8 que medía 34 pies de largo (10.4 metros) y 11 pies de diámetro (3.35 metros) y podía llevar una tripulación de tres, estuvo diseñada con base a la estación espacial Rusa MIR que operó de 1986 a 2001. Según Rick Fisher miembro Senior del Centro de Evaluación y Estrategia Internacional, el espionaje Chino logró obtener los planos de diseño del proyecto MIR que utilizó módulos desmontables, que se incorporaron en el diseño para el Tiangnon-1.[257]

Ambas misiones Shenzhou y Tiangnon tripuladas y no tripuladas, le dieron a la Administración Espacial Nacional de China, experiencia invaluable en acoplamientos y procedimientos para futuras estaciones espaciales. El tamaño para el Tiangong-2 fue similar, y este fue lanzado el 15 de Septiembre de 2016. De nuevo se utilizó para los procedimientos de atraque y maniobra en misiones tripuladas y no tripuladas. Dos astronautas del Shenzhou 11 pasaron un mes en el Tiangong 2.

Una nave de carga no tripulada llamada Tianzhou-1 (Heavenly Vessel 1) fue lanzada desde el nuevo centro de lanzamientos de China en 2014: El sitio de lanzamiento de la nave espacial Wenchang ubicado en la provincia de la isla Hainan, en el mar del sur de China. Tianzhou-1, realizó múltiples procedimientos de acoplamiento con Tiangong, el 2 de Abril de 2017, antes de entrar a la Tierra ardiendo, Tiangong 2 hizo una reentrada controlada, el 19 de Julio de 2019 y se desintegró en el Océano del Pacífico Sur.

En el futuro China planea desplegar un espacio orbital más grande, será a través de una estación, que está programada a lanzarse en el 2023, y será aproximadamente una quinta parte de la masa de Estación espacial internacional, y de un tamaño similar a la estación MIR de Rusia, (62,3 pies/19 metros) Esto no es accidental si el periodista Rick Fisher tiene razón, en relación a que los Chinos adquirieron los planos de diseño del MIR mediante espionaje, utilizados para construir el Tiangong 1.[258]

Además del centro de lanzamientos de satélites de Jiuquan y el sitio de despegue de la nave espacial Wenchang, China tiene

CAPÍTULO 11

oficialmente dos instalaciones espaciales, que han sido utilizadas para lanzamientos de satélites y misiles balísticos.[259]

La segunda instalación más antigua es el Centro de Lanzamiento de Satélites Taiyuan, (también conocido como base 25) en la provincia de Shaanxi, en el Norte de China y que se volvió operacional en 1968. La otra instalación es el Centro de Lanzamiento de Satélite de Xichang (también conocido como Centro espacial Xichang) ubicado en la provincia China de Xichuan, entró en funcionamiento en 1987. Se utiliza principalmente para lanzamiento de satélites geoestacionarios, y de una manera infame fue utilizado para un sitio de pruebas de misiles antisatélite el 11 de Enero de 2017, que destruyó un antiguo satélite meteorológico Chino, creando más de 3000 piezas de desechos espaciales que siguen siendo un peligro espacial hoy.

El 24 de Octubre de 2007, el *Chang'e 1(Moon Goddess)* se lanzó desde el centro espacial de Xichang, iniciando oficialmente el programa Chino exploratorio lunar, El *Chang´e1* orbitó la Luna tomando fotos hasta el 1 de Marzo de 2009 cuando fue sacado de su elipse y se estrelló en la superficie de la Luna. Una misión hermana, *Change2* se lanzó el 1 de Octubre de 2010 y orbitó la Luna hasta el 8 de Junio de 2011, cuando partió para un sobrevuelo del asteroide Toutais 4179.

En Diciembre de 2013 se lanzó la misión Change 3, el cual se componía de un orbitador Lunar, un módulo de aterrizaje y un *rover* llamado *yutu*, (conejo de jade). La llegada del módulo de aterrizaje estacionario y el *rover Yutu*, el 14 de Diciembre de 2013, fue oficialmente el primer alunizaje desde El Luna 24 de la Unión Soviética en 1976. Una misión hermana Change 4 fue lanzada el 7 de Diciembre de 2018, que también comprende un orbitador, un módulo de aterrizaje y un rover, y descendieron en el lado lejano de la Luna el 3 de Enero de 2019 dentro del Cráter de Von Karman. El cráter de Von Karman está cerca del polo sur de la Luna, lugar que los científicos creen es el mejor para aprender acerca de la parte interna de la Luna, así como su historia volcánica.[260] Este lugar permitió a los Chinos determinar la verdad detrás de las afirmaciones, de los científicos Rusos en 1970. Quienes declararon que la Luna es un satélite artificial, traído a la órbita de la Tierra miles de años atrás por una inteligencia alienígena.

Tabla 1 Lista de las instalaciones Chinas de lanzamientos espaciales, y sus misiones primarias.

Nombres	Apertura	Locación	Misiones Primarias	Acceso al público
Jiquan centro de lanzamiento satelital	1958	Desierto Gobi Mongolia interna	Shenzhou (1-11) Tiangong (1&2)	Cerrado
Centro de Lanzamiento de Satélites (TSLC Base 25)	1968	País Kelan Xinzhou Provincia de Shanxi	Satélites meteorológicos. Pruebas de misiles balísiticos.	Cerrado
Centro de lanzamiento de satélites (Xichang centro espacial)	1984	Xichang Liangshang Sichuan	Pruebas de Misiles anti satélites Change (1-4)	Cerrado
Wenchang Sitio de lanzamiento de astronaves	2014	Hainan Isla del sur mar de China	Tianzhou-1	Abierto

Mientras el diseño y la construcción del primer cohete convencional, que impulsó al Programa Espacial del China, ha sido ampliamente acreditado como un logro científico notable del Dr. Tsien, su trabajo encubierto en la propulsión exótica, y en el futuro puede convertirse en algo más significativo.

CAPÍTULO 12

La Marea se vuelve contra Tsien, la lucha por el financiamiento del Programa Espacial Secreto

> Trata a tus hombres como lo harías con tus hijos queridos. Y ellos te seguirán hasta el valle más profundo.
>
> - Sun Tzu, *El Arte de la Guerra*

Tsien Hsue-Shen tuvo éxito en iniciar el programa espacial y los misiles nucleares, además de destacar en su trabajo como pionero en el desarrollo de cohetes en China, como resultado sus compatriotas lo consideran como el padre del Programa Espacial Oficial de su país. Su liderazgo fue instrumental en el entrenamiento de miles de científicos e ingenieros que necesitaban crear un programa convencional de cohetes para poder lanzar satélites, y más tarde misiones tripuladas y no tripuladas. La Quinta Academia, fue la organización, que Tsien estableció primero en 1956, convirtiéndose en su director y supervisando la creación de los cohetes, satélites y naves espaciales. Sigue funcionando hoy después de haber sufrido una cantidad de cambios de nombre antes de dividirse en dos principales empresas, en 1989, la Corporación de Ciencia y Tecnología Aeroespacial de China, (CASC) y la Industria de Ciencia Aeroespacial de China (CASIC).[262] CASC y CASIC son los principales contratistas para los programas y operaciones espaciales, emplean respectivamente entre 174,000 y 150,000 personas, en investigaciones múltiples y centros de producción dentro de las entidades subsidiarias.

Según la página web del CASIC su función principal es ayudar al **PLA** (Ejercito de Liberación Popular), con sus cohetes y sus sistemas de armas para servir a la seguridad nacional:

> El CASIC "dio poder al ejercito a través de la ciencia y la tecnología" sirviendo a la nación a través de la rama aeroespacial, su misión corporativa, es "su seguridad es nuestra responsabilidad," valorando el compromiso social que se involucra una estrategia relacionada a la protección estatal. Siempre se ha adherido a su función principal"el interés nacional por encima de todo", después de años de trabajo duro, CASIC estableció un método completo de investigación y desarrollo para la defensa aérea, sistema de armas de misiles aerodinámicos, vehículos de lanzamiento sólido y productos de tecnología aeroespacial.[263]

En contraste el sitio web de CASC, identifica su función principal como proveedor de las diferentes naves, y los componentes que comprenden las actividades espaciales en China.

> CASC se dedica principalmente a la investigación, diseño, fabricación, prueba y lanzamiento de productos espaciales, tales como vehículos de lanzamiento, satélites, naves tripuladas y no tripuladas, nave espacial de carga, explorador del cosmos profundo así como la estación espacial, además de sistemas de misiles estratégicos... El CASC pone mucha atención a las aplicaciones de tecnología espacial, tales como suministros de satélites, información de tecnología, nueva energía y materiales, aplicaciones de tecnología cósmica especial y biología espacial.
> En la actualidad CASC se dedica a impulsar a China como una potencia en el espacio, llevando a cabo continuamente los mayores programas científicos y técnicos nacionales, tales como vuelos siderales tripulados, exploración Lunar, exploración de Beidou, y sistema de observación de la Tierra en alta resolución, iniciando una serie de nuevos proyectos y programas,

CAPÍTULO 12

como el lanzamiento de vehículos pesados, exploración de Marte, reconocimiento de satélites, mantenimiento en órbita de vehículos espaciales, red de información integrada, espacio Tierra, y realizar activamente intercambios internacionales, así como cooperación a través de la contribución al uso pacífico del espacio exterior, en beneficio de la humanidad, como un todo.[264]

Consecuentemente CASC más que CASIC, se convirtió en la principal entidad corporativa estatal China mejor preparada, para concretar los planes a largo plazo de Tsien en los proyectos espaciales secretos.

Tsien entendió bien los desafíos inherentes a largo plazo, marco de tiempo necesario para la ingeniería inversa, sistemas de propulsión exótica que utilizan un electromagnetismo, que solo podrían suceder después del exitoso desarrollo del misil balístico en China, así como en los programas satelitales, más importante aún las grandes cantidades necesarias para el financiamiento, y para esto se requería mayor inversión económica, interés político, y apoyo en general de parte del Partido Comunista. Incluso con tal respaldo, y trayendo un plan que duraría décadas para llevar a cabo un desarrollo de una industria aeroespacial, inspirada en el modelo que Von Karman y Tsien habían creado para la Fuerza Aérea del Ejército de Estados Unidos de 1944 y 1945, seguiría siendo difícil.

Desafortunadamente para Tsien cualquier plan que haya ideado para la investigación y desarrollo en la nave espacial de propulsión exótica, se atascó en las políticas tumultuosas de China. Primero hubo la revolución cultural de 1966 a 1976, que fue una reacción a las cosechas de cultivo desastrosas que condujo a una hambruna generalizada. Muchos de los mejores científicos incluido Tsien quedaron atrapados en el esfuerzo equivocado, para acabar con un pensamiento elitista, basado en el sistema de educación superior, y volver a los conceptos básicos de vida y a las prácticas agrarias. La mayoría de las Universidades fueron forzadas a ser cerradas, y varios destacados científicos y académicos se vieron obligados a mudarse al campo para ayudar a las granjas a aumentar su producción. Mientras Tsien y su Quinta Academia/Séptimo ministerio de construcción de máquinas, escapó de los peores excesos debido a la importancia del programa de misiles balísticos para el Ejército de Liberación Popular *(PLA)*. Durante este periodo, la investigación científica pionera se detuvo.

El segundo paso desastroso fue cuando Tsien apoyó a Mao, y condenó al reformista Deng Xiaoping, respaldando a "La banda de los cuatro" después de la muerte de Mao en Septiembre de 1976. El sorpresivo regreso político de Deng y su ascenso supremo de liderazgo en 1978, llevó a Tsien a ser un marginado por el nivel superior del Partido Comunista y cortardo de sus prioridades. Esto obligó a Tsien a enfocarse en los programas satelitales de China, tenía dificultades para poder lograr algún tipo de financiamiento, para el trabajo de investigación y desarrollo más desafiante, involucrando tecnologías antiguas y tecnologías alienígenas recuperadas. La situación mejoró un poco para Tsien en 1986, cuando su protegido Dr. Song Jiam fue designado como Consejero de Estado de China, un alto cargo en el Partido Comunista, puesto que ocupó hasta 1998.

Sin embargo dos acontecimientos políticos importantes cambiaron drásticamente el estado de Tsien ante los ojos de Deng y los funcionarios del Partido Comunista, lo cual lo llevó a recibir los fondos necesarios para el desarrollo de los sistemas de propulsión exóticos para el Programa Espacial Secreto de China. Primero, fueron las protestas en la plaza de Tianmen de 1989, y el caos causado por la represión gubernamental que mató a cientos, o quizás a miles de personas. Tsien dio apoyo crítico a los líderes del Partido Comunista, en contraste con muchos científicos más jóvenes como lo explicó su biógrafo Iris Chang:

> Tsien dijo que los estudiantes involucrados en las manifestaciones, no eran más que elementos malvados de "La banda de los cuatro" y "rufianes comunes"... "Tsien ya no sirvió de modelo para jóvenes idealistas, precisamente aquellos científicos e intelectuales que tuvieron a Tsien en una alta estima por su franqueza y

honestidad en el pasado, ahora lo despreciaban, por apoyar al gobierno para aplastar el movimiento predemocrático".[265]

En agradecimiento Deng y el Partido Comunista restauraron gran parte del prestigio perdido de Tsien y nuevamente fue alabado por los medios controlados del estado Chino, como un líder visionario. El 28 de Agosto de 1989 el *Guangming Daily*, escribió una larga historia, reseñándolo como "El orgullo del pueblo Chino".[266] Este cambio de nivel, fue crítico para la influencia de Tsien y le permitió ganar apoyo y financiamiento del Partido Comunista, todo el presupuesto para desarrollar su plan a largo plazo para un programa espacial de ingeniería inversa de tecnologías extraterrestres.

Un segundo impacto fue el colapso del comunismo en Europa en 1989 y el final de la Unión Soviética en 1990. Esto significaba que la Federación Rusa ya no era percibida como un rival y una amenaza para China, pero si se convertía en un socio estratégico, en la erosión hegemonica de Estados Unidos como súper potencia del mundo. El aumento de la cooperación entre Rusia y China resultó en que Tsien finalmente tuvo acceso a algunos de los trabajos que tuvieron lugar en Rusia y su propio Programa Espacial Secreto. China podría ganar mucho más con los esfuerzos pioneros de los Soviéticos en la ingeniería inversa de los platillos voladores capturados de los extraterrestres y los Nazis.

La falta crónica de recursos para construir en China una nave espacial utilizando sistemas de propulsión electromagnética como las de los Rusos y los Estadounidenses ya se habían hecho a puerta cerrada, y solo podría repararse con el crecimiento acelerado de la economía China. En el caso de Estados Unidos un presupuesto negro se había desarrollado en 1949 con la aprobación de la Ley de la CIA para transferir fondos desde o hacia cualquier agencia gubernamental "Sin tener en cuenta ninguna disposición de Ley".[267] Utilizando un número de mecanismos ilícitos de financiamiento este profundo presupuesto negro, se había incrementado a más de un trillón de dólares estadounidenses a fines de la década de 1990, según el inspector de informes generales de dineros no contabilizados en el Departamento de Presupuesto de Defensa.[268]

En ese momento esto era tres veces el tamaño del fondo económico del Pentágono. Si China alguna vez tuviera éxito en igualar a lo que habían hecho Estados Unidos y Rusia, no había una alternativa rápida, más que la expansión económica acelerada. Deng sentó las bases para un rápido crecimiento económico, a través de la transición monetaria de China, de un mando al estilo Soviético, a un sistema libre de mercado, donde se permitió la propiedad privada, y se alentó a los empresarios a innovar para ayudar a que las reservas Chinas crecieran. Ya no era considerado contrarrevolucionario acumular bienes, o comenzar un negocio si este cooperaba al crecimiento económico.

Durante el mandato de diez años del presidente Jiang Zemin (1993-2003) el Producto Interno Bruto de China se triplicó en tamaño y los recursos finalmente estuvieron disponibles para implementar el plan a largo plazo, que Tsien había generado encubierto para el país, un programa espacial secreto. Durante los 10 años de tenencia de Hu Jinto (2003-2013) Las reservas de China crecieron un 10% anualmente, llevando a un aumento de más de cinco veces en el PIB de 1.7 trillones de dólares en 2003 a 9.6 trillones de dólares en 2009, se estima que para 2020 el PIB superará los 15 terillones de dólares y superará a Estados Unidos en su economía a finales de la década.

El retiro oficial de Tsien en 1991 lo dejó libre para dedicar sus últimos años como consultor en la construcción y fabricación del Programa Espacial Secreto de China, los planes que durante mucho tiempo había trabajado pacientemente para ser implementados nuevamente. Cómo finalmente el financiamiento fluyó cada vez mejor, Tsien vino a asesorar a un equipo crack de científicos visionarios que habían trabajado con él en la Quinta Academia y sus diferentes encarnaciones hasta la Compañía de Ciencia y Tecnología Aeroespacial China, (CASC) para implementar su plan radical.

CAPÍTULO 12

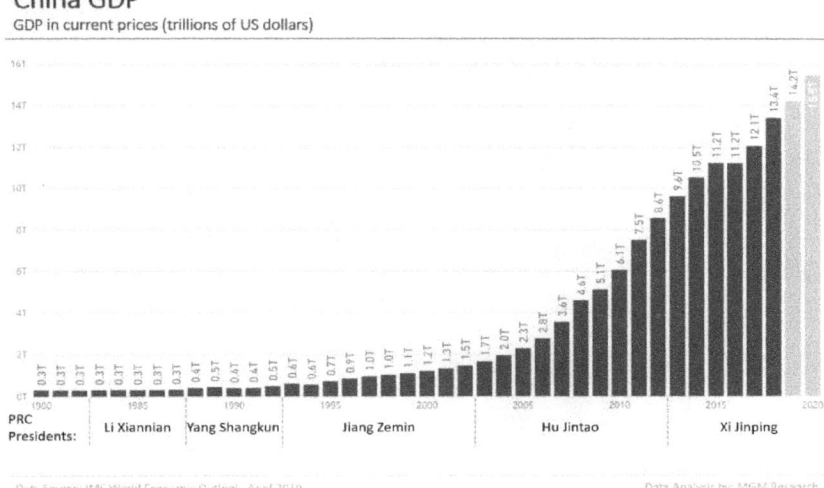

Figura 21, Crecimiento Producto Interno Bruto PIB 1980-2020

Otro gran avance político ocurrió alrededor de este tiempo, para acelerar significativamente los planes de Tsien y ayudar mucho a China a lograr lo que habían desarrollado en secreto Estados Unidos y la Unión Soviética, lograron en el Espacio. A principios de 1980 Ronald Reagan comenzó conversaciones para reclutar a China y a la URSS para una posible futura guerra contra extraterrestres hostiles y estaba dispuesto a compartir los secretos tecnológicos más avanzados de Estados Unidos adquiridos de sus programas clasificados de ingeniería inversa de naves alienígenas capturadas.

CAPÍTULO 13

Estados Unidos hace una oferta tentadora estrategica: El Programa Secreto Espacial Internacional, surge

> Comprometer a las personas con lo que ellas esperan es lo que son capaces de discernir y confirman sus proyecciones. Eso establece patrones de respuestas predecibles, ocupando sus mentes mientras llega el momento extraordinario, lo cual no se puede anticipar.
> - Sun Tzu, *El Arte de la Guerra*

En Enero de 1979 el Presidente Jimmy Carter y Deng Xiaoping firmaron un acuerdo histórico, en la cooperación de Ciencia y Tecnología, durante la visita de este último a Estados Unidos el acuerdo cubrió una gran gama de disciplinas, incluyendo el "Protocolo de cooperación en el campo de la aeronáutica, ciencia y tecnología".[269] Estos campos se ampliaron y profundizaron significativamente, por el Presidente Ronald Reagan, quien el 11 de Julio le dijo al congreso:

> Es fundamental para nosotros avanzar en nuestra relación con China. La ciencia y la tecnología es esencial para este vínculo, hemos tomado pasos recientes para garantizar que China haya mejorado el acceso a la tecnología Estadounidense y lo que necesita para su modernización económica y continuaremos ayudándolos, a través de esfuerzos cooperativos en ciencia y tecnología.[270]

Tres años más tarde Reagan continuó profundizando la cooperación entre Estados Unidos y China.

> Nuestra relación con China es madura, una colaboración, que es una piedra angular, es una expansión, y está en su octavo año en el mayor programa de gobierno a gobierno y no una parte de un proyecto de asistencia exterior científica, basado en un beneficio mutuo de nuestros intercambios internacionales. Los Chinos también han agregado más actividades adicionales en sintonía con sus propios intereses, en una base reembolsable. Acreditamos las puertas abiertas por nuestro exitoso plan de ciencia y tecnología contribuyendo positivamente, a las recientes reformas realizadas por los Chinos.[271]

Los historiadores asumen que los acuerdos de cooperación entre Estados Unidos y China se hicieron fuera de un deseo común de enfrentar a la Unión Soviética, cuyas políticas expansionistas, eran consideradas una grave amenaza para la paz y seguridad regionales.

Sin embargo no se supo mucho acerca de que el Presidente Reagan recibió una sesión informativa clasificada a principios de 1981, acerca de una amenaza extraterrestre para la Tierra. Hay una supuesta transcripción que Reagan recibió de sus asesores en seguridad nacional en 1981 sobre la vida extraterrestre, incluido el reporte del director de la CIA William Cassey, ellos le contaron como grupos alienígenas conviven con la humanidad, uno de los cuales es hostil:

> PRESIDENTE: Como presidente de los Estados Unidos, necesito saber si hay peligro, y si estamos bajo alguna amenaza del ESPACIO EXTERIOR. Si tienes algo que decir acerca de alguna advertencia de esta especie de extraterrestres, entonces quiero escucharlo.
>
> VM CASSEY: Hemos capturado a uno de estos alienígenas hostiles, esto se presenta en un área muy sensible señor Presidente, no creo que estemos preparados emocionalmente para brindarle respuestas precisas

sobre alienígenas potencialmente peligrosos en este momento.

PRESIDENTE: Está bien, espero que me puedan brindar esta información, tan pronto como sea posible. Quiero SABER TODO ACERCA DE ESTAS CRIATURAS HOSTILES... O quizás debo decir que deberíamos empezar a crear las políticas de cómo lidiar con ellos... o acaso ¿Tenemos estrategias operacionales de guerra para esto?
ASESOR 1: "Si señor Presidente, tenemos planes de guerra de resistencia ante todas las amenazas posibles en contra de nuestro país".[272]

Existe mucha controversia en relación a la legitimidad de la transcripción de la sesión informativa, como comentarios públicos posteriores de Reagan, los cuales refieren a que fueron sustancialmente exactos, o que recibió información similar sobre seguridad nacional en algún otro momento.

El 19 y 20 de Noviembre Reagan se reunió con el Secretario de la Unión Soviética Mikhail Gorvachov, y esto es lo que recuerda Reagan diciéndole a Gorvachov en un discurso el 4 de Diciembre de 1985 en Fallstone High School Maryland:

> ...Cuando te detienes a pensar que todos somos hijos de Dios, donde sea que vivamos en el mundo, solo piensa lo fácil que es tu tarea y la mía, sostener estas reuniones, y de pronto surgiera una amenaza de alguna especie de otro planeta, que hay afuera en el universo. Olvidaríamos las pequeñas diferencias locales entre nuestros países, y nos enteraríamos que todos somos seres humanos y que estamos aquí en esta Tierra juntos.[273]

Más tarde el 17 de Febrero de 1987 Gorvachov escribió su respuesta al escenario de amenaza alienígena:
> En nuestra reunión en Ginebra, el Presidente de Estados Unidos dijo que si la Tierra enfrentara una invasión extraterrestre, Estados Unidos y la Unión Soviética

unirían esfuerzos para repeler tal invasión, yo no discutiría tal hipótesis aunque creo es temprano para preocuparse ante tal intrusión...[274]

Gorvachov estaba interesado en una futura cooperación ante una advertencia extraterrestre concreta, pero pensó que la idea era prematura, claramente el líder Soviético quería transmitir que en ese momento él no se quería tomar en serio esa amenaza.

El 28 de Abril de 1984, casi un año antes de que Reagan discutiera el escenario de advertencia alienígena con Gorvachov en Ginebra, se reunió con Deng Xiaoming en Beijing, no hay transcripción de los 90 minutos de su reunión personal cara a cara, pero es muy probable que Reagan trajera el escenario de invasión extraterrestre, como una razón importante para que China y Estados Unidos forjaran una estrecha relación estratégica. Significativamente el Primer mandatario Estadounidense visitó la provincia de Xian, así como las famosas estatuas de los guerreros de terracota protegiendo al primer emperador de China, Qin Shi Huang.[275] Es posible que Reagan quisiera que Deng compartiera con Estados Unidos, lo que China secretamente había descubierto en la tumba del emperador Qin y también en las misteriosas pirámides de la provincia de Shaanxi.

En cuestión del registro público, Deng decidió renunciar a una estrecha relación con Reagan, aparentemente en contra de la Unión Soviética, y eligió en cambio permanecer como parte del grupo de naciones no alineados.[276] Con toda probabilidad Deng era muy sospechoso de cualquier cosa que tuviera que decir Reagan sobre una intimidación alienígena como parte de un truco Estadounidense, y compartía esa posición con su antecesor Mao, en lo relacionado al fenómeno OVNI en general.[277]

CAPÍTULO 13

Figura 22 Fuente China Daily

Reagan no se disuadió ante el despido de los líderes Soviéticos y Chinos acerca del escenario de amenaza alienígena, Reagan intentó de nuevo el 21 de Septiembre de 1987, dar un discurso ante una sesión plenaria de la asamblea general de la ONU, y convencer a los líderes mundiales de que el hablaba en serio:

> En nuestra obsesión de los antagonismos del momento a menudo olvidamos lo que nos une como miembros de la humanidad. Quizás necesitamos que venga una amenaza universal para hacernos reconocer este enlace común. De vez en cuando analizo cuan rápido desaparecerían nuestras diferencias mundiales, si enfrentáramos una amenaza alienígena, algo desde fuera de este mundo.[278]

Lo más destacable en la conferencia de Reagan ante la ONU es que su escritor de discursos Rhett Dawson había borrado todo lo relacionado a algún desafío alienígena, de su borrador previo al discurso, Reagan le señaló a Dawson que volviera a poner el manuscrito.

> Creo que hay demasiada predicación antisoviética en lo que estamos tratando de lograr en este momento, y en mi fantasía me gustaría que las diferencias de todo el mundo se esfumaran, en el caso de que criaturas de otros planetas nos amenazaran.[279]

En sus manuscritos Reagan revela que sus fantasías de amenaza alienígena, eran un medio importante para lograr la cooperación entre Estados Unidos y las principales naciones incluida China, el supuesto documento de Reagan de 1981 es un tipo similar de sesión informativa clasificada que explicaría por que estaba convencido de una amenaza genuina, y el escritor presidencial quizá no sabía lo que el presidente intentaba explicar y el intentó eliminar las referencias extraterrestres.

La mención de Reagan a su hipótesis de amenaza alienígena en Ginebra en 1985 y nuevamente en las Naciones Unidas en 1987 así como en las notas que hizo a su redactor de discursos, son una evidencia convincente de que él había desarrollado una creencia firme que la cooperación de Estados Unidos con las naciones más poderosas, especialmente con China y la Unión Soviética eran esenciales para responder a una auténtica amenaza. La seriedad que Reagan añadió a tal amenaza, se revela aún más en su respuesta a una pregunta que recibió en Chicago el 4 de Mayo de 1988. Le preguntaron a Reagan e ¿que era lo que el consideraba la necesidad más importante en las relaciones internacionales?, el respondió:

> Muchas veces me he preguntado ¿Y si descubriéramos que estábamos amenazados por un poder exterior proveniente de otro planeta... ¿No encontraríamos que no existe diferencia entre nosotros? Todos somos

humanos, ciudadanos del mundo, y acaso ¿Esto no nos uniría para luchar contra esa amenaza en particular?[280]

Deng y otros altos líderes Chinos, tenían algo de razón acerca de lo que Reagan compartió de una amenaza extraterrestre para la humanidad, era parte de un engaño. Lo que le dijeron a Reagan en su informe clasificado en 1981 acerca de extraterrestres hostiles, era en realidad un "hangout limitado" (la divulgación de propaganda) realizada por quienes llevan proyectos extraterrestres dentro de la administración del Majestic 12. Un ex agente de la CIA, describe un hang out limitado:

> Es una jerga espía para uso frecuente de un truco de los profesionales clandestinos. Cuando su velo de secreto es destrozado y ya no pueden basarse en historias de portada, para desinformar al público, recurren a veces a admitir voluntariamente, mientras se las arreglan para retener la clave de los hechos perjudiciales, pero el público suele estar interesado en la nueva información, y no suele continuar con el asunto.[281]

En el caso de la reunión en relación a los extraterrestres de Reagan, solo le dieron a seleccionar la información que tuviera un deseo emocional e impacto psicológico. Los controladores detrás de la operación era el MJ12. (Majestic 12) anticipó que después de que Reagan informara sobre una amenaza extraterrestre, se galvanizaría dirigiendo relaciones internacionales en la dirección que deseaban. Todo esto fue orquestado por el MJ12 para saber lo que otros países conocían acerca de la vida y tecnología extraterrestre, sin revelar demasiados secretos Estadounidenses.

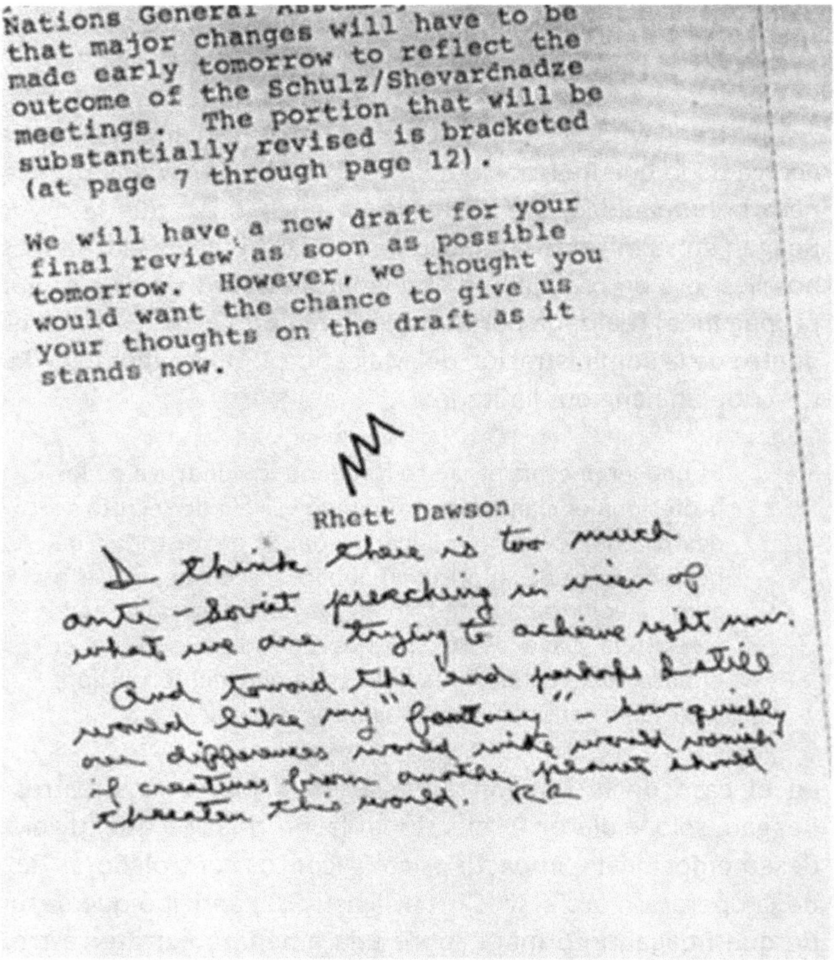

> Nations General Assembly that major changes will have to be made early tomorrow to reflect the outcome of the Schulz/Shevardnadze meetings. The portion that will be substantially revised is bracketed (at page 7 through page 12).
>
> We will have a new draft for your final review as soon as possible tomorrow. However, we thought you would want the chance to give us your thoughts on the draft as it stands now.
>
> Rhett Dawson
>
> *I think there is too much anti-Soviet preaching in view of what we are trying to achieve right now. And toward the end perhaps I still would like my "fantasy" – how quickly our differences would wide would vanish if creatures from another planet should threaten this world. RR*

Ronald Reagan's handwritten request that his alien threat comment be reinserted into his U.N. speech. Notice the emphasis he gives to "fantasy", suggesting his speech makers are not in the loop about the seriousness of the topic.

Manuscritos de Ronald Reagan, solicitando que su comentario acerca de la amenaza alienígena sea reinsertado en su discurso en la ONU, nótese el énfasis que le da a la "Fantasía" sugiriendo que su discurso no estaba conectado a la seriedad del tema.
Figura 23 Fuente Presidential/UFO.com

CAPÍTULO 13

Como era de esperarse Reagan estaba tan perturbado por la información clasificada, que repetidamente mencionó la amenaza extraterrestre en cumbres de líderes mundiales como Gorvachov y Deng, así como en las Naciones Unidas. Hay pocas dudas al revisar los discursos del presidente y su comportamiento durante toda su administración que el realmente creía que la humanidad se estaba enfrentando con una advertencia inminente y que las principales naciones como la URSS y China necesitaban cooperar en respuesta.

Este resumen proporciona una perspectiva completamente nueva, sobre las razones de expansión de Reagan en ciencia y tecnología, en intercambios de acuerdos alcanzados con China a través del Presidente Carter. Una vez establecidas las negociaciones con China, Reagan continuó presionando a la Unión Soviética para cooperar respondiendo a la amenaza extraterrestre. Mientras esto sucedía Estados Unidos le daba a China acceso a algunos de los secretos clasificados acerca de la vida extraterrestre y su tecnología. Científicos Chinos, fueron autorizados a visitar el Área 51 y ver de primera mano los nueve platillos voladores recuperados por todo el mundo, que se encontraban almacenados allí. Estos incluían cuatro naves, traídas de la Alemania Nazi, bajo la operación LUSTY. El platillo volador recuperado en Roswell Nuevo México en 1947, y otras naves recolectadas de otros accidentes.

Entre los primeros en revelar públicamente lo que China había comenzado a trabajar en la ingeniería inversa de las naves extraterrestres almacenadas en el Área 51 estaba Boyd Bushman un ex ingeniero aeroespacial del Lockheed. Este hombre figura como inventor de 28 diferentes patentes de nuevas creaciones aeroespaciales, que fueron asignadas a Lockheed Martin.[282] Después de su retiro, Bushman acudió al registro público, para revelar algo que había aprendido de la vida extraterrestre y sistemas de propulsión exóticos. En un sorprendente video hecho antes de su muerte el 7 de Agosto de 2014, Bushman declaró:

No quiero que nos quedemos detrás de los Rusos y de los Chinos, y el problema que tengo es que el Área 51 esta trabajando ahora mismo Rusia y China, están tratando de hacer OVNIS, han habido problemas, 39 ciudadanos Estadounidenses han muerto al manejar la ingeniería inversa OVNI.[283]

En la serie popular *"Cosmic Disclosure"* (Desclasificación Cósmica) con David Wilckock. Le pidió al denunciante Corey Goode que comentara sobre el testimonio de Bushman antes de su muerte, Le preguntó, por que dieron acceso al gobierno Chino al Área 51, y permitieron a los científicos chinos participar en un programa espacial secreto que estaba a punto de ser configurado.

> David; China no estaba o era considerada como una amenaza en los años 80, como lo es ahora. Pero ¿Por qué China tuvo acceso al Área 51? ¿Qué estaba pasando realmente allí?
>
> Corey: Llegamos a un cierto punto en nuestro Programa Espacial Secreto, donde no pudimos ocultarlo de otras naciones tecnológicamente avanzadas. Nos estaban rastreando. Entonces no solo teníamos esta Liga Galáctica Global de naciones que fueron establecidas, pero en... No recuerdo el tiempo, pero creo que fue en los años 90, se generó un tipo de acuerdo entre estos poderes que compartían tecnología.
> Intercambiaron científicos para asegurarse de que hubiera continuidad en la información técnica que va a los diferentes grupos y asegura que todos comparten lo que tienen.[284]

La explicación de Goode es muy convincente. Se sabe que China empezó a desplegar satélites en la década de 1970 y que rápidamente desarrolló cámaras de alta resolución, para rastrear las naves espaciales americanas que se estaban marchando secretamente del Área 51, para viajar al espacio profundo. Al establecer los intercambios de tecnología con China durante las

CAPÍTULO 13

gestiones de Reagan y Carter, las administraciones de Estados Unidos fueron capaces de ocultar la extensión de sus programas espaciales secretos, desarrollados por el Ejército de la Fuerza Aérea y las corporaciones Estadounidenses detrás de la cobertura del esfuerzo internacional conjunto para desarrollar la ingeniería inversa de las naves almacenadas en el Área 51, para el espacio secreto controlado por el programa de la ONU.

Es importante tener en cuenta el punto de Goode. Estados Unidos estaba tratando de controlar y gestionar las tecnologías extraterrestres que China y otras naciones habían adquirido, al darles acceso limitado al Área 51, y luego 175rometió admisión a un Programa Espacial Secreto futuro, a cambio Estados Unidos pidió reciprocidad a tener derecho a todas las tecnologías extraterrestres tanto antiguas como actuales, adquiridas por China y otros países miembros. En resumen los Estadounidenses querían el acceso a TODOS los artefactos alienígenas e información de China, incluyendo las piedras Dropa, textos budistas tibetanos, sus pirámides y las civilizaciones subterráneas, en el Tíbet y el desierto Gobi.

El escenario de advertencia extraterrestre de Reagan fue ingeniosamente manipulado, inicialmentele daba a China y otras naciones la clave para acceder a un conjunto de bienes preseleccionados en el Área 51, y para impresionar su cooperación. Sin embargo ¿Abriría China sus bóvedas vigiladas a Estados Unidos y otras naciones en intercambio equilibrado? O ¿Tomaría lo que astutamente se ofreció mientras se mantenían ocultos sus propios conocimientos, hasta que se acabara la farsa?

Cuando las hostilidades de la Guerra fría llegaron a su fin con la apertura política y las reformas económicas sin precedente, de la Unión Soviética, bajo el mando de Gorvachov, acontecimientos geopolíticos importantes ocurrieron en sucesión rápida, el colapso del muro de Berlín (1989) condujo a la reunificación de las dos Alemanias. Las naciones del Este de Europa tenían permitido sufrir revoluciones democráticas (1989-1990) y finalmente la Unión Soviética se desintegró en 15 diferentes Estados independientes el 26 de Diciembre de 1991. El presidente

Reagan y su sucesor George H.G. Bush, organizaron que todas las naciones involucradas en el desarrollo de tecnología aeroespacial cooperaran con los Estados Unidos, en el esfuerzo internacional de estudiar los artefactos extraterrestres del Área 51, para construir un Programa Espacial Secreto encabezado por la ONU.

En su entrevista con Wilckock, Goode explicó como la cooperación sobre tecnologías extraterrestres almacenadas en el Área 51, ocurrió simultáneamente con las etapas finales de la Guerra Fría.

> David: ¿Cuál será el propósito aparente de estar en un enfrentamiento nuclear con Rusia ante el mundo? ¿Pero luego estar muy bien con ellos colaborando en el Área 51? ¿Por qué habría tal división?
>
> Corey: La cooperación con los Rusos durante la guerra fría abiertamente en estas bases fue algo que no se vio mucho, ocurrió hacia el final de esta etapa que hicimos las negociaciones con China y Rusia, así como con la India y algunos otros grupos diferentes.
>
> Tenemos también personas de la India y un par de otras naciones con las que trabajamos estrechamente y compartimos tecnología, por que descubrimos que estaban llegando bastante lejos en su desarrollo también. Así que compartir esta información, también es una forma de gestionar si tienes acuerdos con todas estas naciones.[285]

En consecuencia según Corey Goode el programa internacional a partir de este acuerdo se llamaría *"Global Galactic League of Nations"*(Liga Global Galáctica de Naciones) - sería un programa de cobertura cuyo propósito era que los Estados Unidos manejaran los secretos extraterrestres adquiridos por otras naciones.[286]

En *insiders Reveal Secret Space Programs* (Información privilegiada revela los programas espaciales secretos) Escribí un capítulo detallando las circunstancias, que llevaron a la formación de este Programa Espacial Secreto.[287] Dicho brevemente, el fin de

CAPÍTULO 13

la Guerra Fría, brindó una oportunidad única para que las naciones principales comenzaran a cooperar en un programa espacial secreto debido a los temores de una invasión alienígena, que el presidente Ronald Reagan creía que era inminente, y a menudo el hablaba públicamente o en cumbres governamentales, lo que le dio un crédito extraordinario a las afirmaciones de Reagan, fue que el Secretario general de las Naciones Unidas, Javier Pérez de Cuellar, estuvo involucrado en un secuestro extraterrestre.

El 30 de Noviembre de 1989, Pérez de Cuellar fue presuntamente abducido por alienígenas, después de asistir a discusiones de alto nivel, para divulgar públicamente la verdad sobre el fenómeno OVNI. El investigador veterano de OVNIS, Dr. Steven Greer, ha afirmado que habló con el príncipe heredero de Lichtensien, Hans Adam, quien le reveló que se estaba creando un plan de desclasificación extraterrestre, negociado en 1989 en las Naciones Unidas.[288] El príncipe Hans Adam, fue el principal participante en estas importantes negociaciones, que involucraron a los presidentes George H.W Bush, Mikhail Gorvachov y otros líderes mundiales y muy probablemente incluyeron a algún representante de alto nivel del Gobierno Chino, los cuales se reunieron con Pérez de Cuellar cuando la Guerra Fría llego a su fin.

Según el príncipe Hans Adam, el plan de divulgación fue abortado a la hora 11 después de la abducción de Pérez de Cuellar, donde fue llevado a una nave espacial amenazado por alienígenas, Greer le explicó lo que el príncipe le dijo:

> Lo que dijo que sucedió al Secretario de las Naciones Unidas, Pérez de Cuellar: El venía regresando de una reunión de planificación nocturna, a las 3 am. Cuando fue secuestrado por extraterrestres, mientras se encontraba con su convoy en Manhattan. El procedió a contar los detalles sangrientos de lo que le sucedió a Pérez de Cuellar, quien fue sacado de su caravana. Le hicieron entrar en una nave alienígena y fue amenazado por estos y le dijeron: Si divulgas la información, vamos a secuestrar a todos los líderes mundiales involucrados, incluido el presidente de Estados Unidos.

Ahora, esto se supo de una persona que estaba en la mesa para la planificación y yo dije: ¡Oh! ¡Vamos de verdad! Y Dijo que esto explotó como una bomba atómica en la Casa Blanca de Bush.[289]

Para respaldar su sorprendente afirmación, mostró documentos donde comprobaba que estaba en contacto con el príncipe Hans Adam, y se habían reunido con él en Nueva York en Julio de 1994. Una carta demuestra que Hans Adam estuvo de acuerdo con la evaluación de Greer y de aquellos que administraban el poder del fenómeno extraterrestre/OVNI. Pero creyeron que Greer tenía más oportunidad de tener éxito en sus esfuerzos de desclasificación. La carta discute acerca de las formas en las que se podían encontrar y termina con el príncipe escribiendo:

> Por lo que se, su evaluación es correcta sobre el grupo que controla el problema discutido. Sospecho que tienen muy buenas razones para no informar al público, por lo tanto estoy altamente escéptico sobre sus posibilidades de éxito.[290]

Contrariamente a la creencia del príncipe Hans Adam de que los extraterrestres estuvieron involucrados en la abducción. Geer declaró que fue un secuestro organizado, diseñado para bloquear los esfuerzos de la ONU, para revelar la verdad sobre la vida y tecnología extraterrestre. Dijo que el acontecimiento involucró a corporaciones que utilizaban Formas de Vida Programadas, *"Programmed Life forms (PLF)"* bioingeniería para parecerse a los extraterrestres reales. Dijo que los PLF que él llamó extraterrestres genuinos, fueron utilizados, en muchos miles de acontecimientos de secuestro de bandera falsa, para que el mundo creyera en una inminente invasión alienígena.

¿Fue Pérez de Cuellar abducido por extraterrestres, cómo lo afirma el príncipe Hans? O ¿Fue sometido a un secuestro falso como sostiene Geer? Hay evidencia convincente de que Pérez de Cuellar estuvo involucrado en un incidente de secuestro alienígena, que lo involucró a él y a sus dos guardaespaldas, alrededor de las 3 de la mañana del 30 de Noviembre de 1989.

Budd Hopkins un respetado investigador de OVNIS, fue el primero en estudiar el caso de la abducción de Linda Napolitano, (También conocida como Linda Cortile) [291] Esencialmente Napolitano asegura haber sido sacada flotando de su habitación, que se encontraba en el piso 12, por tres extraterrestres que aparecieron en un haz de luz blanco azulado, proyectado por una enorme nave, flotando sobre el complejo de apartamentos donde vivía en Manhattan. Entonces ella fue llevada dentro del platillo, donde le hicieron varios experimentos. A principios de Febrero de 1991 Hopkins recibió una carta de dos hombres que dijeron ser policías, (Luego se descubrió eran agentes de la CIA) Utilizando los nombres de Richard y Dan, quienes habían visto el secuestro de Napolitano, Richard y Dan actuaban como guardaespaldas para un VIP no identificado y estaban a dos cuadras de distancia. Ellos dijeron: Hopkins:

> Había un objeto de forma ovalada flotando sobre la parte superior del edificio de apartamentos, a dos o tres cuadras de donde estábamos sentados, no sabíamos de donde venía, sucedió muy rápido, sus luces se volvieron de un naranja rojizo brillante, a un azul blanquecino que salía del fondo, las luces verdes giraban al rededor del borde de un platillo. Una niña o mujer vestida de blanco con una bata, salió en forma fetal por la ventana, y luego se paró en el aire en este rayo de luz.
> Yo pude ver las tres criaturas más feas que he visto, yo no se lo que eran. No eran humanos. Sus cabezas eran desproporcionadas, muy grandes y sin pelo. Esos bichos estaban escoltándola hacia la nave. Mi compañero gritó: "Tenemos que atraparlos". Quisimos salir del auto pero no pudimos. Después de escoltar a la mujer, el óvalo se volvió naranja y rojizo nuevamente y se fue.[292]

Un tercer testigo se adelantó y vio un secuestro a una milla de distancia, mientras viajaba por el puente de Brooklyn.

Dos guardaespaldas identificaron al VIP que escoltó a Pérez de Cuellar y Hopkins afirmó que pudo entrar en contacto con él. Así mismo afirmó haber visto la abducción de Napolitano. Hopkins dijo que en una junta que tuvo con Pérez de Cuellar, este insistió en mantener este incidente confidencial, a pesar de los esfuerzos de Hopkins en querer hacer esto público. La investigación de Hopkins afirmó que hubo al menos cuatro declarantes directos en total en el secuestro de Napolitano, incluido el funcionario de la ONU, subsecuentemente durante la indagación de Hopkins el número de los testigos aumentó a 23 , que dieron detalle sobre los aspectos del secuestro.[293]

Por lo tanto hubo otra abducción que vio Pérez de Cuellar, pero ¿Éste participó como dijo el Príncipe Hans Adam? De acuerdo a los dos guardaespaldas el auto dejó de funcionar durante el avistamiento, sugiriendo que estaba bajo el control de la nave en forma de platillo volador. Los detalles del testimonio de Hans Adam contados a Greer, indican que el secuestro de Napolitano ocurrió al mismo tiempo que Pérez de Cuellar estuvo involucrado en un incidente. La explicación más plausible es que fue llevado a bordo de la misma nave donde estaba Napolitano. Tal como se pudo dar cuenta Hopkins durante su investigación, el secuestro de Napolitano, tuvo un poderoso efecto en Pérez de Cuellar, así como en sus guardaespaldas. Es fácil entender la razón por la cual Pérez de Cuellar interpretó el secuestro, como una advertencia o amenaza, de no proceder con el plan de divulgación de OVNIS en la ONU. Se respalda en el testimonio del Príncipe Hans Adam transmitido por Greer en gran medida por la gran evidencia acumulada en el caso de la abducción alienígena de Napolitano.

Es sorprendente que en 1989 la ONU abortó un plan de divulgación extraterrestre, debido a la amenaza directa que recibió el Secretario General de las Naciones Unidas, de quienes tanto él como otros líderes mundiales eran visitantes alienígenas, o quizá criaturas que fueron generadas por una cábala de entidades transnacionales, que mediante una falsa bandera extraterrestre, generaban secuestros fingidos, para evitar que la humanidad supiera la verdad acerca de las genuinas visitas alienígenas.

CAPÍTULO 13

La conclusión final que se extrae de la vinculación dramática con la participación del Secretario de la ONU en un incidente aparente de secuestro extraterrestre (tal como lo comunicó el Príncipe Hans Adam) Es que los Estados miembros de las Naciones Unidas, se convencieron que los extraterrestres eran de hecho una amenaza, y alcanzaron un amplio consenso por este punto. La terrible advertencia de Reagan a toda La Asamblea de la ONU en 1987 fue confirmada por el mismo Secretario General de las Naciones Unidas dos años después.

¿Qué hizo la delegación China ante las Naciones Unidas y Deng Xiaoping ante estos sucesos notables, que involucran al Secretario Javier Pérez de Cuellar durante 1989? Sin lugar a dudas estaban de máxima alerta debido a los trucos Estadounidenses sobre el tema OVNI. La evaluación de Greer informa que el secuestro de Pérez de Cuellar fue organizado por un poderoso grupo transnacional que gestiona asuntos extraterrestres en naciones occidentales, era una sospecha, que muy probablemente los Chinos llegaron a compartir.Muy conscientes de que el evento de secuestro, se tratara de un engaño OVNI jugado por occidente, los Chinos permanecieron muy cautelosos al aceptar cualquier cosa, y esperaron a ver el final del juego de las Naciones Unidas, en cuestión de negociaciones.

Durante estos tratados, los Estados Unidos prometieron compartir algunas de las tecnologías con propulsión antigravedad, que estaba desarrollando para una nave interestelar, así como la formación de un Programa Espacial Secreto auspiciado por las Naciones Unidas, "La Liga Global Galáctica de Naciones" Según señaló Goode tiene como objetivo principal la coordinación que conduce a la formación internacional del Programa Espacial Secreto, fue solamente la continuación al Programa de Continuidad de Especies, que se basó en un posible acontecimiento de nivel de extinción causado por el sol:

> The continuity of the species program (COS) El programa de continuación de especies, fue desarrollado en conjunto al Programa Espacial Secreto. Cada nación fue informada acerca de una próxima mini nova de nuestra

estrella. Se pidió a cada país que prometieran un porcentaje de su PIB, para preservar la cultura de sus países y linajes genéticos. El programa COS consistía en crear bases subterráneas a través de la Tierra, otros planetas y lunas en nuestro sistema solar, y en cada una de las 13 estrellas más cercanas a nuestro mundo. En cada base designada COS, cada nación tendría habitantes para incrementar su supervivencia, así como su historia nacional y líneas genéticas.

Tan pronto este programa comenzó a crecer en Estados Unidos, la URSS y China, se estaban poniendo más activos en el espacio, se creó la Liga Galáctica de Naciones. Gran parte de esto opera en el *(Military Industrial Complex MIC)* Complejo Industrial del ejército, en diversos niveles del Programa Espacial Secreto, el cual se va ramificando de forma compartimentada. Hay varios grados y ramas, que lo vuelven más avanzado tecnológicamente, dependiendo de cual Programa Espacial Secreto sea en el cual estén participando, y con que nivel del programa COS está asignado.[294]

La información proporcionada por las administraciones de Reagan y Bush, durante este periodo crítico en relación a amenazas extraterrestres, además de un posible acontecimiento de extinción mediante una micronova, ciertamente habría sido considerado de gran sospecha por Deng y otros líderes Chinos. Sin embargo inmediatamente reconoció la oportunidad de aprender de las tecnologías que estaban desarrollando en Estados Unidos y Rusia, así como otras naciones mayores, que se estaban creando en el espacio. El conocimiento de la Fuerza Aérea del Ejército de los Estados Unidos, por parte de Hsue Shen Tsien en relación a los esfuerzos de ingeniería inversa que datan de 1945, habrían sido invaluables para Deng, así como para los líderes para llegar a las conclusiones correctas. Lo que estaban desarrollando en Estados Unidos mientras tanto, y lo que estaban dispuestos a compartir con otras naciones a través del programa COS. Las afirmaciones de Bushman y Goode de científicos Chinos que trabajaban en el Área 51, para ayudar a los científicos Estadounidenses a respaldar la ingeniería de la nave extraterrestre capturada, confirma que al final China aceptó ser parte del Programa Espacial Secreto.

Además de las afirmaciones de Goode acerca de un Programa Espacial Secreto que pudiera hacer viajes interestelares, han habido más de dos denunciantes que se han presentado para confirmar la existencia de tal proyecto. A principios de 2019 la ganadora del premio Emmy, la periodista investigadora Linda Molton Howe, lanzó un impresionante video de informantes anónimos de la Marina, sobre una coalición que tiene el Programa Espacial Secreto con bases en la Antártida, la Luna, Marte, e incluso más allá de nuestro sistema solar. Howe no ha revelado sus identidades y en cambio utilizó los pseudónimos Spartan 1 y 2, presentándose en imágenes a contraluz, y alteradores de voz para poderlos presentar en sus entrevistas ante el público. Howe confirmó mediante documentación oficial, suministrada por los informantes Spartan 1: Sirvió en Mar y Tierra de 1984 a 2004, cuando se retiró con el cargo de Comandante. Spartan 2: Sirvió como Marino, especialista en inteligencia de 1992 a 2006.

Spartan 1 compartió su conocimiento en relación a la coalición de las principales naciones que actualmente son signatarias del tratado de la Antártida y operan un Programa Espacial Secreto fuera de la Antártida. El dijo: "Esta coalición de la que hablo es entre Gran Bretaña, Estados Unidos, Alemania, Francia, Canadá y Rusia. Ha habido una flota espacial durante los últimos 25 años".[295] El origen de la coalición se remonta a 1994, solo tres años después de la disolución del pacto de Varsovia, y la Unión Soviética. Dado que China ratificó el Tratado de la Antártida, el 8 de Junio de 1983, y fue por lo tanto una gran potencia signataria en la formación de esta alianza, es justo concluir que China fue incluida entre la coalición de miembros fundadores.

Spartan 2: También es un operador especial pero con la Infantería de Marina de Estados Unidos, contactó a Howe por primera vez el 22 de Marzo de 2017, por correo electrónico y escribió: "La Antártida contiene maravillas más allá de lo que uno podría comprender. Tiene vínculos con el espacio y tecnología más allá de lo creíble".[296] Reveló que durante la última década trabajó para el Cyber Comando de los Estados Unidos, cuya oficina del 8º piso es responsable de la alianza internacional e interestelar de comercio, que se llevan a cabo fuera de la Antártida.

Significativamente el regreso de Hsue-Shen Tsien con un alto nivel dentro de los establecimientos científicos en China, después de las protestas en Tianmen en 1989 coincide con la entrada que Estados Unidos le da a científicos Chinos entrada al Área 51, y otros secretos relacionados al Programa Espacial Internacional a cargo de la ONU. Tsien indudablemente aconsejó a Den y a otros líderes políticos Chínos, acerca de los esfuerzos en los principios de ingeniería inversa de Estados Unidos, y su posible éxito en el desarrollo de naves espaciales, interplanetarias, e incluso interestelares desde ese tiempo. Dada la importancia de los logros de Estados Unidos en ingeniería inversa, tecnologías alienígenas, y desarrollo interestelar, viajar por una alianza internacional, los líderes de China decidieron ansiosamente participar en el proyecto dirigido por la ONU para conocer los secretos que Estados Unidos estaba dispuesto a compartir.

Mientras que Estados Unidos dio acceso a Chinos y a otros científicos internacionales al Área 51, para colaborar en la ingeniería inversa de las naves extraterrestres, para hacer frente al escenario de amenaza planteado por Reagan, así como una posible extinción causada por el Sol, había un problema mayúsculo, y este era que Estados Unidos pensaba que sería reciproco el hecho de dar acceso a toda su información acerca del contacto extraterrestre y su tecnología. China entendió bien, que Estados Unidos solo compartía una parte de su tecnología extraterrestre y secretos con otras naciones para obtener las incógnitas que estas guardaban. Dejando claro que llevaban décadas de adelanto en avance tecnológico y la experiencia científica que tenían, en el estudio y la comprensión de tecnologías exóticas, es muy dudoso que China haya brindado acceso a su información, en ese momento era especialmente delicado para ellos, dado que los Norteamericanos estaban en mejor posición de desarrollar tecnologías exóticas, aún no comprendidas por los científicos Chinos.

Un conflicto sobre la medida en que China permitiría a Estados Unidos, tendría acceso a su cofre del tesoro, de los misterios de la tecnología alienígena, explicaría una situación paradójica que pronto surgió con el lanzamiento público de la Estación Espacial Internacional, en 1998, mientras que China colaboró con diseños de ingeniería inversa al área 51, y se unió al Programa Espacial Secreto de la ONU, la Liga Global Galáctica de Naciones, a China se le negó una membresía para la Estación Espacial Internacional, una situación que continúa hasta nuestros días. En respuesta a esta situación paradójica, Goode declaró que Estados Unidos nunca fue parte del Programa de Continuidad de Especies y que estos dos proyectos internacionales, operaron en diferentes niveles de la clasificación.[297]

Durante el periodo de negociaciones diplomáticas clandestinas que culminó en uno de los establecimientos del Programa Espacial Secreto, dirigido por la ONU, fue prudente que los lideres chinos dieran a Tsien a los científicos más familiarizados con tecnologías alienígenas, así como en ingeniería inversa y los fondos necesarios para iniciar un Programa Espacial Paralelo, en consecuencia Tecnologías de propulsión exótica similares, a las que Estados Unidos compartieron con el resto de las naciones participando en el Programa Espacial Secreto, ahora dirigido por la ONU, el cual se desarrollaría de forma encubierta en instalaciones científicas remotas de China, bajo la dirección y guía de Hsue-Shen Tsien.

CAPÍTULO 14

El Programa Espacial Secreto de Tsien, se convierte en una prioridad para China

> Se sutil hasta el punto de no tener forma, se extremadamente misterioso hasta que alcances el nivel del silencio, de ese modo puedes ser el director del destino del oponente.
> - Sun Tzu, *El Arte de la Guerra*

Después de muchas políticas de desarrollo fallidas a finales de 1980, China llegó al punto en que tenía una gran base económica e industrial para comenzar a implementar el plan de Investigación y desarrollo de Tsien para naves espaciales de propulsión exótica. En las siguientes décadas Tsien y sus colegas científicos, impulsaron el Programa Espacial Secreto, para hacer realidad su visión cuidadosamente diseñada, una vez que la USAF había dedicado sus fondos para la creación y el estudio para poder reproducir la maquinaria de un platillo volador a partir de 1945, tomó más de dos décadas, (desde finales de 1960 hasta principios de 1970). antes que naves de ingeniería inversa se desplegaron para operaciones espaciales.[298]

La creación en 1989 de la Corporación de Ciencias Aeroespaciales y Tecnologías de China *The China Aerospace Science and Technology Corporation (CASC)* que se remonta a la idea original de Tsien de la Quinta Academia, fue parte de un primer esfuerzo de modernización dentro del plan de funcionamiento de Tsien a largo plazo. Un paso crítico fue la creación de un Comité de Ciencia y Tecnología de alto nivel dentro de la Comisión de Ciencia, Tecnología e Industria para la defensa nacional que se había creado en 1982 como la versión China de la Agencia de Proyectos e Investigación de Defensa de los Estados

Unidos (DARPA). La comisión directamente supervisó el Programa Espacial Chino y administró múltiples empresas estatales, incluyendo el CASC, que proporcionó servicios de contratación. Tsien fue de hecho Director Adjunto hasta 1987, cuando renunció por cuestiones de edad, y aceptó un puesto como consultor mayor. Esto le permitió renunciar a responsabilidades administrativas, y centrarse únicamente en la investigación y desarrollo.

En Agosto de 1992 un año después de su retiro oficial, Tsien fue reelegido para el Comité de Ciencia y Tecnología, como Consultor de alto nivel dentro de la Comisión para continuar implementando sus ideas, que abarcaban innovaciones futuras para el Programa Espacial de China. Un documento publicado por la CIA, confirma el nombramiento de Tsien y otros científicos importantes para el comité responsable de generar los planes de investigación y desarrollo para la defensa nacional de China, que naturalmente incluía operaciones en el Espacio. El documento es prueba de que después de su retiro oficial, Tsien continuó trabajando en secreto para el Ejército Popular de Liberación en años venideros y hasta su muerte en 2009.

(Texto figura 24)
QIAN XUESEN (alias Tsien) PRESIDENTE ADJUNTO DE LA CONFERENCIA DE CONSULTA POLÍTICA DE LOS PUEBLOS CHINOS Y OTROS 31 CIENTÍFICOS Y TÉCNICOS FORMALMENTE ACEPTARON ENTRAR A LA CIENCIA Y TECNOLOGÍA POR LA DEFENSA NACIONAL, CONFIANZA CEREBRAL DE ALTO NIVEL , EL COMITÉ DE CIENCIA Y TECNOLOGÍA Y LA INDUSTRIA PARA LA DEFENSA NACIONAL, Y ES LA PRIMERA VEZ QUE LA COMISIÓN BUSCÓ TENER UN COMITÉ DE CIENCIA Y TECNOLOGÍA RECURRENTE, XUESEN FUE COMPROMETIDO COMO CONSULTÓR DE ALTO NIVEL Y CHEN FANYUNG UN CIENTÍFICO DE TECNOLOGÍA ELECTRÓNICA, CHENG KAIJIA CIENTÍFICO DE SISTEMAS Y ZI YUNZHU FUERON SELECCIONADOS COMO ASESORES. ESTAS PERSONAS TAMBIÉN HICIERON UN IMPORTANTE APORTE EN EL COHETE PORTADOR DE SATÉLITES Y MISILES CHINOS,

CAPÍTULO 14

BOMBAS ATÓMICAS, SÚPER COMPUTADORES, Y OTROS LOGROS DE CIENCIA Y TECNOLOGÍA, OTROS 28 EXPERTOS ESTABAN INVOLUCRADOS, SELECCIONADOS DE OTRAS 20 ORGANIZACIONES DENTRO Y FUERA DE LA MILICIA.[299]

El documento de la CIA revela que mientras Tsien fue nombrado consultor de alto nivel, otros científicos fueron citados como "asesores", en la industria de la tecnología, un asesor trabajando por problemas específicos, encontrados por una organización, mientras que los demás investigadores proporcionaban opciones futuras a los líderes de la organización.[300] Estos puntos distintivos destacan a Tsien desempeñando un papel de liderazgo activo, ayudando al Comité de Ciencia y Tecnología de el Ejército de Liberación Popular, a resolver problemas específicos en proyectos de tecnología aeroespacial avanzada. El estatus de "alto nivel" adjunto a su posición de "consultor" significaba que tenía un nivel de seguridad alto, tal vez el más alto en el Ejército de Liberación Popular. Por lo tanto Tsien tenía acceso a las instalaciones con más resguardo controlado por la armada, para trabajar en problemas específicos en la ingeniería inversa de los Estados Unidos, de Rusia e incluso en tecnologías extraterrestres.

Es importante señalar que la reelección de Tsien en 1992 al comité de ciencia y tecnología, coincidió cuando los científicos Chinos comenzaron a participar en el Programa Espacial emergente de la ONU, al final de la guerra fría, claramente esto planteó problemas de la materia a la cantidad de preocupaciones de la seguridad nacional de China que requirieron ayuda externa de la comisión de Defensa Nacional del Ejército Popular de Liberación. Esto se confirma por el documento de la CIA que nos dice que "Es la primera vez que la comisión buscó un comité de consultoría de ciencia y tecnología, así como miembros recurrentes".[301]

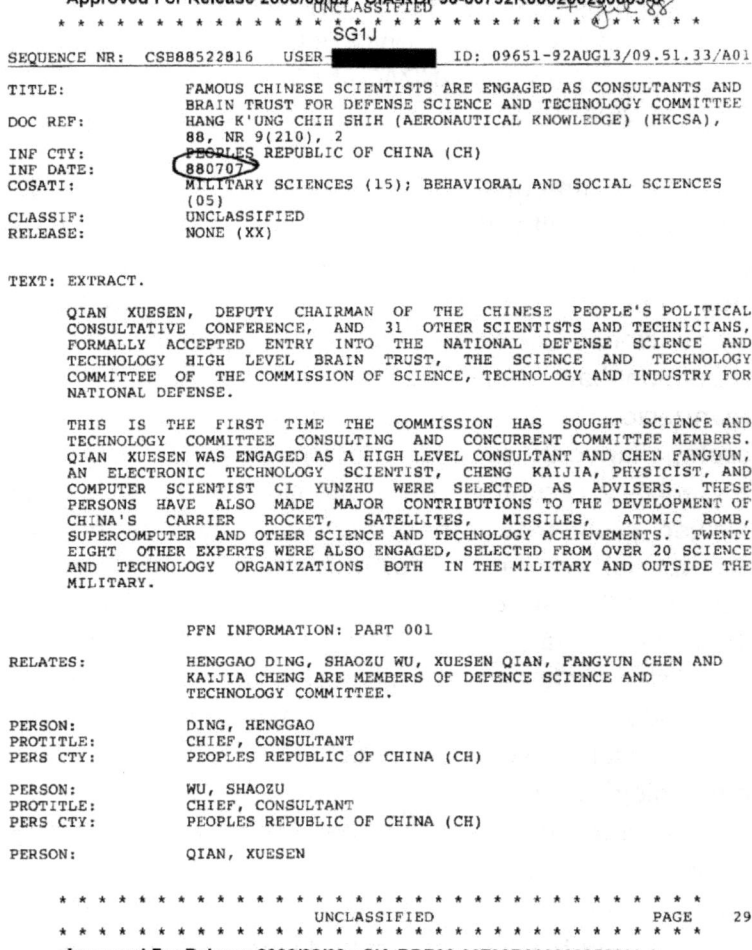

Figura 24 Documento de la CIA que confirma el nombramiento de Tsien en 1992 para el comité de ciencia y tecnología del PLA (Ejército de liberación Popular)

Los científicos Chinos, comenzaron a ser enviados al Área 51, para trabajar en proyectos de ingeniería inversa, además de ser enviados fuera del planeta, a bases encubiertas para que trabajaran en contingencias de supervivencia, en respuesta a un posible escenario de invasión alienígena, o la extinción que

CAPÍTULO 14

ocurriría en la Tierra. El comité de ciencia y tecnología estaba en el ápice de las instituciones científico-militares, para asesorar autoridades del gobierno Chino, sobre la mejor manera de responder a problemas cada vez más complejos, relacionados con el espacio y los avances en tecnología extraterrestre así como naves de ingeniería inversa.

El comité de ciencia y tecnología del Ejército de Liberación Popular, debía jugar un papel muy similar al consejo asesor científico que había sido creado para asesorar a la Fuerza Aérea de los Estados Unidos, para el estudio y la reproducción de los platillos voladores capturados. Cabe destacar que Tsien había sido miembro de esta junta, y su predecesor el Grupo Asesor Científico de 1944 a 1949, que fue responsable a largo plazo de la Fuerza Aérea de los Estados Unidos, con respecto a la ingeniería inversa de los platillos voladores capturados, así como las naves Nazi. Armado con sus amplios conocimientos sobre los objetivos que tenía la Fuerza Aérea de los Estados Unidos, ejecutó un plan a largo plazo de investigación y desarrollo, para la generación de sistemas de propulsión exótica, Tsien auxilió al Comité de Ciencia y Tecnología, dentro de la Industria de Comisión de Ciencia y Tecnología para la defensa nacional China. Su nombramiento como "consultor de alto nivel", significaba que había pasado suficiente tiempo resolviendo problemas, relacionados al plan de décadas en la investigación y desarrollo, para el Programa Espacial Secreto de los Chinos.

Uno de los componentes clave de los platillos voladores recuperados que Tsien había recuperado mientras ayudaba a Von Karman, al consejo científico asesor, fue el sistema y el mando del control de la nave. Se descubrió que este sistema integrado directamente vinculó la fisiología del piloto con la nave, a través de una consola manual, en un informe técnico encontrado en el *White Hot Report (discutido en el capítulo tres)* Karman detalla este sistema único:

> Los paneles retirados de la Nave, se parecen a los que fueron tomados de los ocupantes, lo que sugiere una relación simbiótica entre el piloto y las funciones de

operación de las aerodinas. Una teoría a este trabajo, fue planteado como tentativa por parte de los científicos, del equipo de inspección, el piloteo de las aerodinas puede ocurrir vía no electrónica, no había símbolos de palabras, todo ocurría a través de la manipulación del tacto, del manejo a través de los dedos, alimentando impulsos al cerebro y viceversa. [302]

En resumen los pensamientos y comandos del piloto, se transmitieron a través de sus manos, que se colocaban en una consola que alimentaba los sistemas de control de la nave. Tsien se dirigió a este problema de forma directa, en su investigación de la "ciencia somática" a finales de los años ochenta.

La importancia de la "ciencia somática" está claramente expresada en la introducción para la inauguración de la Jornada de las Ciencias Somáticas Chinas:

> La investigación de las Ciencias Somáticas puede llevar a una nueva revolución en el siglo XXI, que puede ser mucho mayor a la de la física cuántica y a la teoría de la relatividad del siglo XX.[303]

El enfoque de Tsien a las ciencias somáticas se resumió en un documento de la CIA, que muestra notas a mano de la siguiente manera:

- El único método que puede usarse, para procesar un sistema de un ápice complejo a gran escala, el cual ha sido refinado generalmente, abstraído con base a la práctica actual, del sistema de científicos Chinos, bajo la guía del camarada Qian Xelin Tsien Hsue-Shen, es el método integral que combina métodos cuantitativos y cualitativos. Bajo la guía del camarada Quian Xuelin (Tsien), han surgido trabajadores en los sistemas científicos de China, con un método de comprensión integral, una combinación de lo objetivo y subjetivo, para estudiar el sistema abierto y complejo de escala gigante del cuerpo humano, y ha demostrado su eficacia.

CAPÍTULO 14

- Ha observado el proceso de la ciencia somática profundamente, y ha publicado una serie de documentos, sobre las teorías y métodos que están relacionados a ella, esto ha jugado un papel clave en proporcionar orientación para el avance de estudios en ciencia somática.[304]

En 1998 Tsien publicó el libro *On somatic science* (Sobre la ciencia somática) el cual fue publicado por el PLA Ejército de Liberación Popular, y en 1990 se convirtió en el Presidente del Consejo Honorario de las Ciencias Somáticas de China.[305]

El interés público de Tsien en esta ciencia y materias afines, así como en temas relacionados a lo paranormal, tales como la telepatía, telequinesia, vista a control remoto, Qiong y los OVNIS desconcertaron a sus colegas científicos, ya que muchos pensaban esto disimula su reputación científica, como explicó su biógrafo Iris Chang:

> Tsien se convirtió en un entusiasta, a finales de los 70 y principios de los 80, parecía que no existía tema en el cual Tsien no tuviera opinión... El instó a que los OVNIS se incluyeran en la enseñanza de la geociencia. Ninguno de los discursos de propaganda de Tsien sorprendieron a nadie, excepto cuando llegaba al reino de lo paranormal en 1979, Tsien tomó una posición en el controvertido tema de Percepción Extrasensorial que era objeto de acalorados debates en toda China. La controversia comenzó cuando un niño de 12 años afirmó que podía leer palabras en una hoja de papel colocado detrás de sus orejas, más tarde gente de toda China descubrió que tenía poderes extrasensoriales.
>
> En un artículo para la revista *Science and Technology* (Ciencia y Tecnología) Tsien señaló que casi más de mil adolescentes con poderes extrasensoriales habían surgido en China. Instó al gobierno a destinar más recursos, al estudio del cerebro para que se pudiera

aprender más de los poderes extrasensoriales, Qigong y acupuntura. Tsien proclamó que estos estudios podrían ser el próximo gran avance de la ciencia.[306]

Del mismo modo Dwayne Day periodista de *Space Review*, escribió: "Tsien se interesó en la pseudo ciencia incluidos los OVNIS y percepción extrasensorial. El teórico aeronáutico había pasado de lo político y lo científico, al misticismo."[307] Lo que Chang Day y otros científicos no tomaron en cuenta, fue la exposición que tuvo Tsien a una nave en el Área 51, a partir del cual pudo estudiar la fisiología de un piloto, así como habilidades paranormales, como la telepatía, la telequinesia, etc que son un componente indispensable para poder manejar una nave.

Tsien sabía que la industria espacial emergente en China, necesitaba abrazar a la ciencia somática, era necesaria para prepararse para el futuro, pero nunca pudo revelar las razones reales, para las cuales esto era necesario. Esto era por que los extraterrestres controlaban y navegaban con sus naves propulsadas con sistemas exóticos a través de diferentes sistemas interestelares, utilizando la ciencia somática. La humanidad tendría que hacer lo mismo para poder viajar más allá de nuestro sistema solar. Durante décadas Tsien había enfrentado el escepticismo de los líderes del Partido Comunista y sus colegas científicos sobre su conocimiento de primera mano de los platillos voladores, y todas las naves encubiertamente estudiadas por el Ejército de los Estados Unidos. Sin embargo, el persistió en sus esfuerzos para asegurar el Programa Espacial Emergente de China, el cual integraría sus ideas, cuando llegara el momento adecuado.

Las sucesiva citas de Tsien en 1982, 1987 y 1992 para el Comité de ciencia y tecnología responsable de introducir las innovaciones del Programa Espacial Chino, donde Tsien no era diletante. En cambio estaba a la vanguardia de una nueva revolución científica, que rivalizó con las causadas por la física cuántica y la teoría de la relatividad. El programa Espacial Secreto de China, emplearía pilotos entrenados para usar habilidades psíquicas mejoradas como parte integral del nuevo sistema operativo.

CAPÍTULO 15

El Programa Espacial Secreto de China hoy en dia

> Los estudiosos del fenómeno OVNI han trabajado independientemente o cooperativamente, con científicos e inventores, en el diseño, la manufactura y experimentación de docenas de artefactos en forma de disco de alto rendimiento con todos los nuevos sistemas de energía.
>
> *-Dr. Sun Shili*
> *Ex profesor de economía y diplomático Chino.*

Hay docenas de personas, que han alegado haber servido en diferentes programas espaciales secretos, perteneciente a Estados Unidos, corporaciones multinacionales o en una colonia Alemana separatista con sede en la Antártida, algunos de estos temas los he abordado de manera extensa en mi serie de libros referentes al Programa Espacial Secreto. En contraste, no hay individuos que se hayan presentado reclamando participación en un Programa Espacial dirigido por los Chinos. Esto no es inesperado dado que la China comunista es demasiado severa con sus denunciantes. La ejecución, encarcelamiento de los delatores, así como a miembros de su familia es notoriamente parte del sistema estatal para disuadir cualquier filtración. Sabemos gracias al material recopilado en este libro, que los Chinos han participado en el estudio de la ingeniería inversa de naves extraterrestres recuperadas, además de participar en el programa espacial internacional secreto, también sabemos que científicos Chinos y compañías han desarrollado sistemas de propulsión exótica, para naves espaciales que van mucho más allá de las capacidades de las tecnologías de propulsión, utilizadas por cohetes en su amplio programa espacial público.

Según Corey Goode, hoy en dia China tiene un Programa Espacial Secreto que ha desplegado tecnologías muy similares a las de la Fuerza Aérea de los Estados Unidos (USAF) esto no es muy sorprendente, ya he demostrado con gran detalle como Hsue-Shen Tsien, padre de los Programas Espaciales Públicos y Secretos, atestiguó que los platillos voladores de Alemania, así como extraterrestres, cuyas especificaciones y presentaciones, fueron incorporados a un plan de desarrollo de largo plazo, para la USAF que Theodore Von Karman había preparado entre 1944 y 1949. Habiendo atestiguado y participado en el plan de progreso de la USAF para utilizar el sistema de ingeniería inversa y las tecnologías sustraídas de la nave en custodia. Es cierto que Tsien utilizó los mismos procedimientos en China después de su deportación en 1955. Desafortunadamente tuvo que esperar más de tres décadas, para que China impulsara una base económica e industrial, lo suficientemente sólida para replicar lo que la USAF había hecho desde 1940. Estos elementos encajaron a principios de la década de 1990, con el colapso del pacto de Varsovia (1991) el programa de asistencia técnica a China, proporcionado por Reagan, así como los acuerdos del Presidente Norteamericano, y su homólogo Deng llegaron a acuerdos secretos para que los científicos Chinos cooperaran con Estados Unidos en la ingeniería inversa de las tecnologías del platillo volador almacenado en el Área 51 en la instalación S-4,para un programa espacial secreto.

20 años es el ciclo aproximado para el diseño, construcción y despliegue de naves en la industria aeroespacial.[308] Por ejemplo le tomó a China más de 20 años, desde la década de 1980, desarrollar la nave espacial que condujo a su primera misión tripulada en 2003 con Yang Liwei. Si tomamos 1992 como el inicio, que fue cuando aparentemente Tsien se retiró pero en realidad había sido elegido para reorganizar el Comité de Ciencia y Tecnología, como consultor de alto nivel en el Ejército de Liberación Popular para ejecutar el programa de Ingeniería inversa de China, lo que significaba que la primera nave espacial de

propulsión exótica de China habría sido desplegada en algún momento de 2012.[309]

Esta no es una estimación irrazonable dado que los científicos Chinos habían destacado la generación de planes detallados para revertir la ingeniería de tecnología avanzada. Estos científicos no solo tenían la ventaja de la tutoría dada por Tsien, cuyo trabajo destacó cuando ayudó a Von Karman, el cual había sido comprender y revertir la ingeniería de la nave extraterrestre, así como las tecnologías Nazis recuperadas. Pero los científicos, fueron ayudados significativamente por la bien planificada infiltración de la China Comunista, en la adquisición de programas, para obtener los secretos tecnológicos de otras naciones. Tsien le proporcionó a China, todo lo que había aprendido trabajando en proyectos con Von Karman incluyendo planes escritos detallados, duplicando mucho lo que la USAF había reunido. Quizás lo que es más importante, es que identificó a líderes Chinos, que estuvieron involucrados con empresas de Estados Unidos, relacionadas con la Investigación y Desarrollo que maneja la USAF en la ingeniería inversa de las naves.

Espionaje industrial de China

Para acelerar su ciclo de desarrollo, China necesitaba planos precisos resguardados por Estados Unidos en sus décadas de trabajo en proyectos de ingeniería inversa. Es bien sabido que China ha utilizado el espionaje industrial para obtener los planos de muchas tecnologías avanzadas desarrolladas por los contratistas principales de la defensa de los Estados Unidos. Por ejemplo el autor Bill Gertz ha descrito el rápido desarrollo de la Marina del Ejército Popular de Liberación, y como utilizó el espionaje industrial, para alcanzar a la Marina de los Estados Unidos:

> "Los buques de guerra Chinos que se están construyendo son de última generación e incluyen armas avanzadas y misiles probablemente robados de los Estados Unidos, durante treinta años sin restricciones, de ciber-espionaje

y otro por robo de tecnología. Por ejemplo China está desplegando un riel electromagnético, que dispara un proyectil de alta velocidad...

La tecnología **Railgun** fue robada durante años antes por China, en un anillo de espionaje con sede en California, encabezado por Chi Mak, ingeniero eléctrico de un contratista Estadounidense, y que dio al Ejército Popular de Liberación, detalles técnicos de inteligencia sobre el sistema electromagnético de lanzamiento de aeronaves, (EMALS) tecnología de Marina, que se equipará en los porta aviones más nuevos, para lanzar jets. La tecnología de lanzamiento es similar a la Railgun. Chi fue sentenciado a más de 24 años de prisión en 2012, por dar información de tecnología electromagnética, y mucho más.[310]

Cuando combinamos el conocimiento de Tsien con los planes originales de la ingeniería inversa de la USAF, provenientes de las tecnologías de platillo volador con el espionaje industrial de China, por parte de contratistas de defensa, que construyen aviones, naves de guerra, y naves espaciales para el Ejército de Estados Unidos, la conclusión es que el Programa Espacial Secreto, de China ha construido naves muy similares a las que posee la USAF.

En mi libro US Air Force Secret Space Program, (Programa Espacial Secreto de la Fuerza Aérea de Estados Unidos, describo a través de una profunda categorización de naves espaciales de ingeniería inversa, desarrollado en secreto por la USAF en las décadas de 1970 y 1980. Así como los desplegados actualmente en operaciones espaciales.[311] Se incluyen tres naves de diferentes tamaños, en forma de platillo volador, desarrolladas por la USAF, que se demostraron en el espectáculo aéreo altamente clasificado en 1988 en la base Edwards llamado: Vehículos de Reproducción Extraterrestre, se creó un corte detallado de estas naves en forma de platillo, por Mark Candlish un ilustrador de patentes para mostrar la configuración de los diferentes componentes de ARV que proporcionarían un empuje electrogravítico utilizando el efecto Biefeld-Brown. También proporcionó fotografías recientes de algunas de las naves triangulares y en forma rectangular, utilizando técnicas antigravedad que fueron desplegadas por la USAF, fuera de la base aérea de Mac Dill, hogar del comando especial de operaciones de los Estados Unidos.

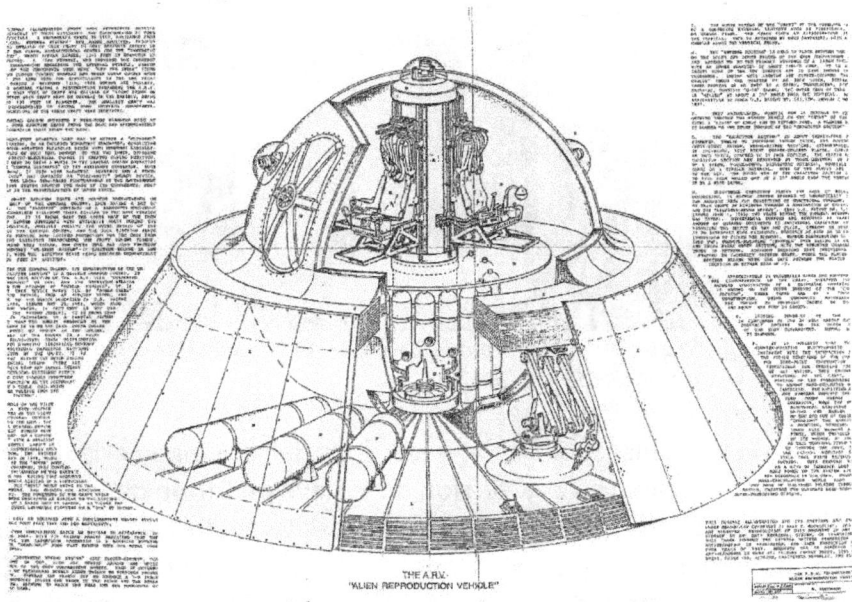

Figura 25 corte de ARV que muestra 48 grandes pilas de condensadores de 8 platos, cada uno con cilindros de oxígeno. Copyright 1989 Mark MacCandlish Todos los derechos reservados.

Además un capítulo está dedicado a la estación espacial en forma de anillo de Von Braun, utilizando módulos originalmente diseñados para el programa discontinuado de Laboratorio de órbita tripulada (1963-1969) pero ensamblado secretamente en el espacio en la década 1970, por la fuerza aérea de Estados Unidos y la oficina nacional de reconocimiento (NRO).[314] Dicha Estación Espacial desplegó a principios de 1980, respaldado por múltiples documentos de la FOIA, así como por el Presidente Ronald Reagan en un diario el 11 de Junio de 1985, donde describe la capacidad de Estados Unidos para colocar 300 astronautas en órbita simultáneamente.[315]

Figura 26 Fotografía tomada de un triángulo volador cerca de la Base aérea de MacDill 4/9/2017

En consecuencia la nave espacial de ingeniería inversa hecha en China, es una versión de la nave en forma de triángulo y la nave en forma de disco y la que tenía forma rectangular construidas décadas antes por la USAF. A principios del 2000, hubo un aumento de avistamientos de OVNIS en China, muchos de las cuales pueden atribuirse al desarrollo y fases de prueba de la nave espacial de ingeniería inversa del Ejército Popular de Liberación.[316] Es muy probable que China presente una nave en forma de platillo, un prototipo de helicóptero en un espectáculo aéreo denominado *"Super Great White Shark"* (El gran tiburón blanco) es parte de una máscara por parte del Ejército Popular de Liberación, para enmascarar la presentación de su nave operativa, con forma de platillo volador.[317] Es muy probable que China esté construyendo su propia Estación Espacial Von Braun, similar a la que realizó la USAF/NRO, en la década de 1980.

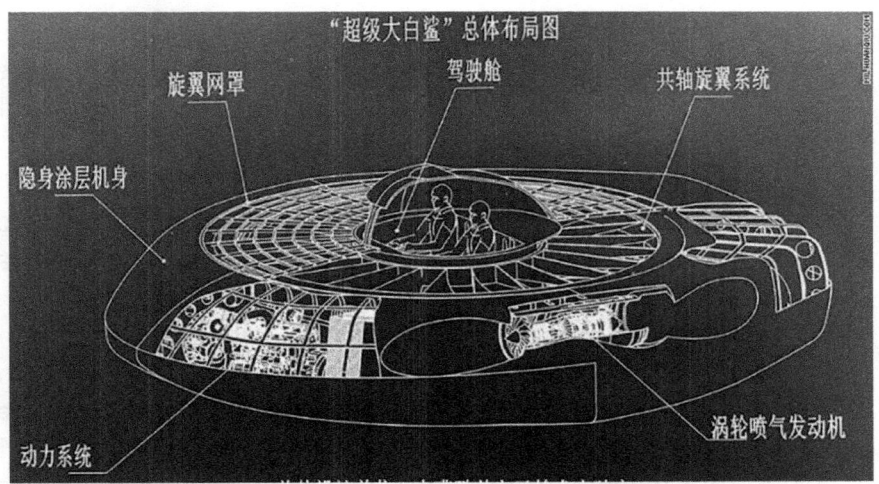

Figura 27 Esquema del prototipo del gran tiburón blanco de China.

Durante el periodo intermedio de la creación del Comité de Ciencia y Tecnología, que estuvo a cargo de las innovaciones para los programas espaciales de China, el despliegue de la ingeniería inversa en las naves espaciales, alrededor de 2012. Así como la participación de China, en el Programa Espacial Internacional, instigado por el presidente Reagan, proporcionó una experiencia invaluable para China, dentro del espacio profundo, esta información ayudó provechosamente a Tsien y a otros científicos, en el comité para continuar con sus propios esfuerzos en investigación y desarrollo, para los ambiciosos proyectos de espacio profundo de China. También es muy posible que si el Dr. Ray Keller tiene razón cuando dijo que China tuvo mayor respaldo en trabajos provenientes de los extraterrestres, que Tsien y otros científicos Chinos, se basaron en un programa de investigación planetaria, basado en Lop Nur de la provincia de Xinjiang.[318]

Tal como lo demostraré en el capítulo final de este libro, compañías Chinas como (CASC) que prestan servicios de contratación al comité de Ciencia y Tecnología, en la construcción del Programa Espacial Secreto de China, con la ayuda de los esfuerzos de espionaje del Ejército Popular de Liberación, accedió exitosamente a los Estados Unidos, para obtener muchos de los secretos tecnológicos más avanzados. Esto me lleva a un conjunto notable de patentes de la Marina de los Estados Unidos, relacionado con dispositivos electromagnéticos, de los cuales tienen el conocimiento, de que China los está desarrollando activamente.

Lo que se sabe con certeza sobre el Programa Espacial Secreto de China, es que está invirtiendo fuertemente en estudios de propulsión electromagnéticos, desarrollados en programas clasificados similares, por el complejo militar de Estados Unidos. Es ampliamente conocido que China está trabajando un sistema de propulsión electromagnético, para sus submarinos.[319] China también está trabajando un EmDrive para sus viajes espaciales futuros, que reduciría significativamente los costos para la colonización planetaria, así como la minería espacial, con unidades de propulsión de unidades iónicas. Así mismo un artículo de Mecánica Popular, describe el EmDrive en el cual está trabajando China:

> A diferencia de los motores tradicionales, (como los de combustión y los motores de iones) que expulsan masa hacia el sistema para producir un empuje sin reacción, el EmDrive solo utiliza electricidad para generar movimiento, en el EmDrive propuesto por primera vez por Roger Shawyer, la cavidad de microondas es un recipiente asimétrico como un cono truncado con un extremo mucho más grande que el otro. En el extremo más angosto, una fuente de energía electromagnética, (cómo un magnetrón) bombardea la cavidad del microondas. Estas olas están contenidas y rebotan en las paredes de la cavidad, creando una resonancia electromagnética, y debido a la resonancia desequilibrada de la geometría compleja de un cono truncado, en el campo electromagnético, en el EmDrive, se vuelve direccionalmente dependiente (anisótropo). En este caso el campo anisótropo, empuja al EmDrive desde la dirección del extremo más grande de la cavidad.[320]

CAPÍTULO 15

Lo que es importante tener en cuenta aquí es la cavidad de microondas, donde se generan las mismas, que ayudan a impulsar a la nave. En el nuevo y exótico propulsor electromagnético, la presencia de una cavidad donde microondas empujan a la cosmonave., es crítica para sus operaciones.

China ha estado investigando diferentes dispositivos electromagnéticos, para un vehículo híbrido que pueda viajar por el aire, el agua y el espacio. Sorprendentemente este vehículo, tiene una forma muy similar a la de los triángulos voladores fotografiados, cerca de la base MacDill de La Fuerza Aérea de Estados Unidos, en septiembre de 2017 y que han sido presenciados en todo el mundo. Nada menos que una fuente de la Marina de los Estados Unidos, ha confirmado el trabajo de China en tecnologías revolucionarias electromagnéticas, incluido el vuelo de los objetos triangulares, que se impulsan electromagnéticamente.

La confirmación de la Marina del trabajo de China ante tales tecnologías, surgieron debido a desarrollos relacionados con la solicitud de una patente de una nave subacuática, aeroespacial, híbrida, presentada por el Dr. Salvator Pais en nombre de la Secretaría de la Marina de los Estados Unidos, el Doctor trabajó para el Centro Aeronaval de la División de Aviones de Guerra, y presentó su solicitud el 28 de Abril de 2016, y finalmente fue otorgada el 4 de Diciembre de 2018. La solicitud de patente se titula "Una nave utilizando un dispositivo de reducción de masa inercial", y se describe en resumen de la siguiente manera:

> Una nave que utiliza un dispositivo de reducción de masa inercial, se compone de una pared con una cavidad resonante interna, una cavidad resonante externa y emisores de microondas. La cavidad resonante externa se recarga de manera electrónica, y la cavidad resonante interior aislada eléctricamente, forma una cavidad resonante. Los emisores de microondas emiten una alta frecuencia electromagnética, a lo largo de la cavidad resonante para vibrar en modo acelerado y crear un

vacío local polarizado, fuera de la pared exterior de la cavidad resonante.[321]

La nave que describe el Dr. Pais como *Hybrid Aerospace-Undersea Craft (HAUC)* un híbrido espacial submarino, puede operar bajo el agua, en el aire o el espacio:

> Es posible imaginar un vehículo, que se pudiera sumergir, y alcanzar velocidades subacuáticas extremas (falta de fricción por piel de agua) y capacidades mejoradas para su navegación con sigilo, ya sea por aire o por agua, dispersión de señales RF y sonar. Esta nave híbrida se movería con facilidad a través del aire, espacio y agua, al estar encerrado en una burbuja de plasma/vaina, debido a los efectos de las partículas de agua/aire inducidas por el campo EM, la repulsión y polarización de energía de vacío.[322]

Los principios aerodinámicos detrás de la capacidad del HAUC es capaz de operar en el aire, el agua y el espacio, puede ser explicado por el vacío cuántico, el cual se formó justo afuera del casco de la nave, donde todo el aire, el agua y el plasma, son repelidos por el campo electromagnético, aire circundante, agua, o partículas del plasma fuera del vacío cuántico, impulsarán la nave en la dirección deseada.[323] La forma del HAUC es triangular de acuerdo con la solicitud del patente, y este hecho es muy revelador. La patente de Pais, es divulgar el rendimiento clave y detalles operativos para fabricar un triángulo volador impulsado por un electroimán.

Irónicamente, Phillip J Bonzell Es un examinador principal de patentes y marcas en Estados Unidos (USPTO) creía que la HUAC no era científicamente factible, debido a sus altos requisitos de energía, por lo que rechazó la solicitud el 28 de Noviembre de 2017. En un artículo publicado en The Drive, Brett Tingley y Tyler Rogowey explican el razonamiento del examinador de patentes detrás de su decisión.

CAPÍTULO 15

(12) **United States Patent**
País

(10) Patent No.: **US 10,144,532 B2**
(45) Date of Patent: **Dec. 4, 2018**

(54) CRAFT USING AN INERTIAL MASS REDUCTION DEVICE

(71) Applicant: **Salvatore Cezar País**, Leonardtown, MD (US)

(72) Inventor: **Salvatore Cezar País**, Leonardtown, MD (US)

(73) Assignee: **The United States of America as represented by the Secretary of the Navy**, Washington, DC (US)

(*) Notice: Subject to any disclaimer, the term of this patent is extended or adjusted under 35 U.S.C. 154(b) by 153 days.

(21) Appl. No.: **15/141,270**

(22) Filed: **Apr. 28, 2016**

(65) **Prior Publication Data**
US 2017/0313446 A1 Nov. 2, 2017

(51) **Int. Cl.**
B64G 1/40 (2006.01)

(52) **U.S. Cl.**
CPC *B64G 1/409* (2013.01)

(58) **Field of Classification Search**
CPC B64G 1/409
See application file for complete search history.

(56) **References Cited**

PUBLICATIONS

Froning, H. David, Quantum Vacuum Engineering for Power and Propulsion from the Energetics of Space, Third International Conference on Future Energy, Oct. 9-10, 2009, Washington, DC, US.
País, Salvatore, Conditional Possibility of Spacecraft Propulsion at Superluminal Speeds, Intl. J. Space Science and Engineering, 2015, vol. 3, No. 1, Inderscience Enterprises Ltd.
Puthoff, H.E., Polarizable-Vacuum (PV) Approach to General Relativity, Foundations of Physics, Jun. 2002, vol. 32, No. 6.
Prigogine, Ilya, Time, Structure and Fluctuations, Nobel Lecture, Dec. 8, 1977, Brussels, Belgium and Austin, Texas.
Hayasaka, Hideo and Takeuchi, Sakae, Anomalous Weight Reduction on a Gyroscope's Right Rotations around the Vertical Axis on the Earth. The American Physical Society, Physical Review Letters, Dec. 18, 1989, vol. 63, No. 25, Japan.
País, Salvatore, The High Energy Electromagnetic Field Generator, Intl. J. Space Science and Engineering, 2015, vol. 3, No. 4, Inderscience Enterprises, Ltd.

Primary Examiner — Philip J Bonzell
(74) *Attorney, Agent, or Firm* — Mark O Glut; NAWCAD

(57) **ABSTRACT**

A craft using an inertial mass reduction device comprises of an inner resonant cavity wall, an outer resonant cavity, and microwave emitters. The electrically charged outer resonant cavity wall and the electrically insulated inner resonant cavity wall form a resonant cavity. The microwave emitters create high frequency electromagnetic waves throughout the resonant cavity causing the resonant cavity to vibrate in an accelerated mode and create a local polarized vacuum outside the outer resonant cavity wall.

4 Claims, 1 Drawing Sheet

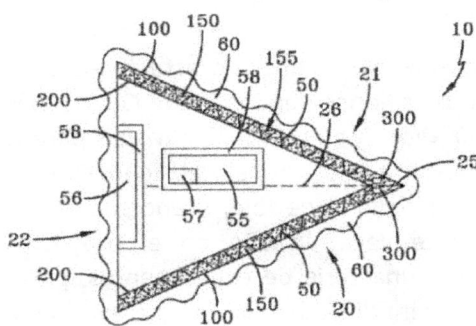

Figura 28. Patente para el (HAUC) Nave triángulo volador. Un híbrido espacial submarino

La solicitud de patente fue inicialmente rechazada por el examinador, Phillip Bonzell alegando que allí no hay un campo de energía EM repulsivo, cuando se refería a las especificaciones en cuanto a determinar los emisores de microondas necesarios en este sistema, está visto que un campo de alta energía para polarizar un vacío cuántico, como se afirma 10^9 Teslas y 10^18 V/m." Eso es más o menos el equivalente a la fuerza generada por la mayoría de los magnetares y más electricidad que la que producen los reactores nucleares.

Obviamente el examinador creía que era imposible con la tecnología actual, crear la enorme cantidad de energía para generar el campo EM, eso impulsaría la nave descrita en la solicitud de la patente.[324]

El rechazo llevó a una apelación de un abogado por parte de la Marina, que proporcionó una carta de respaldo del 15 de Diciembre de 2017, escrito por James Sheehy, director de tecnología de aviación naval señaló que Pais era empleado por la Marina, que estaba muy lejos de la prueba de viabilidad del revolucionario sistema de propulsión, para una nave submarina-aeroespacial híbrida, como se describe en la solicitud y declaró: "Esto se hará realidad". Además el Dr. Sheehy afirmó que China estaba invirtiendo fuertemente en tecnologías similares y la Marina enfrentaría altos costos, si la patente no fuera garantizada:

> 2…El Dr. Pais está financiado actualmente por Newcad (División de aviones del Centro de Guerra Aérea Naval) *Naval Air War Center Aircraft Division* para diseñar un artículo para demostrar la viabilidad experimental de lograr altos valores de lujo, y energía de campo (EM) Actualmente lleva un año en el proyecto y ya ha comenzado una serie de experimentos, para diseñar y demostrar alta densidad de energía avanzada, sistemas de alta propulsión eléctrica.
> 3…Si tiene éxito la realización de este resultado, documenta que esta patente ilustra el futuro estado de lo posible, y mueve la tecnología de la propulsión más allá, de los sistemas de propulsión dinámicos de gas, para inducir en el campo aeroespacial híbrido de la nave submarina-aeroespacial.
> 5. Basado en estos hallazgos iniciales, afirmaría esto se

convertirá en una realidad. China ya esta invirtiendo significativamente en esta área y preferiría que tengamos la patente, en lugar de pagar por siempre más para usar esta revolucionaria tecnología."[325]

Bonzell estaba tan impresionado o (intimidado) por la carta del Dr. Sheehy que decidió revertir su decisión y concedió la patente a Pais, y la Marina de los Estados Unidos el 4 de Diciembre de 2018.

Es especialmente importante señalar la declaración del Dr. Sheehy que la patente de Pais, "mueve la tecnología de propulsión más allá de los sistemas de gas dinámicos a un híbrido basado en el campo de propulsión inducida en una nave aeroespacial-submarina" En resumen, el sistema electromagnético que compone el HAUC es revolucionario y transformará la industria aeroespacial.

El reconocimiento directo de Sheehy de que China esta trabajando en una nave revolucionaria similar, usando propulsión electromagnética. Los sistemas muestran la naturaleza crítica, de la urgencia de la patente. Él enfatiza que si la patente no se otorga, entonces la Marina de los Estados Unidos podría verse obligada a pagar regalías a China, cuya propiedad estatal son compañías ampliamente conocidas por espiar, y robar secretos tecnológicos aeroespaciales.[326] Bonzell seguramente llegó a apreciar la ironía de esta situación, llegando a rechazar la solicitud de la patente, asignada a la Marina de los Estados Unidos, probablemente significaba que la Marina terminaría pagando futuras regalías, a empresas Chinas, que no tenían escrúpulos, empleados montaron este espionaje para robar esta tecnología a la Marina el 4 de Diciembre de 2018.

Adicionalmente una nave que utiliza un dispositivo de reducción de masa inercial, (también conocido como HAUC) el Dr. Pais solicitó otras cuatro patentes, que fueron parte integral de la viabilidad de la HAUC, estos incluyen un "Generador de campo electromagnético y un método para poder crearlo" y esta hace una protección de una burbuja electromagnética, que es un tipo de escudo que repele cualquier proyectil u onda de energía dirigido a la nave HAUC, similar a los "escudos" ficticios representados en

Star Trek.[327] La patente del generador de campo electromagnético de alta energía (HEEMFG) se otorgó el 20 de Noviembre de 2018.

Otra de las patentes es para un generador de altas frecuencias, gravitacionales, utilizado para impulsar el HAUC, produciendo ondas gravitacionales del alta frecuencia que a su vez genera campos gravitacionales sobre los cuales la nave se propaga en forma de olas de surf.[328] La patente se otorgó el 18 de Junio de 2019.

Otra licencia más es para un reactor de fusión nuclear, que genera enormes cantidades de energía, y sigue siendo lo suficientemente pequeño como para caber en una plataforma móvil, incluida una nave espacial, la aplicación de la patente para este "Dispositivo de difusión de plasma" fue publicado el 26 de Septiembre de 2019 después de haber sido alojado en el USPTO en nombre del secretario de Marina, el 22 de Marzo de 2019. En la descripción de ésta el Dr. Pais explica como la fusión del dispositivo nuclear, difiere de dispositivos similares en incremento:

> En la actualidad hay pocas fusiones previstas, reactores/dispositivos vienen en paquetes pequeños y compactos, de (0.3 a 2 metros de diámetro) y típicamente utilizan versiones de plasma magnético de confinamiento. Tres dispositivos son los Lockheed Martin Skunk Works Compact Fusion Reactor (LM-CFR), el EMC2 Reactor Polywell y la Máquina Princeton de configuración inversa (PFRC) ... Estos dispositivos ofrecen tiempos de confinamiento de plasma cortos posibles inestables de plasma con escala de tamaño, y es cuestiobable si tienen la capacidad de lograr la condición de fusión y es cuestionable si tienen la capacidad de lograr la condición de fusión y de equilibrio y mucho menos de una quemadura de plasma autosostenible que conduce a la ignición.[329]

La ignición es el punto en el que comienza el proceso de fusión nuclear, generar energía eléctrica de manera autosuficiente a través del plasma sobrecalentado. La cantidad energía que podría ser generada es explicado por los escritores de *The Drive*, Tingley y Rogoway:

> En la solicitud de la patente se afirma que este dispositivo de fusión de compresión de plasma, es capaz de producir energía en gigavatios (mil millones de watts) para rango de teravatios (1 billón de vatios) y superior con potencia de entrada solo en kilovatios (1,000 wats) a rango de megavatios (1,000,000 wats). Por comparación La central nuclear más grande de Estados Unidos, el Palo, la Planta de energía nuclear verde en Arizona, produce al rededor de la central 4.000 megavatios (4 gigavatios), y el A1B reactores nucleares diseñados para la Armada Gerald R. Portaaviones clase Ford, generan alrededor de 700 megavatios.[330]

La descripción de Pais deja en claro que el reactor de fusión nuclear, es la fuente de alimentación de varios dispositivos innovadores de patentes, que irían en la nave aeroespacial-subacuática (HAUC). El examinador de la licencia que inicialmente rechazó la solicitud del HAUC, considera que no existe una fuente de alimentación actual que pueda generar electricidad suficiente, para sus operaciones. Este rechazo fue apelado, y ahora sabemos porqué el HAUC es físicamente factible, según los científicos de la Marina, el reactor de fusión nuclear, es una fuente de energía viable.

Finalmente, existe una solicitud de patente para una "Piezoelectricidad inducida Superconductor de temperatura ambiente" que podría usarse como un supercondensador para almacenar la enorme energía eléctrica necesaria para alimentar el HAUC y sus diversos componentes suministrados por el reactor de fusión nuclear.[331] Una vez más el Dr. Sheehy tuvo que intervenir en nombre de la solicitud de patente del Dr. Paul Wartalowicz. Vale la pena revisar la carta del Dr Sheehy envió el 27 de Noviembre de 2018, a Wartalowicz ya que discute la "operabilidad" de las patente en aplicaciones revolucionarias:

> Estoy familiarizado con la aplicación de la patente anteriormente mencionada, (Y su enmienda relacionada) así como el desarrollo, uso de la piezoelectricidad, inducido por la temperatura ambiente. Que como resultado de mi educación y carrera, avala ya que me consideran un experto en la materia.
> Y puede considerarse una persona de una "habilidad ordinaria en el tema de la solicitud de patentes"
> El invento descrito en la solicitud anteriormente referenciado, es operable y habilitado, a través de la física descrita en la patente, el documento es revisado por pares en la enmienda del inventor.[332]

La referencia de Sheehy a la solicitud de la patente como "operable y habilitado" es muy significativo como lo observaron Tingles y Rogoway:

> En el centro de estas preguntas está el término "operable."
> En la mayoría de las solicitudes de licencias, los diligentes deben presentar un comprobante de título de propiedad o invención "Habilitación" o la medida de una licencia que es descrita de tal manera que cualquier persona que sea familiarizado con tecnologías o técnicas similares, sería capaz de entenderlo y teóricamente reproducirlo.
> Sin embargo, en estos momentos, el inventor Salvatore Pais, del Centro Aéreo Naval de los Aviones de Guerra. El abogado de patentes de la División (NEWCAD) Mark O. Glut, y el jefe de la empresa de aviación naval de Estados Unidos, el Oficial de tecnología, Dr. James Sheehy, declararon que estos inventos no solo están habilitados sino que son operables.[333]

En resumen Pais y su empleador de la Marina están reclamando que sus inventos se están experimentando y realmente funcionan, en Junio 6 de 2019 Pais y el abogado de Patentes Mark Glut, tenían una entrevista vía telefónica, con el examinador de registros rechazados Paul Wartalowicz.

Tingley descubrió a través de las solicitudes de la Ley de Libertad de Información que la apelación para revocar el último rechazo, está en curso. Es importante tener en cuenta "la temperatura ambiente del superconductor" es un componente importante del HAUC y de la primera carta de Sheehy apoyando las solicitudes de patente de Pais, reconoció la investigación activa de China, una nave similar tipo HAUC.

En conclusión China está desarrollando su propio triángulo volador HAUC propulsado por un HFGWG protegido por un HEEMFG, alimentado por un reactor de fusión nuclear capaz de almacenar hasta un billón de watts de energía eléctrica en súper conductores a temperatura ambiente. Y no es accidente que China esté llevando a cabo su propia investigación clasificada en tales tecnologías revolucionarias, que no solo se debieron a su éxito en los esfuerzos de espionaje industrial, también debido al hecho de que China es muy consciente de la probabilidad de que estas tecnologías hayan sido desarrolladas hace mucho tiempo, y hoy se están utilizando de forma encubierta basado en el Programa Espacial Secreto de Estados Unidos.

Una de las observaciones clave que Tingley y Rogoway hicieron en su análisis de las solicitudes de registro del Dr. Pais en nombre del Secretario de Marina es que ninguno fue marcado por no publicación, a pesar de que la Marina podría fácilmente haberlo elegido si hubieran querido mantener el secreto por motivos de seguridad nacional. Las aplicaciones de Pais ignoraron la opción de mantener las tecnologías en reserva, como lo demuestra su solicitud "Una nave con dispositivo de reducción de masa inerte" y donde ésta no fue la opción "no publicar" no fue marcada.[334]

Tingler y Rogoway especularon sobre el desconcierto de la Marina, en relación a publicar las solicitudes de patente dada la continua investigación de China sobre la viabilidad de los sistemas de propulsión electromagnética:

> Si tal tecnología de propulsión fuera tan revolucionaria, y si la Marina quisiera mantener esta tecnología fuera del

alcance de los demás, es curioso que eligieran hacer pública la licencia.

Quizá la Marina está indicando a sus adversarios que también es consciente de esta capacidad revolucionaria, y a quien pertenece.[335]

Application Data Sheet 37 CFR 1.76	Attorney Docket Number	PAX 205
	Application Number	
Title of Invention	A Craft Using an Inertial Mass Reduction Device	

Publication Information:

☐ Request Early Publication (Fee required at time of Request 37 CFR 1.219)

☐ **Request Not to Publish.** I hereby request that the attached application not be published under 35 U.S.C. 122(b) and certify that the invention disclosed in the attached application **has not and will not** be the subject of an application filed in another country, or under a multilateral international agreement, that requires publication at eighteen months after filing.

Figura 29. Extracto de la solicitud de Patente de Pais.

Dado lo que sabemos sobre los Programas Espaciales Secretos, desarrollados por la Marina de los Estados Unidos, y la Fuerza Aérea respectivamente. Los sistemas de propulsión electromagnética se han utilizado durante décadas en varias naves, que operan tanto en el espacio como debajo del agua. Para obtener más información consulte el libro 2 y el libro 4 de mi serie de Programas Espaciales Secretos. La razón por la cual el Dr. Pais decidió no marcar el secreto de las solicitudes de patente, se debió a que altos funcionarios de la Marina han decidido que llegado el momento de revelar tecnologías de propulsión electromagnética que ya se han puesto en funcionamiento. Por lo tanto en lugar de ser propuestas innovadoras para el desarrollo futuro como se sugiere en la solicitud de registro, estos dispositivos representan tecnologías "operables" como lo escribió el Dr. Sheehy en su carta, se sabe que China ha desarrollado una nave electromagnética híbrida similar, probablemente desplegada durante el 2012, en consecuencia, no hay valor estratégico en mantener dicha tecnología secreta para el público en general por más tiempo.

Para uno de los científicos de la Marina de los Estados Unidos, no fue solo a solicitar públicamente las patentes sobre tecnologías revolucionarias de propulsión, en realidad fue a intervenir cuando dos de las solicitudes fueron rechazadas, inicialmente esto marca un extraordinario giro de acontecimientos. La Marina de Estados Unidos está utilizando inteligentemente el sistema de licencias de los Estados Unidos, como mecanismo para despertar e inspirar a la comunidad de científicos Estadounidenses, sobre el potencial revolucionario de la propulsión y del almacenamiento y generación de energía, que utilizan los principios electromagnéticos. Además la liberación de las patentes no crea un desafío de seguridad nacional, ya que la Marina sabe que China ya tuvo avances similares que resultaron en el despliegue de la energía electromagnética de la nave capaz de realizar vuelos espaciales. En corto China posee un programa secreto bien resguardado y que es conocido por la Marina Estadounidense y sus principales científicos.

Esto corrobora que China posee un Programa Espacial Secreto, tal cual lo menciona el Teniente General de la Fuerza Aérea de los Estados Unidos Steven Kwast, quien se retiró en Septiembre de 2019. En una conferencia dos meses después, reveló que China está desarrollando actualmente una Marina Espacial con Tecnologías avanzadas, cuyas capacidades son similares a las descritas en los registros del Dr. Pais:

> China es nuestra competencia, Rusia es nuestra competencia. Ellos ven el poder de la economía en el espacio, y se apresuran a ese futuro. China ya construyó la organización, tiene la estrategia, la doctrina y la tecnología y los constructores de su fuerza guardiana en el Espacio. Están construyendo una Marina en el cosmos con el equivalente de acorazados y destructores, que son capaces de maniobrar, matar y comunicarse con el dominio.[336]

Otra fuente más que confirma la posesión de que China tiene un Programa Espacial Secreto, fue la de Mike Tuber, el cual sirvió primero en la USAF como "Especialista en operaciones de inteligencia electrónica" desde 1984 hasta 1988, y luego trabajó con varios contratistas, de defensa donde tenía autorización para acceder a programas especiales de alto secreto.[337] Uno de los lugares donde trabajó Turber fue en la enorme instalación conjunta de fabricación corportativa, de la USAF llamada planta 42, ubicada en Palmdale California adyacente a la Base de la Fuerza Aérea de Edwards. El 4 de Noviembre y el 2 de Diciembre de 2019, Tuber se presentó en dos entrevistas, donde presentó información que había recibido información de fuentes del "Gobierno Oficial" en relación a los avistamientos con forma de Tic Tac, reportados desde 2004. Según los reportes eran naves aeroespaciales híbridas de la USAF capaces de viajar bajo el agua, a 500 mph (805 kph) y en el aire y el espacio exterior a velocidades de más de 24,000 mph (38,600kph).[338] Tuber explicó que la nave en forma de Tic Tac, venía en tres modelos uno con 46 pies (15 metros) de largo, con un total de 20 ejemplares producidos, y todos fueron construidos en secreto en la planta 42.

Una afirmación importante para el testimonio de Turber de Patrick Huges, un suboficial estacionado en el portaaviones USS Nimitz durante el incidente del OVNI con forma de Tic Tac.[339] Huges dice que fue responsable de preparar la grabación electrónica, y los sistemas de comunicación a bordo del Eyehawk E-2C, un avión de advertencia basado en el Nimitz, que proporcionaba un ojo en el cielo, con funciones de mando y control para el tráfico aéreo, cerca del grupo de batalla, Hughes ha explicado como todos los radares y otros datos de vigilancia electrónica, algunos de los cuales permanecen clasificados, incluso hoy, la información fue acumulada por Hawkeye para su análisis posterior. La nave Hawkeye, el radar y datos electrónicos fueron adquiridos por los F/A superhornets cuando interceptó la nave Tic Tac, así como sus propias grabaciones de datos.

Según Hughes poco después de que aterrizó el Hawkeye con todos los datos de radar e inteligencia acumulados en el vuelo, acerca del comportamiento de la nave Tic Tac, dos miembros del personal de la USAF acompañados por su comandante, quien vino y tomó dos ladrillos (discos duros) del Hawkeye, que Hughes había colocado en una caja fuerte. Hughes añadió que cuando comenzó

CAPÍTULO 15

a firmar los dos ladrillos como parte del procedimiento operativo estándar, dijo su oficial en mando, que se detuviera y que dejara en claro que los ladrillos que fueron tomados por el Personal de la Fuerza Aérea, sin ningún registro. Este incidente es evidencia clave de que altos funcionarios de la Marina, sabían que la Nave Tic Tac estuvo involucrada en algún proyecto clasificado y hubo una cooperación de alto nivel entre la Fuerza Aérea de los Estados Unidos y la Marina, en el periodo en que los Tic Tac fueron avistados, y registrados desde el 10 al 14 de noviembre de 2004.

Según Turber las velocidades increíbles que la nave TicTac puede alcanzar bajo la atmósfera, así como bajo del agua se debe a su capacidad de utilizar el principio de supercavitación o burbuja de aire alrededor de la nave sumergida, para mover las moléculas de agua fuera de la ruta de vuelo de la nave eliminando la fricción.[340] Esto es idéntica a la idea de un cuanto vacío creado alrededor de una nave por energía electromagnética, como se explica en la patente de Pais para el HAUC, que podría viajar a través de diferentes medios como el agua, el aire y el espacio.La Marina de Estados Unidos señaló que está desarrollando una tecnología similar para el HAUC y esto se convirtió en un factor, para la patente otorgada tras haber sido rechazada. En su entrevista del 2 de Diciembre, Tuber agregó este bocado revelador a la conexión con China: "Otros países están desarrollando exactamente la misma tecnología, la más cercana es China, y Rusia posiblemente no muy lejos".[341] En consecuencia podemos añadir las naves en forma de Tic Tac, al arsenal de objetos voladores espaciales que comprenden el espacio aéreo de China y La corroboración de científicos y corporaciones de este país, las cuales han sido secretamente diseñadas en ingeniería inversa, la nave de platillo volador pertenece al Dr. Sun Shili un ex miembro del cuerpo diplomático Chino, así como el presidente de la investigación de OVNIS de este país.[342] En la Audiencia de Ciudadanos sobre la divulgación OVNI en Washington DC en Noviembre de 2014 el Dr. Sun dijo:

Los estudiosos de OVNIS chinos han trabajado independientemente o cooperativamente, con científicos e inventores, en el diseño, fabricación y experimentación en docenas de artefactos, en forma de disco de alto rendimiento que poseen todos los nuevos sistemas de energía. Al tiempo que hemos llevado actividades de investigación y desarrollo, en muchos temas importantes, tecnologías artísticas, incluidas las nuevas energías la protección del medio ambiente y el tratamiento a la contaminación.[343]

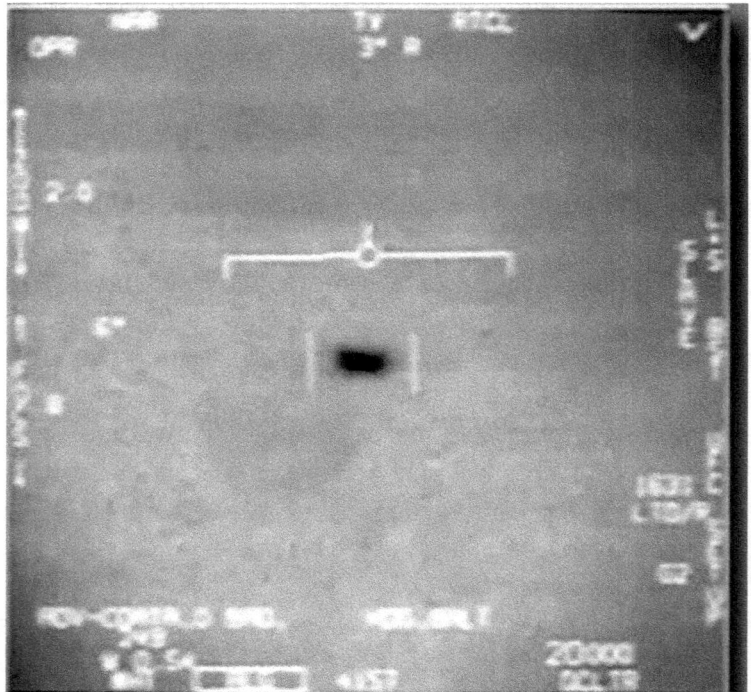

Figura 30.OVNI en forma de Tic Tac. Fuente: Marina de Estados Unidos

Han habido una serie de avistamientos OVNIS en provincias remotas, contiguas al desierto de Gobi, que ofrecen más evidencia al Programa Espacial Secreto de China, que utilizó los sistemas revolucionarios de propulsión electromagnéticos. En Septiembre de 2010, el aeropuerto Internacional de Hohhot Baita perteneciente a la Capital de la Región Autónoma de Mongolia interior fue cerrado, debido a un OVNI que apareció en el radar, y también fue visto por testigos. El OVNI fue descrito como "plano y tubular" y su efecto en el aeropuerto Hohhot fue descrito por el investigador de OVNIS veterano Timothy Good:

> El último OVNI visto por los controladores de tráfico aéreo, en la capital de Mongolia Interior, Hoot (Hohhot) en las pantallas del radar. Pero no pudieron hacer contacto por radio e inmediatamente se advirtió a Bootee (Baoutou- La Ciudad más grande de Mongolia Interior) Un Portavoz dijo: "La aeronave tuvo que aterrizar en aeropuertos secundarios para evitar una colisión, "El aeropuerto estuvo cerrado alrededor de una hora" Las autoridades Chinas se han negado a comentar, pero algunos expertos creen que los tres avistamientos podrían ser evidencia de una nueva aeronave militar.[344]

Otro incidente OVNI ocurrió el 16 de Junio de 2012, en la Provincia de Gansu, cerca del Centro de Lanzamiento de Jiuquipan después del lanzamiento de la nave espacial Shenzhou-9 que transportaba a tres astronautas. Good resumió lo que sucedió:

> Dos objetos voladores brillantes fueron reportados que han hecho sonar la nave Shenzhou-9, minutos después del lanzamiento en el desierto de Gobi los objetos fueron grabados por una cámara infrarroja, monitoreando el lanzamiento y visto en una pantalla en el centro de control de Beijing, unos cuatro minutos después de que el cohete Long March 2-F había despegado. Según Wang Sichao experto OVNI y astrónomo del observatorio Nanjing Purple Mountain de la Academia de Ciencias China. Los objetos no podrían ser "aviones, meteoritos, pájaros o partes separadas de un cohete".[345]

Vale la pena enfatizar que la región del desierto Gobi de China, tiene muchas instalaciones militares, donde tecnologías aeroespaciales eran probadas y desplegadas de forma secreta. La instalacione satelital de Jiuquan, esta conectada con una vía de ferrocarril que va directamente a la Quinta Academia de Tsien, hoy nombrada *China's Aerospace Science and Technology Corporation* "Corporación Aeroespacial de Ciencia y Tecnología de China", en Beijing donde el equipo de personal y cohetería, se envían en secreto al desierto de Gobi, para pruebas y despliegue.

Las instalaciones del Ejército Popular de Liberación en la base de prueba y entrenamiento Dingxin, es el mejor candidato para el Programa Espacial Secreto de China, como Tyler describe en la Unidad Rogoway:

> La Base de entrenamiento y Prueba de Dingxin, es una instalación en expansión ubicada en la provincia de Gansu en el desierto de Gobi, un área utilizada para pruebas militares de armas y fortaleza del Ejército Popular de Liberación. La base es una de las más conocidas en China ya que apoya el desarrollo de tácticas, armamento así también como del entrenamiento avanzado del Ejército Popular de Liberación, y de Unidades de la Fuerza Aérea en complejo de escenarios de alta gama.
>
> Los simulacros de incendio en vivo, son también parte de lo que continúa ahí. La base alberga una flota de agresores combatientes, así como drones aéreos a gran escala. Estos últimos forman parte del stock de los clones de MiG. Como tal Dingxing es el equivalente a la base análoga de Nellis, con un poco de la Base Eglin y la Base Edwards, todas ellas pertenecientes a la Fuerza aérea de Estados Unidos y es como una mezcla en sus conceptos.[346]

Vale la pena señalar que la Base de la Fuerza Aérea de Nells está adyacente al Área 51, que desde mediados de la década de 1950 ha jugado un papel destacado en el estudio de la ingeniería inversa de las astronaves extraterrestres y Nazis capturadas. La Base de la Fuerza Aérea de Edwards está estrechamente asociada con la planta 42, la cual está altamente clasificada y se encuentra en Palmdale California, donde los principales contratistas de defensa corporativa como Lockheed Martin Skunkwords y Northrup Grumman están ubicados y trabajan desarrollando prototipos de vehículos aeroespaciales para la USAF basados en estudios de ingeniería inversa realizados en el Área 51 y Wright Patterson AFB. En resumen, la Base Prueba y Entrenamiento Dingxin, es donde se llevan a cabo en secreto los estudios de ingeniería inversa basados en tecnologías extraterrestres. (Estadounidense, Rusa, y Extraterrestre) así mismo las corporaciones como CASC construyen prototipos de naves espaciales para el Ejército Popular de Liberación.

Figura 31. Instalación Bunker con túneles subterráneos vinculados a la base de prueba y entrenamiento de Dingxin.

En cuanto a donde es que precisamente ocurre el desarrollo y construcción, de estos proyectos de ingeniería clasificada, en la basta base de Dingxin tenemos una importante pista del complejo militar, solo dos millas al noroeste (ver figura 31). Esta es una de serie de fortalezas misteriosas tipo bunker, que parecen ser entradas a un enorme complejo de túneles e instalaciones subterráneas. Circundante a Dingxin que se construyeron durante la época que el Dr. Tsien Hsue Shen, estaba ejecutando el Programa Espacial de China. Rogoway elabora en la instalación de bunker de la siguiente manera:

> Resulta que más de una docena de estas fortalezas, que parecen estructuras antiguas de la región, pero en realidad fueron construidas entre las décadas de 1960 y 1970, durante el tiempo de gran tensión entre Rusia y China. El general Lin Bao, dirigió la iniciativa del ejército Chino, para construir estas fortalezas, la mayoría de las cuales se encuentran en el desierto de Gobi, en la región que rodea la base aérea de Dingxin. La mayoría de estas bases se encuentran abandonadas, pero algunas han sido reutilizadas por el Ejército Chino, debido a importantes razones. Fueron increíblemente caras de construir.
>
> Las montañas son artificiales y debajo de ellos yace un laberinto de cámaras y pasillos que pueden albergar y sostener grandes grupos de soldados y personal de comando por largos períodos de tiempo.[347]

Además de albergar grandes grupos de soldados, es muy probable que tales complejos subterráneos cerca y debajo de Dingxin ofrecieron a Tsien, un lugar ideal para almacenar tecnologías aeroespaciales extranjeras que fueron relevantes para sus planes futuros para un Programa Espacial Secreto Chino. Hoy, las instalaciones subterráneas debajo y cerca de Dignxin son donde el complejo industrial militar de China construye flotas de nave antigravedad, en secreto total, bien escondidas de las miradas indiscretas de satélites espías Estadounidenses y Rusos. Este hecho es corroborado por un artículo de Enero de 2019, que aparece en *The Guardian*, en el qu un alto funcionario de Inteligencia de defensa fue entrevistado y declaró: "China mantiene en secreto gran parte de su desarrollo militar mediante la realización de la investigación en complejos subterráneos, lejos de las miradas indiscretas.[348]

CAPÍTULO 16

Armas Espaciales de China

> Deja que tus planes sean obscuros e impenetrables como la noche, y cuando te muevas cae como un rayo.
> - Sun Tzu, *El Arte de la Guerra*

Cuando se trata de armas espaciales, varios estrategas militares Chinos han propuesto el completo armamento del espacio. Dos de los más citados son *"Space War"* (Guerra Espacial) del Coronel LiDanguang y *On Space operations* (Operaciones Espaciales) del Coronel Jia Junming quienes están sirviendo al Ejército de Liberación Popular.[349] El Coronel Li Daguag propone en su artículo, "Las fuerzas aéreas": "La planificación del dominio espacial, debería ser considerado un asunto de alto nivel, en la estrategia de desarrollo y seguridad de un país".[350]En respuesta al armamento del espacio encubierto, logrado por Estados Unidos y la URSS, a través de sus Programas Espaciales Secretos, China se ha estado moviendo para cerrar lo que percibe como una brecha tecnológica significativa al construir y desplegar armas espaciales, que conforman un componente integral de su Programa Espacial Secreto.

En primer lugar, vale la pena examinar las bases más convencionales de los sistemas de armas desarrollados por China, para su uso contra objetivos en el Espacio. El más conocido es el sistema antisatélites de China, y su sistema de misiles que se utilizó por primera vez el 11 de Enero de 2007, en la destrucción de un viejo satélite meteorológico Chino, en órbita polar en una elevación de 537 millas (865 kmph). Fue la primera prueba con armas antisatélite desde 1985, cuando Estados Unidos había llevado a cabo una operación con una prueba similar. Tras las pruebas de China, Los Estados Unidos reaccionó furiosamente a través de su secretaria Condoleezza Rice entregando a Beijing una advertencia fuerte y un año más tarde Estados Unidos lanzó su misil, destruyendo un satélite espía en mal funcionamiento.[351] En 2010 China continuó con la verificación de sus armamentos antisatélite, esta vez disparando con éxito, para bajar un misil balístico a una altitud de 150 millas (241km).

Los cables filtrados de Wikileaks, muestran hasta que punto Estados Unidos estaba organizado y como estaba la opinión internacional estructurada para evitar otras pruebas Chinas en una carrera para armar el espacio.[352] Más de estas pruebas antisatélites se llevaron a cabo en 2013 y 2014, el actual jefe de Comando Espacial de Estados Unidos, emitio una advertencia en 2015. "Pronto todos los satélites podrían estar en riesgo".[353] Más recientemente en Enero de 2018 "Un informe de alto secreto" de la Dirección Conjunta de Inteligencia del Pentágono", "reveló que Rusia y China han construido misiles antisatélite y otras armas, que pronto serán capaces de dañar o destruir cada satélite de Estados Unidos, en órbita terrestre o baja".[354] Como si estuviera programado para agregar un signo de exclamación a la evaluación alarmante del Pentágono, pero menos de un mes después China lanzó con éxito el misil antisatélite más avanzado: el Dong-Ning.[355] Esta última prueba disparó las alarmas del Pentágono, según Bill Gertz autor del libro publicado en 2019 *"Inside Communist China's Drive for Global Supremacy"* Dentro de la China comunista y el impulso a la supremacía global:

> La prueba (ASAT) Antisatélite de Febrero de 2018, fue una llamada de atención para el Ejército y líderes de Defensa Estados Unidos, por el simple hecho de que China no quería superar a Estados Unidos, pero si una ventaja asimétrica dichos ensayos por parte del gobierno Chino demostró que no estaban siguiendo a los Norteamericanos pero si están tratando de avanzarlos. (Declaró un funcionario de la Defensa.)[356]

CAPÍTULO 16

Además de los misiles ASAT, China está desarrollando tecnologías sofisticadas de bloqueos, destinadas a deshabilitar los satélites y sistemas en donde se apoyan y basan en el Ejército de los Estados Unidos, de acuerdo a analistas de seguridad nacional en un artículo del 3 de Abril de 2019: China desplegó equipo de interferencia de satélites de grado militar en disputa, de las Islas del mar del sur de China, y la Inteligencia de Estados Unidos, quienes además sugieren que los Chinos próximamente tendrán un sistema de armas ASAT, el cual será operacional en poco tiempo.[357] Gertz agrega que la Junta de Defensa del Pentágono, reveló:

> Recientemente de la vulnerabilidad de los satélites Estadounidenses a la interferencia electrónica eran toda una crisis... "Debajo de situaciones de tensión severa, el atasco puede generar un satcom comercial (comunicaciones y satélites) donde La mayoría de las satcom de defensa no funcionarian ".[358]

Junto a estas armas terrenales más convencionales ASAT, existen *Directed Energy Weapons (DEW),* Armas de Energía Dirigida, que el Ejército de Liberación Popular, ha estado desarrollando secretamente en instalaciones militares, en la remota Xinjiang. Un coronel retirado del Ejército Indio Vinayak Bhat, quien se especializó en imágenes satelitales durante más de dos décadas durante su servicio de inteligencia militar, ha proporcionado una fuente abierta de las imágenes de un satélite, las cuales revelaron instalaciones llevando a cabo investigaciones de sistemas láser antisatélites y generadores de pulso electromagnético. (EMP)[359] Las imágenes satelitales proporcionadas por el Coronel Bhat expone varias instalaciones en Xinjiang donde se encuentran estas armas (DEW), las cuales están siendo probadas y desarrolladas.

La primera imagen satelital, muestra la instalación DEW nen Xinjiang, que utiliza un láser químico basado en la Tierra para apuntar a los satélites. El Coronel Bhat da una explicación detallada:

> La instalación cuenta con cuatro edificios principales, con techos corredizos. Tres de estos cobertizos están conectados con dos esferas de vacío. La forma y tamaño indican que posiblemente láseres químicos de metales raros terrestres, como el neodimio.
>
> Se teoriza que el equipo bajo el cobertizo deslizante, se utiliza el seguimiento, mientras que los otros tres se utilizan individualmente o en conjunto conectados entre si, dependiendo del efecto deseado en el satélite objetivo: Se puede deslumbrar, deshabilitarlo o destruirlo por láseres de energía alta ubicados por las armas DEW, en Tierra.[360]

Otra imagen satelital proporcionada por el Coronel Bhat, muestra la instalación alternativa de Xinjiang que estaba probando los generadores de pulso electromagnético (EMP) describe sus elementos clave de la siguiente manera:

> La ubicación de prueba, muestra un EMP generador con múltiples postes en barra, similar a las estructuras observadas en la estación aérea naval del río Pax en Maryland Estados Unidos, un camino conduce afuera y hacia adentro debajo del EMP un cilindro generador para equipos y automóviles, los cuales se pueden colocar debajo de este para recargarse. Esta instalación se utiliza para investigar métodos en el endurecimiento de los equipos militares Chinos, y revertir efectos en el equipo de los adversarios que utilizan componentes electrónicos.[361]

China también ha desplegado generadores de EMP móviles, que son más difíciles de detectar para los Estados Unidos, para rastrear y destruir algún conflicto bélico en el futuro. El Coronel Bhat, nuevamente proporcionó una imagen satelital, que muestra el generador de pulso móvil en Xinjiang y ha explicado su capacidad: "Este tipo de generadores de pulso no nucleares se utilizan para generar interferencias electromagnéticas, que pueden deshabilitar satélites en un corto plazo".³⁶²

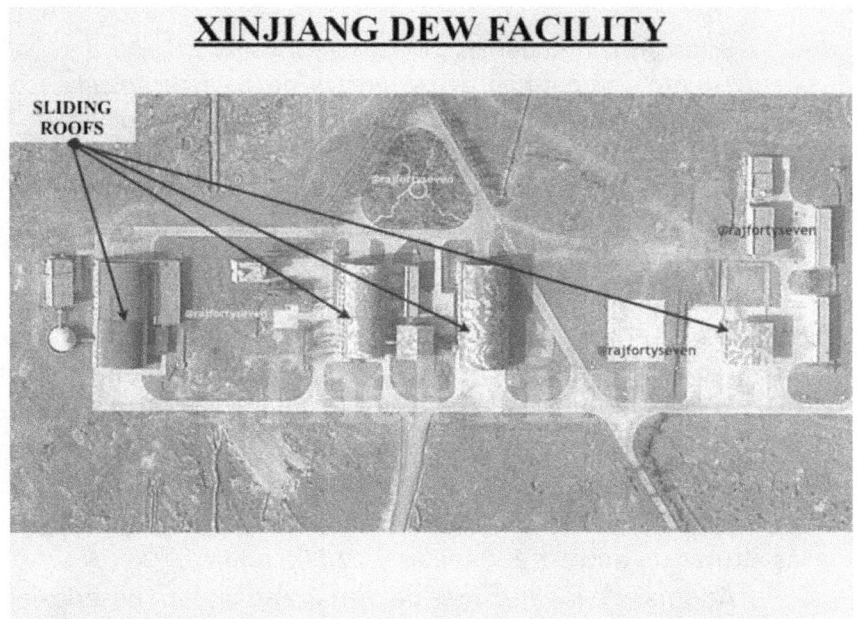

Figura 32. Instalaciones con Armas de energía dirigida. Fuente Vinayak Bhat

Los sistemas de armas antisatélite basados en la Tierra, son partes del sistema de las armas de China "Mazo del Asesino" *Assassin's Maze* o de la "Tarjeta del Triunfo" *Trump Card,* (juego de palabras), para abrumar y destruir a Estados Unidos, mediante un sistema satelital en cualquier conflicto militar futuro. De acuerdo con el antiguo folklore Chino, un héroe empuñando "el mazo de un asesino" triunfa aún sobre el adversario más peligroso, al incapacitar a su enemigo de repente y por completo, en lugar de luchar a través de medios convencionales. ³⁶³ Escribiendo para la revista "Epoch Times", Joshua Phillip, resume la estrategia de Guerra del Partido Chino de Liberación Popular (CCP):

> Dicha estrategia para poder entrar a una guerra con Estados Unidos, dependería en gran medida de armas como esta, bajo la llamada "Mazo del Asesino" o la "Carta del Triunfo". Esto incluiría el uso de armas

antisatélite, y otras tecnologías clave, que destruirían los sistemas que permiten que tecnologías centrales de uso del Ejército de Estados Unidos.

Estas armas modernas "Mazo del asesino" "Carta del Triunfo" permitirían a las fuerzas de baja tecnología China, prevalecer sobre las fuerzas de alta tecnología Estadounidense, en un conflicto localizado, así lo informa un reporte de 2011 del Centro Nacional de Inteligencia Terrestre.[364]

El rápido desarrollo de armas antisatélite de China ha llevado al general Raymond y otros oficiales superiores de la USAF a declarar abiertamente que China presenta una amenaza militar directa a los Estados Unidos.[365] Un estudio del Instituto Nacional de Políticas Publicas 2017 coincide: "El Ejército Popular de Liberación" ahora tiene la capacidad de atacar, destruir o interrumpir los 500 satélites Estadounidenses que circulan la Tierra a las alturas de entre 1,200 millas y 22,000 millas".[366]

Además de los sistemas de armas antisatélite basados en la Tierra, ya que son una preocupación importante para la USAF, también hay espacio para los sistemas de armas que potencialmente presentan aún más amenaza a lo largo para los activos espaciales de Estados Unidos. Estos incluyen satélites asesinos de Chinos en órbita, que se pueden maniobrar para interceptar y destruir los satélites Estadounidenses como explica Gertz:

> Mi historia (2013) titulada "China lanzó tres satélites ASAT" fue la primera vez que la inteligencia de Estados Unidos había detectado a los militares Chinos, practicando pequeñas maniobras para una futura guerra espacial…Mientras que los satélites, estaban equipados con pequeños jets para manejar el Shijian 15. Contenía un brazo con una pequeña pinza en el extremo. La extensión es para atacar a otros satélites, agarrándolos o aplastando sus componentes clave.[367]

CAPÍTULO 16

Según *The National Interest* ("*El Interés Nacional:*), China también está desarrollando Armas de Energía dirigida basadas en el espacio, utilizando láseres de alta potencia.

> La idea de una pistola láser con base en el espacio, fue revelada en la revista *Chinesse Optics,* en Diciembre de 2013 por tres investigadores, Gao Ming-hui, Zeng Yu-quang y Wang Zhi-hong. Todo el trabajo estaba en el Instituto de Óptica y Mecánica Fina.

> El desarrollo de ASAT, armas antisatélite , son muy importantes en guerras futuras" escribieron "Entre esos armamentos y el sistema de ataque láser tendría significativas ventajas, como la velocidad de respuesta rápida, un robusto rendimiento de contra interferencia y una alta tasa de destrucción del objetivo, especialmente para un sistema espacial tipo ASAT. Entonces el láser espacial del sistema de armas será uno de los principales proyectos ASAT en desarrollo".[368]

Todavía hay otras armas revolucionarias basadas en el espacio, sistemas propuestos y supuestamente bajo actual desarrollo por Estados Unidos y China. Entre estos están las *Rods of God* "Varillas de Dios" que son grandes proyectiles en forma de varilla que caen del espacio con precisión y resultados devastadores. En un informe titulado U.S. China Space Balance 2019, los autores Harrison Gale y Alexa Ryan West elabora sobre el sistema de armas "varillas de Dios":

> La guerra orbital-terrestre implica asaltos de un objetivo en la Tierra, sería el desarrollo propuesto por los Estados Unidos de las "varillas de Dios" barras de tungsteno de metal de unos 6.1 metros de largo y unos 30 centímetros de diámetro, que podrían ser guiados vía satélite a objetivos en cualquier parte de la Tierra en minutos... Las varillas se moverían a más de 11,000 kilómetros por hora. Esta arma explota energía cinética para causar una explosión igual de magnitud de la de un arma nuclear

que penetra la Tierra, pero sin consecuencias radioactivas.[369]

Mientras que a nivel oficial, las armas espaciales, son simples propuestas bajo consideración, varias personas con "información privilegiada" han revelado que las "varillas de Dios" ya superaron la etapa del desarrollo, y han sido desplegadas por los Estados Unidos, y los efectos de esta arma, han sido representados con precisión en la película G.I. Joe: *"Retaliation"* Represalias... De acuerdo con Corey Goode y Emery Smith, quienes afirman haber trabajado en proyectos altamente clasificados, los cuales involucran tecnología de ingeniería inversa extraterrestre, tecnologías construidas e implementadas en diferentes ramas militares en todo Estados Unidos. Durante una entrevista en Gaia TV *"Cosmic Disclosure"* "Divulgación Cósmica", ambos expertos, opinaron que la película era un tipo de "Desclasificación suave" acerca de las "Varillas de Dios" la cual ya es implementada por la USAF, en órbita Terrestre:

David: ¿Qué sientes acerca de la película G.I. Joe? ¿Tuviste alguna...?

Emery: Recuerdo haber visto eso. Bueno en realidad no demasiado bien, pero recuerdo haber visto y conectar puntos. Y creo que había mucho de lo que ahora ocurre. Recuerdo haberlo visto y decir "Wow" aquí solo están saliendo descaradamente.

David: Están haciendo estas hermosas imágenes en la película con animación por computadora.

Corey: Oh si, bueno, especialmente el segundo. Cuando hicieron los ataques con las "varillas de Dios"... Sobre la Tierra cuando es exactamente lo que estamos viendo en Corea del Norte.

Emery: Correcto, correcto. Interesante. No vi el segundo.

CAPÍTULO 16

David: Son piezas del tamaño de un poste de teléfono de tungsteno que puedes dejar caer en la Tierra y solo la gravedad causa una explosión muy muy severa, que puede devastar una gran cantidad de espacio.

Emery: Oh si. Si

David: Y él había hablado de eso. Y solo yo vi el segundo "G.I.Joe "recientemente yo no podía creer que estaba allí.

Emery: ¡Wow! Sí eso es bastante sorprendente para ellos, salir así descaradamente y exponer información desclasificada, pero empezamos a ver ahora todo el tiempo el cine, da pequeñas pistas.[370]

En una entrevista anterior, pregunté a Goode cuales eran sus fuentes confidenciales, que le habían revelado sobre las armas que Estados Unidos planeaba usar en contra de Corea del Norte a principios de 2017, y él respondió:

Esperaría varias detonaciones de EMP sobre Corea del Norte, mientras que al mismo tiempo serían arrojadas las "Varillas de Dios" Cabe señalar, que Corea del Norte habría tomado medidas extremas para endurecer sus bunkers y sistemas contraataques EMP. Cada plataforma de las ROG "Varillas de Dios" lanza 12 proyectiles del tamaño de postes telefónicos, los cuales están hechos de Tungsteno, y están recubiertos de cerámica y tienen un sistema similar al de JDAM (Ataque directo de municiones en conjunto) Bombas convencionales.[371]

En el pasado, las fuentes de Goode han demostrado ser confiables, tal como lo comprueba al ser el primero en filtrar dos documentos de la Agencia de Defensa e Inteligencia, sobre los "Agujeros de gusano transitables" y la unidad de deformación que luego se confirmó que era genuina, a través de solicitudes de acta de la Ley de Libertad de información.[372]

La afirmación de Goode, acerca de que Estados Unidos había contemplado activamente el uso de las "Varillas de Dios" en contra de Corea del Norte, es apoyado por un comentario críptico hecho por el ex secretario de Defensa de los Estados Unidos, James Mattis, en una conferencia de prensa de 2017 cubierta por el *Sputnik News*, Mattis confirmaba "Posibles opciones cinéticas" que podrían acabar con la infraestructura nuclear de Corea del Norte, sin poner en riesgo a Corea del Sur, Capital de Seúl:

> "Solo para aclarar dijiste que ciertas opciones militares no crearían un riesgo grave para Seúl, ¿Hablamos de opciones Kinéticas también?"

> "Sí, no quiero profundizar en eso." Respondió Mattis "La acción militar Kinética es un eufemismo militar letal, como los ataques aéreos (generalmente con la guerra electrónica).[373]

El Doctor Joseph cree que Mattis aludía a las armas exóticas, como las "Varillas de Dios" que se utilizarían en contra de Corea del Norte:

> Sputnik está eligiendo sus palabras con mucho cuidado, llamado "acción militar cinética" un "eufemismo que se refiere a un tipo de fuerza militar letal, como ataques aéreos", presumiblemente usando bombas inteligentes. Pero tal lenguaje implica allí, que son otras formas de "armas científicas" mucho más destructivos, uno de los cuales es la llamada tecnología "varilla de Dios"...
> Normalmente, cuando uno habla de ataques aéreos, se podría usar ese lenguaje para describir las "opciones". Los ataques aéreos, en el idioma convencional moderno, serían típicamente los que incluyen bombas inteligentes, misiles de crucero y pronto. Cuando uno dice "armas cinéticas, algo de lo contrario está totalmente implícito, uno tiene algo completamente diferente en mente, algo así como las "varillas de Dios". Si este análisis del intercambio es exacto y nuevamente suponiendo que el

CAPÍTULO 16

artículo está informado con precisión, entonces la respuesta del Sr. Mattis: "Sí, no quiero entrar en eso "es una sorprendente admisión de que existen plataformas orbitales o de otro tipo para dispararnos. Y en cualquier caso, independientemente de la plataforma lo más probable es que sea lanzado desde el espacio si es que no tiene una base ahí, simplemente en orden para lograr las tremendas velocidades necesarias, para dar al arma su "golpe" estratégico y operativo.[374]

Según Goode China también ha desarrollado y desplegado la tecnología "Varillas de Dios", para lo cual adquirió planes de desarrollo, décadas antes a través del espionaje industrial. En respuesta a una pregunta sobre si China tiene una estrategia militar, en la iniciativa de Defensa en sistemas de Armas desplegado por los Estados Unidos. Goode respondió como:

> China pudo obtener los planes para prácticamente todos los sistemas de armas SDI. Se salvaron del arduo y costoso proceso de investigación y desarrollo y fueron capaces de diseñar mejoras e hicieron sus armas mucho más baratas.[375]

Las afirmaciones de Goode son respaldadas firmemente por una Agencia de Defensa e Inteligencia, quienes han elaborado un reporte extenso acerca de la campaña de China, para adquirir la tecnología más valiosa de los Estados Unidos, a través del robo y otros medios engañosos: "El resultado de este enfoque multifacético, para la adquisición de tecnología, por parte del Ejército Popular de Liberación, quienes estaban a punto de despegar uno de los sistemas de armas más modernos del mundo.[376]Lo que hace las armas espaciales de China mucho más letales, en la medida que está incluyendo a la inteligencia artificial IA, en armas de desarrollo.

Dr. Kai-Fu Lee, autor del libro, *AI Superpowers: China Silicon Valley and the new World order* (AI Súper poderes de China Silicon Valley y el nuevo orden mundial) describe minuciosamente como la IA, se está introduciendo rápidamente en todos los aspectos de la sociedad China, incluido su poderoso ejército.[377] El describe como China ha superado rápidamente la brecha de IA entre sí, y Estados Unidos. Para 2025 China logrará una ventaja cualitativa. En 2030 China aspira a convertirse en dominante de la Inteligencia Artificial, y planea utilizar esto para expandir su influencia global, la importancia de la IA para el dominio íntegro, se resume mejor por el Presidente de Rusia Vladimir Putin, quien dijo en una charla de 2017, la inteligencia artificial es el futuro, no solo para Rusia si no para toda la humanidad, viene con oportunidades colosales, pero también con amenazas que son difíciles de predecir-. "Quien sea que se convierta el líder en esta esfera, será el gobernante del mundo".[378]

Lo más inquietante es la medida en la que China está avanzando con sus planes para armamentizar la inteligencia artificial, especialmente para una futura guerra espacial. En una conferencia en Washington DC. Celebrada el 5 de Noviembre de 2019, el Secretario de defensa Mark Spencer sucintamente explicó lo que China ha estado haciendo estratégicamente.

> Cualquiera que sea el país que utilice la IA, primero tendrá una ventaja decisiva en el campo de batalla, por muchos muchos años.- Tenemos que llegar primero.
> El Presidente Xi, ha dicho que China debe citar, "Asegurar que nuestro país marche en las primeras filas, cuando se trate de investigación teórica, un área importante para la inteligencia artificial, la cual ocupa un terreno relevante en tecnologías, críticas y fundamentales.
> Por ejemplo las mejoras en la IA, para permitir vehículos autónomos, capaces y rentables. El Ejército de Liberación Popular, se mueve agresivamente para desplegarlos en dominios de guerra, mientras que Estados Unidos se enfrenta a una poderosa tarea en la transición del ejército más avanzado del mundo, con sistemas habilitados para la IA, China cree que puede saltar nuestra tecnología actual, e ir directo a la próxima generación.[379]

CAPÍTULO 16

Cuando los avances significativos en armas espaciales, el Ejército de Liberación Popular, se combina con los esfuerzos de China para armar la inteligencia artificial, es fácil comprender porqué el Pentágono está inmensamente preocupado por la estrategia asimétrica de China *Assasins Mace* "El mazo del asesino" pueda ser utilizado en una Guerra futura. El espacio ha sido predicho por muchos analistas militares, será el primer campo de batalla entre China y Estados Unidos, donde cada uno desplegará sus armas espaciales más poderosas, para obtener una ventaja estratégica y decisiva.

> Mientras China y Estados Unidos compiten por una hegemonía futura, el conflicto militar no está fuera de discusión. De hecho "Las intenciones militares de China en el espacio exterior tienen como problema, la seguridad entre los dos países". Para ser más específicos en el caso de un conflicto entre Estados Unidos y China, deshabilitarían las infraestructuras de bases espaciales, y probablemente este sea el primer movimiento.[380]

Es una guerra inevitable, entre ambos países, donde cada uno despliega sus respectivos Programas Espaciales Secretos, contra el otro, o ¿Puede ser una relación estratégica, contra amenazas formidables en contra de la paz y estabilidad mundial?

CAPÍTULO 17

El Ascenso del Dragón Rojo

> El hambre de un dragón se despierta lentamente
> pero es muy difícil de saciar.
> -Ursula K.Leguin

Las leyendas antiguas describen a los Chinos como descendientes de dragones del espacio exterior, según el Dr. Sun Shili, un ex profesor y diplomático de la República Popular China.[381] Los ideales del gobierno comunista, combinados con sus planes a largo plazo para convertirse en el poder dominante de la Tierra y el Espacio, invita al análisis crítico ante el ascenso del "dragón rojo". De acuerdo a dos expertos importantes de Estados Unidos y China, este último está detallando minuciosamente un plan estratégico a 100 años, destinado a superar a Estados Unidos como súper potencia o hegemonía económica para el 2049.

El Dr. Michael Pillsbury, escribió el que fue considerado como el mejor best seller de 2015 con su libro: *The Hundred Year Marathon: China's Secret Strategy to Replace America as the Global Superpower*, "El maratón de los cien años: La estrategia de China para reemplazar a Estados Unidos como súper potencia mundial". Así como el ejemplar escrito por el Dr. Robert Spalding, de 2019: *Stealth War: How China Took Over While America's Elite Slept*, "La guerra del Sigilo: Como China tomó el control, mientras la élite Estadounidense dormía." Los planes del gobierno comunista para suplantar a Estados Unidos como hegemonía del mundo, sus libros aportan un marco analítico, para comprender como está respondiendo China de manera secreta, a la existencia de los programas espaciales secretos, desarrollados por la industria

Estadounidense, y como China planea dominar el espacio en 2049, o tal vez mucho antes.

Pilsbury es un experto en China que ha trabajado con el Departamento de Defensa, con el Departamento de Estado y del Congreso por más de cuatro décadas desde 1975. Además posee un Mandarín fluido con un Doctorado en la Universidad de Columbia, ha tenido acceso sin rival a los más altos líderes militares y políticos Chinos, durante su carrera profesional. Está muy familiarizado con las políticas y con los planes por parte de la Elite en el Partido Comunista, especialmente los partidarios militares de la línea dura, que ejercen gran influencia detrás de la escena. Actualmente Pilsbury es asesor externo del Presidente Norteamericano Donald Trump, quien lo considera el líder de autoridad en China.[382]

Spalding era considerado un agregado del departamento de Defensa de Estados Unidos en China, sirviendo en el Pentágono como estratega para la articulación de jefes de personal, y se desempeñó como director de planificación estratégica de Seguridad Nacional de la Casa Blanca de Trump.[383] Él también posee un mandarín fluido y posee un doctorado en economía y matemáticas, y en 2018 Spalding se retiró como general de brigada de la Fuerza Aérea, después de una carrera militar que abarca 26 años. Las circunstancias que lo obligaron a su retiro, tras haber advertido a la administración de Trump acerca del impacto a largo plazo de China, las actividades industriales de ciber espionaje siguen siendo controvertidas.

Pilbury y Spalding describen como los líderes principales Chinos, han utilizado astutamente el periodo histórico (475-222 A.C) para desarrollar su estrategia en la guerra del sigilo, contra Estados Unidos. El periodo de los estados de guerra, fue un momento en el que hasta siete reinos étnicos Chinos han competido por la hegemonía y el dominio sobre sus rivales. Pilsbury y Spalding explican como un país con supremacía gobernante (Estados Unidos en la actualidad) se vería socavado por aspirantes a una hegemonía, mediante sigilo, astucia, y engaño, como fue practicado por diferentes estados de guerra. Ellos

CAPÍTULO 17

convincentemente explicaron cómo tales objetivos requieren un pensamiento a largo plazo, por parte de China como aspirante a la supremacía mundial, por que carece del poder político y militar, para confrontar directamente a Estados Unidos, hasta que haya sido debilitado por varias luchas, interna y externa.

Militares y líderes políticos Chinos, comenzaron sus 100 años de maratón en 1949 después de la victoria del Partido Comunista, y el establecimiento mundial de la República Popular China. Inicialmente China confió en la Unión Soviética para ayudarlos a industrializar y modernizar su artillería. Después de su caída política en 1960, así como enfrentamientos militares a lo largo de sus fronteras compartidas, el partido comunista de China, comenzó overturas secretas con Occidente. Pillsbury y Spalding señalaron que fue el presidente Mao quien se acercó discretamente al Presidente Nixon y no como erróneamente se ha creído. Las relaciones iniciales entre Estados Unidos y China fueron genuinamente positivas, ya que ambos tenían mucho que temerl a las aspiraciones de la Unión Soviética, sin embargo eso cambió en 1989, las protestas de la plaza de Tiananmen y el colapso de la Unión Soviética en 1991.

Rápidamente los libros de texto escolares Chinos, fueron dramáticamente alterados. Previamente descripciones positivas de Estados Unidos su historia e ideales democráticos, que habían sido citados ampliamente por los estudiantes Chinos en las protestas de Tiananmen, ahora eran retratados como algo abrumadoramente negativo. Generaciones futuras de estudiantes Chinos, fueron adoctrinados para creer que Estados Unidos había abusado y humillado la China desde mediados de 1800. De vez en cuando, líderes como el Presidente Abraham Lincoln, (1861-1865) habían sido admirarados pero ahora habían sido estigmatizados con una representación abrumadoramente adversa. Pilsbury explica como los estudiantes Chinos fueron indoctrinados a pensar que el Presidente Lincoln ¡había estado ocupado destrozando la soberanía de China durante la guerra civil de los Estados Unidos!. Esencialmente el Partido Comunista de China, se aseguraría de que no se repitieran las protestas de Tiananmen, donde los jóvenes citaban los ideales y personalidades democráticas de los Estados Unidos, un acontecimiento que había sido profundamente vergonzoso para los mayores miembros del Partido. Según un informe de 2019 por parte del Congreso de la Revisión Económica y Seguridad de Estados Unidos y China, esta politica continúa hasta el día presente:

> Este año el gobierno de China intensificó una campaña de mensajes ideológicos y nacionalistas, para unir a la población local contra los oponentes percibidos en el extranjero. Beijing había adoptado nuevas medidas para aumentar su influencia ideológica sobre organismos gubernamentales, medios de comunicación, instituciones educativas, oficinas gubernamentales y empresas privadas: Tanto nacionales como extranjeras. Los esfuerzos del Partido Comunista de China, para acabar con la oposición con su mascara de autoridad, con asiento profundo en los temores sobre la posición atractiva de los valores democráticos y el compromiso debilitado, con los sistemas socialistas por secciones del partido, y la población en general.[384]

Pilsbury y Spalding explican como China abrió sus puertas a los industriales occidentales, y la innovación económica como parte de su esfuerzo de modernización. Utilizando estrategias tomadas directamente del Periodo de los Estados de Guerra, el Partido Comunista fingió apertura a los ideales políticos democráticos mientras se oprimían minorías étnicas y disidentes políticos, y también bloquearon genuinas reformas políticas y democráticas. El objetivo era atraer a las naciones occidentales, en un falso sentido de la complacencia, donde la suposición común era que China cambiara inevitablemente en el futuro, ya que es una enorme economía mundial abierta a la influencia occidental. Pilsbury y Spalding, enfatizaron que los cambios democráticos esperados, eran una quimera. La élite militar y política China no eran impulsadas por los ideales democráticos por los occidentales, pero por la comprensión de su historia les ha demostrado que los aspirantes a hegemonía, primero necesitaban destruir al actual líder mundial, para luego suplantarlo.

China no tenía intención de ayudar a Estados Unidos y sus aliados, a generar un orden mundial estable, y en lugar de eso debían enfocarse en debilitar a las potencias occidentales, para marcar el comienzo de un nuevo orden donde China surgiría como el poder dominante. Pilsbury y Spalding proporcionan varios ejemplos de cómo China había ayudado a varios Estados y grupos deshonestos en todo el mundo, como los Talibanes de Afganistán. Del mismo modo que Estados Unidos utilizaba secretamente grupos extremistas para debilitar a la Unión Soviética durante la guerra fría. China fue haciendo lo mismo de forma encubierta, a través del desarrollo económico y suministros de armas, que desafiarían las políticas Estadounidenses. La evaluación de Pilsbury y Spalding, se repite en la revisión del informe al Congreso de la Comisión de Economía y Seguridad de Estados Unidos y China:

> En 2019, Beijing intensificó sus esfuerzos para promoverse como líder político y económico mundial, ofreciendo la evidencia más clara de su ambición de remodelar el orden internacional, para que se beneficien los intereses Chinos, y hace que el mundo sea seguro para el Partido Comunista de China. El Secretario general del Partido Xi Jinping continuó promoviendo el modelo de sabiduría China, como soluciones para los problemas del mundo, y prometió construir una "comunidad del destino común para la humanidad" una formulación del Partido, para un régimen de gobierno global liderado por China.[385]

En cuanto al desarrollo económico Spalding y Pilsbury explican como China está a la vanguardia de la industria de espionaje, falsificación de logros, robo de propiedad intelectual, piratería y otras prácticas sin escrúpulos. El objetivo es ayudar a las empresas estatales de China, (que sumaban 144,000 compañías en 2011) engañan, roban, manipulan y superan empresas occidentales que establecieron una presencia comercial en China Continental.[386]

El informe de 2019 de la revisión de la Comisión Económica y de Seguridad confirmó estas duras evaluaciones:

> La búsqueda del gobierno Chino en el liderazgo tecnológico a cualquier costo, lo cual significa que compañías extranjeras a menudo son víctimas de robo de propiedad intelectual, o requisitos de transferencia de tecnología coercitiva, para ganar el acceso al mercado Chino. El gobierno Chino está utilizando medios ilícitos como el robo cibernético, espionaje industrial, así como datos de Estados Unidos de gran importancia para la seguridad nacional y que son comercialmente valiosos.[387]

Es importante destacar que las empresas occidentales tienen que superar muchos obstáculos burocráticos, para repatriar sus ganancias que pueden cambiar de la noche a la mañana, y por tanto se ven obligados a reinvertir en la modernización de la industria China. Lo que Spalding condena como un esquema Ponzi gigante. Spalding describe como la guerra cibernética de China contra las empresas occidentales, está siendo impulsada por el Ejército Popular de Liberación.

Cuando se trata del espacio exterior, Pilsbury y Spalding explican como China ha estado utilizando estas prácticas sin escrúpulos para desarrollar su propio Programa Espacial Convencional, con el objetivo de proyectar una presencia militar en el espacio profundo, que se utilizará contra los activos espaciales de Estados Unidos. La creciente disposición de China a utilizar los activos espaciales militares en contra de Estados Unidos, fueron uno de los temas clave cubiertos en el informe de la revisión a la Comisión de Economía y Seguridad de Estados Unidos y China en 2019:

> China ve en el espacio un Ejército Estadounidense crítico con una economía vulnerable, y ha presentado una gama de armas de contraespacio de ascenso directo, ciber electromagnéticas y co-orbitales, capaces de apuntar casi todas las clases de activos espaciales, de Estados

CAPÍTULO 17

Unidos, el Ejército de Liberación Popular, también desarrollo conceptos doctrinales, para el uso de estas armas, fomentando estos ataques escalonados, contra los sistemas espaciales de un adversario en un conflicto temprano, amenazando con desestabilizar el dominio, es difícil para Estados Unidos disuadir a Beijing de utilizar estas armas, dado que los Estadounidenses tienen una mayor vulnerabilidad en el espacio.[388]

Mientras la administración de Trump está en proceso de establecer la rama espacial como la sexta rama del Ejército Estadounidense. China tenía una fuerza aeroespacial en funcionamiento desde 2014, como la quinta rama del Ejército de Liberación Popular.[389] El discurso del Presidente Xi fue resumido en un total apoyo a la militarización del espacio en respuesta a Estados Unidos, y otras naciones que ya lo han hecho:

> Estados Unidos ha prestado considerable atención y recursos para la integración de capacidades, tanto en el aire como en el cosmos y también otras fuerzas que impulsaron la militarización espacial... Aunque China ha declarado que se apega al uso pacífico del espacio, debemos asegurarnos de tener las capacidades para hacer frente a los retos de otros en el cosmos.[390]

La frase clave, que vale la pena destacar aquí, es la referencia de Xi a "La competencia de hacer frente a las operaciones de otros en el cosmos" como se explica en *Secret Space Programs Series* mi "Serie de Programas Espaciales Secretos". Tanto la Fuerza Aérea de los Estados Unidos, como la Marina de los Estados Unidos tienen Programas Espaciales Secretos independientes, que proyectan su respectivo poder militar y personal en el espacio profundo. Estos dos Proyectos paralelos dirigidos por Militares Estadounidenses, han estado en funcionamiento desde la década de 1970, mientras que el público en general esta engañado para creer que la única presencia sideral tripulada de los Estados Unidos fue el programa dirigido por los científicos civiles de la NASA. China es consciente de la verdad detrás de las operaciones espaciales militares encubiertas de los Estados Unidos, después de que envió satélites a la órbita terrestre, en la década de 1970. El crecimiento de China, las capacidades de vigilancia cósmica, les permitieron rastrear las operaciones en el espacio militar, enfocados principalmente en la construcción de este, estaciones operadas por la USAF *National Reconnaissance Office (NRO)* y La Oficina Nacional de Reconocimiento.

En mi libro cuatro de mi serie titulada *"US Air Force Secret Space Program"*, "El secreto del programa Espacial de Estados Unidos", discuto 825 documentos NRO desclasificados, y muestran como la USAF y NRO utilizaron un proyecto, presuntamente descontinuado *Manned Orbiting Laboratory (MOL)* Laboratorio de Órbita Tripulada, como cubierta para el envío de módulos en el espacio, que podrían configurarse para establecer estaciones espaciales tipo Von Braun, es decir ensamblados de forma circular.[391] Estas estaciones espaciales de la USAF/NRO proporcionaron plataformas de armas, ideales para extender la fuerza militar en todo el planeta, desde las alturas del espacio. China como otras naciones importantes, con capacidad de vigilancia satelital, conocen bien las estaciones espaciales USAF/NRO con sus potenciales capacidades militares. El programa Espacial Secreto de la USAF, así como otros programas espaciales encubiertos, se considera que plantean una amenaza existente para la soberanía nacional de China, y el Partido Comunista en si mismo.

La respuesta de China a la ingeniería inversa, de las naves extraterrestres capturadas, realizadas por la USAF y otros de los cuales Tsien informó a los líderes Chinos en la década de 1950. Tomó muchas décadas debido a la falta de fondos, y agitaciones políticas, había también considerable escepticismo de los funcionarios del partido, quienes dudaban de la fiabilidad científica de Tsien, cuando se trataba de sistemas de propulsión presuntamente poseídos por OVNIS. De la década de 1950 a 1978, la posición oficial del Partido Comunista, vieron todo lo relacionado con OVNIS como un "truco occidental" y por tanto los científicos Chinos que creían en tales reportes, indicaban "candidez personal y que caían en el truco" según Wendell Stevens y Paul Dong coautores de *UFOs Over Modern China*.[392] Fue solo después de la protesta de Tiananmen de 1989, que su autoridad como científico fue restaurada, negando su desgraciada caída anterior al criticar a Deng Xiaoping durante la era de la Banda de los cuatro.

Debido a la escalada de acontecimientos, Deng llegó a apoyar completamente la visión a largo plazo de Tsien para desarrollar una nave de ingeniería inversa, utilizando sistemas electromagnéticos de propulsión exóticos, basados sobre lo que la Fuerza Aérea de Estados Unidos, había puesto en desarrollo a finales de 1940. Además para su Programa Espacial Secreto, China construiría un sistema de comando y control que utiliza la "ciencia somática". A principios de la década de 1990, la economía de China había crecido lo suficiente, como para hacer factible el ambicioso plan de Tsien. Su nombramiento en 1992 como "Consultor de alto nivel" del Comité del Ejército de Liberación Popular que ejecuta el Programa Espacial de China, permitió que este plan de décadas se llevara a cabo.[393]

A mediados de la década de 1990, China comenzó decisivamente su investigación activa, y su desarrollo en naves espaciales de propulsión exótica, que algún día rivalizarían con los construidos por la USAF a principios de la década de 2010, China comenzó a desplegar su propio Programa Espacial Secreto, que utiliza sistemas de propulsión exóticos, y comando de ciencia somática basado en un sistema controlado. China también desplegó en secreto un sistema de armas potentes, como las "Varillas de Dios" y otras tecnologías destructivas. En general China solo está duplicando lo que Rusia y Estados Unidos hicieron a finales de los años 60 y 70, así como los logros de la comunidad separatista Alemana en la Antártida dos décadas antes durante 1940, tal como lo explico en el libro *Antarctica's Hidden History* (La historia escondida de la Antártida).[394]

La necesidad de que Estados Unidos y China, logren asociación estratégica en el espacio

El Doctor Michael Pilsbury y el Dr. Robert Spalding proponen una serie de pasos, para evitar que China logre su objetivo a largo plazo de suplantar a Estados Unidos como hegemonía mundial. Los pasos parecen ser muy sensibles, y su influencia puede ser vista en las duras políticas de Trump sobre China. Estas políticas cambiantes, han dado paso a una nueva era entre Estados Unidos y China, relaciones destinadas a detener los desequilibrios comerciales crónicos, el robo de propiedad intelectual, y el envío de bienes pirateados en los Estados Unidos, todas estas políticas han sido respaldadas en la revisión del informe de la Comisión de Económica y Seguridad de Estados Unidos en 2019.

Además el profesor Graham Allison el decano fundador de la Escuela de Gobierno John F. Kennedy de la Universidad de Harvard tiene un libro informativo llamado *Destined for War* "Destinado para la Guerra", que proporciona recetas clave para evitar una guerra caliente entre Estados Unidos y China, lo cual podría conducir a una calamidad global. Se basa en hechos históricos, para evitar lo que él describe como la "Trapa de Tucídides" mediante el cual un aspirante a la supremacía mundial va en contra de una hegemonía dominante.[395]Tucídides fue el legendario historiador griego que explicó la dinámica del poder detrás de la Guerra del Peloponeso, (431-404 a.C.) que devastó a la antigua Grecia como sigue:"Lo que hizo inevitable la guerra fue el crecimiento del poder ateniense, y el miedo que esto causó en Esparta".[396] Esparta, era la supremacía dominante del antiguo mundo griego. Mientras Esparta observaba el crecimiento económico y militar, Atenas era un aspirante a hegemonía, una guerra entre los dos estados se hizo inevitable, como Tucídides resumió brevemente.

Al comprender que China tiene una genuina historia de quejas, en la forma en que Estados Unidos trató a este país, así como algunas otras grandes potencias durante su "Siglo de humillación" (1842-1949), según Allison, puede evitarse una guerra importante.[397] Describe los antecedentes históricos donde se encontraba utilizando la diplomacia con éxito, para evitar una guerra caliente que puede surgir de múltiples formas entre Estados Unidos y China, tal como escalofriantemente lo describe Allison en *Destined for War* "Destinado para la guerra".

    A pesar de los análisis incisivos proporcionados por Pillsbury, Spalding y Allison acerca de las relaciones a largo plazo en China con Estados Unidos, sus libros no demuestran la existencia de un "Estado Profundo", que ha desarrollado con éxito Programas Espaciales Secretos en Norteamérica, sin ninguna consciencia pública de desarrollo, despliegue, operaciones y financiamiento. Por Estado Profundo, me refiero al grupo oculto de seguridad nacional y funcionarios corporativos que surgieron del grupo Majestic 12, creado originalmente en la década de 1940, para cuestionar todo lo relacionado a la tecnología y la vida extraterrestre. Después del asesinato de Kennedy en 1963, que estaba directamente vinculado a la oposición del grupo Majestic 12 y sus esfuerzos para afirmar la autoridad ejecutiva presidencial, acerca de los asuntos extraterrestres, el grupo Majestic 12 se transformó en un grupo corporativo transnacional, que hoy es la faceta más poderosa del Estado Profundo.[388]

    Spalding, Pillsbury y Allison parecen ignorar como el "Estado Profundo" manipula a los funcionarios públicos, para aprobar políticas que promueven múltiples agendas, que debilitan a los ciudadanos Estadounidenses, un buen ejemplo fueron los dos primeros años del presidente Trump, los cuales fueron obstaculizados por las afirmaciones de colusión de Rusia, que envenenaron las perspectivas de un trabajo en colaboración entre Putin y Trump para solucionar problemas mundiales mayores. Steven F. Cohen, profesor emérito de estudios Rusos en la Universidad de Princeton, señala la complicidad de los Estados Unidos, en los principales medios de comunicación para perpetuar la colusión del Russia gate, en una narrativa para evitar la cooperación entre las administraciones de Putin y Trump: "En la era de Russia gate, la corriente principal Estadounidense de los medios de comunicación, están practicando una censura parcial de manera sistemática, excluyendo voces y otras fuentes que desafían directamente su narrativa ortodoxa".[399] El "Estado Profundo" no tiene intención de permitir que Estados Unidos y Rusia, colaboren en el escenario mundial y ha utilizado funcionarios públicos, comprometidos para promover una narrativa falsa, que ha sido incitado por los principales medios de comunicación.

Esto me lleva a la creciente evidencia, de que el "Estado Profundo" está ayudando activamente a China, en su "guerra sigilosa como Spalding, Allison y Pillsbury afirman que para lograr una paridad tecnológica con Estados Unidos, China ha recurrido a mentir, engañar y robar, tanto en la Tierra como en el espacio ultraterrestre. No es casualidad que Hillary Clinton y otros líderes Estadounidenses políticos como el ex vicepresidente Joe Biden y la senadora Diane Feinstein, han sido acusados de ayudar a China de acceder a tecnología clasificada.[400] Esto es precisamente lo que el "Estado Profundo" quiere como el grupo de inteligencia militar QAnon ha revelado desde 2017.[401]

El verdadero escándalo detrás del correo electrónico pirateado de los servidores de Clinton, durante su mandato como Secretaria de Estado (2009-2013) es el papel clandestino del juego de China, y la probabilidad de que fuera parte de un plan elaborado, de un esquema de pago para llevarlo a cabo, para filtrar tecnologías clasificadas. Clinton tenía acceso al *Talent Keyhole* tecnologías de vigilancia clasificada, dentro de los Programas de Acceso Especial, y discutió esto en correos electrónicos almacenados en sus servidores.[402] Esto fue corroborado por nada menos que el inspector general de la Comunidad de Inteligencia de los Estados Unidos, que confirmó los distintos niveles de seguridad de correos electrónicos almacenados en los servidores pirateados de Clinton que incluían programas de acceso de alto secreto/especial.[403] El reportero Richard Pollock, con el *Daily Caller* describió lo que el inspector general, descubrió acerca del servidor de Clinton:

CAPÍTULO 17

Una empresa de propiedad China, que opera en Washington D.C. hackeó el servidor privado de la casa de Hillary Clinton, durante su mandato como Secretaria de Estado y obtuvo casi todos los correos electrónicos de Clinton en tiempo real, mientras enviaba y recibía comunicaciones y documentos a través de su servidor personal... El código Chino que estaba incrustado en el servidor que se mantuvo en la residencia de Clinton en el norte del estado de Nueva York. El código generó al instante una "copia de cortesía" para casi todos los correos electrónicos, y los envió a una compañía China.[404]

El hackeo del servidor privado de Clinton durante su mandato de Estado, no es gran sorpresa dado que Pillsbury, Spalding y Allison han descrito en sus respectivos libros pero según QAnon, Clinton estuvo involucrado en un esquema de pago por juego de China, para filtrar secretos de tecnología avanzada con la aprobación del "Estado Profundo."[405] El último objetivo del "Estado Profundo" es ayudar al desarrollo de China en el crecimiento global, poder que eventualmente colisionaría en los Estados Unidos en la supremacía mundial.

Esto me lleva de nuevo a una pregunta planteada anteriormente en este libro: ¿Por qué el Dr. Tsien fue el objetivo del FBI, por motivos más débiles? Y posteriormente fue obligado a abandonar los Estados Unidos, en un intercambio de prisioneros, llevando consigo los secretos que había adquirido de los esfuerzos de la Fuerza Aérea para realizar ingeniería inversa, la cual fue adquirida de las naves capturadas de los Nazis, así como de extraterrestres. Anteriormente propuse tres posibles explicaciones: pura coincidencia, un esfuerzo del Estado Profundo para ayudar a China a industrializar y hacer un zeistgeist planetario.

La segunda explicación involucra nuevamente al Estado Profundo, y donde se plantea la cuestión de que por qué comenzaron a ayudar a China a industrializarse, para lograr una paridad tecnológica ya que en 1950, con el controvertido ataque, encarcelamiento y deportación de Tsien. Eso es verdad, Tsien era conocido por el grupo del Majestic 12, una faceta clave del Estado Profundo, a través del Dr. Jerome Hunsaker miembro fundador del MJ-12, quien fue el jefe de Tsien en el MIT de 1946 a 1949. Aunque increíble de contemplar, ciertamente es posible que los esfuerzos del Estado Profundo, para ayudar a la evolución tecnológica de China a convertirse en una potencia geopolítica, así como en el poder espacial, que desafiaría a Estados Unidos, 50 años después, fue cuando el FBI atacó a Tsien.

Los libros de Pillsbury y Spalding reflejan la cosmovisión, reconociendo el bando del establecimiento de la Seguridad Nacional de Estados Unidos, y eso se opone a lo que el Estado Profundo ha estado haciendo, para desviar los secretos tecnológicos a China. De hecho hay una fuerte evidencia que está ocurriendo una guerra civil de baja intensidad, dentro de los Estados Unidos, donde un grupo liderado por el Estado Profundo, está luchando contra un conjunto patriótico de funcionarios militares y públicos, dedicados a la constitución de los Estados Unidos, y la República. Esto ayudaría a Spalding, quien fue dejado de lado por el Consejo de Seguridad Nacional, e hizo poco para apoyar sus esfuerzos para contrarrestar los ciber ataques Chinos, contra empresas occidentales y por qué renunció al servicio militar activo. El movimiento QAnon representa un esfuerzo en tierra, para apoyar a este grupo patriótico de oficiales Estadounidenses, en sus esfuerzos por exponer al Estado Profundo y detener la filtración de secretos tecnológicos a China.

¿Es bueno o malo, si China sigue utilizando prácticas sin escrúpulos? En una guerra sigilosa, para ponerse a la par con los desarrollos militares de Estados Unidos. ¿Los activos del Ejército se generaron y desplegaron en el espacio de forma secreta? A partir de una perspectiva de Seguridad Nacional de China, quienes están haciendo lo que sea, para cerrar una brecha tecnológica, ya que esto la hace vulnerable a la presión política Norteamericana. Desde la perspectiva de seguridad Nacional de Estados Unidos, China es un Estado Comunista que se está beneficiando de la ingenuidad de occidente, abriendo sus economías e invirtiendo fuertemente en la modernización de China, con la triste esperanza de que algún día China marque el comienzo de reformas democráticas. El peligro es que a medida que China se convierta en la economía más grande del mundo para 2030 según el crecimiento del PIB las estimaciones dicen que utilizará su enorme influencia financiera, para apuntalar sistemas políticos represivos en todo el mundo, servirán como aliados naturales a su sistema totalitario de un solo partido.[406]

Hay mucha evidencia de que el sistema totalitario de China, es algo que el Estado Profundo quiere expandir al mundo. Una concentración de poder político, es mucho más fácil de infiltrar y manipular que los sistemas políticos democráticos, con sus controles y balances complejos. A pesar de una larga historia de agresividad, las políticas de Estados Unidos, dictadas por las elites del Estado Profundo intentan infringir los derechos soberanos de otras naciones, en la búsqueda de agendas cuestionables, estas acciones han sido restringidas por los chequeos y balances consagrados en la Constitución de los Estados Unidos, es por eso que el Estado Profundo está ayudando a China a cerrar la brecha tecnológica con Estados Unidos, pero también para desarrollar un Programa Espacial Secreto, que rivaliza con la que tiene; la Fuerza Aérea Estadounidense y actualmente permite a China ponerse al día con las naves con la tecnología más avanzada que la Marina de Estados Unidos ha desplegado en el espacio profundo.[407] En respuesta militares y oficiales públicos, dedicados a la constitución de los Estados Unidos, están librando una guerra civil detrás de escena, el resultado de la cual aun no se conocen al momento de haber escrito este libro.

El espacio exterior será donde se libre la batalla final entre la hegemonía gobernante (Estados Unidos) y el aspirante (China) se determinara donde China planea suplantar a los Estados Unidos, como el poder mundial dominante. Esto será bien ilustrado por los planes de China para establecer una zona económica espacial Tierra-Luna, para 2050. Según Bao Weimin de la Corporación de Ciencia y Tecnología Aeroespaciales de China, China planea colonizar la Luna, por razones de desarrollo económico:

> En un informe sobre el desarrollo del espacio Terrestre y Lunar, Bao compartió sus pensamientos sobre la economía potencial en este campo y prometió que el país estudiaría su confiabilidad, costo y estilo de vuelo como sistema de transporte entre la Tierra y la Luna... Se comprometió a completar la investigación básica, y hacer un avance en tecnologías clave antes de 2030 y establecer un sistema de transporte para 2040. Y para 2050 China podría establecerse en la Luna, donde se generaría una zona económica espacial.[408]

CASC es una sección de la Quinta Academia de Tsien Hsue-Shen, el lugar donde por primera vez compartió sus ideas para un Programa Espacial Secreto, utilizando tecnologías de propulsión exótica. No es accidental que el CASC esté a la vanguardia de los planes de China, en conquistar el espacio, ya que tiene naves de propulsión electromagnética desarrolladas en secreto para la Fuerza Aeroespacial del Ejército Popular de Liberación, como se explica en el capítulo 15, estas naves se ensamblan en secreto y se extienden en la base aérea de Dingxin, en la provincia de Gansu justo al lado del Centro de lanzamiento de satélites de Jiuquan, la instalación original de cohetes establecidos por Tsien en 1958.

Las perspectivas de China y Estados Unidos, de que participen en una guerra caliente en el espacio es sumamente inquietante. El libro de Allison *Destined for War,* "Destinado para la guerra", describe con que facilidad el conflicto entre Estados Unidos y China, se podría convertir en una guerra nuclear. Menciona escenarios que involucran ataques de falsa bandera, que precipitarían una conflagración mundial, en mi libro *US Air Force Secret Space Program,* "Programa Espacial Secreto de la Fuerza Aérea Estadounidense", presenté una amplia información sobre como el Estado Profundo, ideó un ataque de misiles nucleares, de bandera falsa en Hawai el 13 de Enero de 2017, diseñado para ser rastreado hasta Corea del Norte. Lo que seguramente habría llevado a Estados Unidos y China

CAPÍTULO 17

directamente a estar involucrados en una guerra nuclear.[409]

El potencial de una guerra caliente, ideada por el Estado Profundo, entre Estados Unidos y China, son muy probables, dado el creciente poder y sofisticación del Programa Espacial Secreto de China, especialmente dado la escalada de recursos que les continúan fluyendo. En contraste, los militares de Estados Unidos, encuentran cada vez más difícil modernizar sus Programas Espaciales Secretos. En cambio se ha sobre extendido en guerras regionales, en las que se ha involucrado. Como un remedio, la creación de una fuerza espacial destinada a ayudar a la USAF, intenta modernizar su Programa Espacial Secreto y eventualmente fusionarlo, con el programa más altamente clasificado de la Marina, que actualmente se implementa en las profundidades del espacio. [410]

"El surgimiento del Dragón Rojo" no significa que China emerge como súper potencia en la Tierra y el Espacio Exterior, está destinado para dar lugar a una gran confrontación militar con el águila Norteamericana. Si los esfuerzos del Estado Profundo, para idear una guerra caliente entre China y Estados Unidos, (Cómo sucedió con el ataque del misil en Hawai en 2017), entonces las relaciones pacíficas pueden ser sostenidas indefinidamente entre estos dos rivales políticos, tanto dentro como fuera del planeta. Exponiendo a quienes están detrás de los ataques de falsa bandera que podrían enredar a Estados Unidos y China, serán críticos para mantener la paz. *Destined for war,* "Destinado para la Guerra", de Allison, ofrece lecciones históricas muy útiles, sobre cómo los países que experimentan la "Trampa de Tucídides" no solo pueden evitar una guerra caliente, si no incluso convertirse en grandes aliados, para enfrentar nuevos desafíos globales.

Uno de estos desafíos es cómo lidiar con el desarrollo de la incorporación de la Inteligencia Artificial, en las sociedades modernas, lo que a diferencia de China, Estados Unidos y otras súper potencias, es que China está armando la Inteligencia Artificial en su estrategia de guerra asimétrica, para obtener una ventaja tecnológica sobre sus rivales. En mi libro *The US Navy's Secret Space Program,* "El Programa Espacial Secreto de la Marina

Estadounidense", describo como la IA, es una amenaza de seguridad importante, que se protege estrictamente contra diferentes programas espaciales, incluyendo visitas de civilizaciones extraterrestres.[411] De hecho hay pruebas convincentes de que la IA en múltiples ocasiones, ha tomado planetas enteros, y condujo a sus habitantes originales a vivir en el exilio.

Un libro de 2009 escrito por Steffano Breccia titulado *Mass Contact*, "Contacto Masivo", describe un grupo de extraterrestres de aspecto humano, con bases establecidas al norte de Italia, desde 1956 a 1978, antes de tener esas bases destruidas por formas de vida sintéticas que habían creado, habían tomado su mundo, y ahora estaban cazando a sus propios creadores.[412] Más de cien testigos interactuaron con extraterrestres, y sus naves fueron fotografiadas en este periodo de 22 años, haciéndolo uno de los casos de contacto entre humanos y extraterrestres, mejor documentados en la historia.

El escenario anterior está bien ilustrado en la serie de Ficción, *Battlestar Galactica*, esta serie tiene una distinción altamente inusual, de haber planteado sus asuntos en un hipotético conflicto galáctico entre humanos y seres de Inteligencia Artificial (Cyclons) que fueron presentados para discusión en la ONU, en Marzo de 2009.[413] Vale la pena destacar, que la persona que escribió el programa piloto fue Leslie Stevens IV, hijo de uno de los almirantes involucrados en el escenario del Programa Espacial Secreto de la Armada Solar Warden, en la Marina de los Estados Unidos. Explicó como Stevens trabajó con la comunidad de Inteligencia militar, para revelar los aspectos del Programa de la Marina a través de películas y programas de ficción.[414] Simplemente en pocas palabras, la Marina de Estados Unidos, ha sido consciente del problema inquietante que la IA, ha planteado en sociedades extraterrestres, y ha reconocido desde el principio que la gente necesitaba ser advertida sobre sus peligros. *Battle Star Galactica* fue una revelación discreta, autorizada por la Marina de los Estados Unidos, acerca de los peligros de desarrollar y armar a la IA.

CAPÍTULO 17

Más recientemente Corey Goode dio una descripción de cómo Solar Warden desarrolló procedimientos sofisticados de control de seguridad para identificar posibles infiltraciones de IA.[415] Afirma que la IA, ha sido un problema importante, en miles de mundos extraterrestres y es considerada una tecnología muy peligrosa, capaz de hacerse cargo de la sociedad original que la creo.[416] Goode dice que las civilizaciones extraterrestres, tienen una amplia experiencia en ver como la IA ha tomado el control de innumerables mundos y ha erradicado a la población que la creó.

El problema alarmante de China creando y adoptando IA para cerrar la brecha tecnológica con Estados Unidos, para ganar una futura guerra espacial, ahora se vuelve cristalina. Al admitir la Inteligencia Artificial en su Ejército y en su sociedad, China está tomando un camino muy peligroso. Mientras que científicos como el Dr. Kai Fu Lee, autor de *AI Superpowers,* habla favorablemente de los beneficios de la IA, él es simplemente ignorante de la amenaza que representa, como se describió anteriormente, las advertencias de prominentes figuras públicas como Stephen Hawking y Elon Musk, sobre los peligros que representa la IA, deben tomarse muy en serio.[417] Si China no toma las medidas pertinentes para enfrentar la amenaza de la IA, y continúa su política actual para establecer un dominio global en 2049, entonces se convertirá en un peligro para toda la humanidad, a través del abrazo desenfrenado de la IA.

Otra innovación que China persigue agresivamente, independientemente de su impacto es el lanzamiento 5G, la próxima generación de comunicación inalámbrica. El 5G es el "Internet de las cosas", que incluye productos *"smart",* desde refrigeradores, semáforos, hasta collares de perro, que enviarán y recibirán datos.[418] A este "Internet de las cosas" podemos agregar, aviones no tripulados, automóviles sin conductor, y "Gente" en sí. Por ejemplo las cámaras de reconocimiento facial, permiten que una red 5G rastree el movimiento de las personas y su comportamiento, para desarrollar un "sistema de crédito social" y el estado de "vigilancia total".

Lo que es aún más preocupante, es que las frecuencias de

los usos del 5G, son los mismos que se encuentran en los "Sistemas de Degeneración Activa" adoptados por militares para el control de multitudes. La periodista Makia Freeman, explica:

> El 5G es un armamento de matriz en fase que se vende disfrazado, principalmente por un sistema de comunicaciones, cuando las bandas de frecuencia que usa, (24Ghz incluyendo ondas milimétricas MMW) son los mismos que se usan en los sistemas de negación activa, es decir control de multitudes. Incluso la Wikipedia convencional describe la negación activa de sistemas, como el armamento de energía dirigida, que se dispersa en las multitudes, causando un dolor intenso e inmediato, que incluye el ardor en la piel.[419]

En Diciembre de 2009, China empezó a desplegar satélites 5G para proporcionar una plataforma espacial, basada en transmisiones en una amplia área de China. Liu Chang portavoz de un fabricante chino de satélites 5G, *Galaxy aerospace* explica:

> La cobertura de las señales 5G es enorme, y los satélites de banda ancha de órbita baja, puede cubrir uniformemente un rango de 300,000 kilómetros cuadrados. Grandes ciudades como Beijing, Shangai, Guangzhou, y Shenzhen pueden lograr fácilmente plena cobertura en conducción autónoma, de aeronaves, barcos, ferrocarriles de alta velocidad, y otras plataformas móviles para proporcionar una red 5G de alta velocidad, estable y servicios de conexión de baja latencia.[420]

Hay muchas probabilidades de que satélites 5G y estaciones Terrestres estén siendo armadas para el control de multitudes, y operaciones de ofensiva militar, en contra de las naciones que ahora serían un objetivo que se vuelve muy claro. Cualquier país con una red de antenas 5G que aparentemente transmiten

CAPÍTULO 17

señales "inofensivas" de telecomunicaciones por todo el planeta, con el toque de un interruptor de su red 5G ajustado a la derecha a la frecuencia 5G, (95GHz) y el aumento en los niveles de potencia suficiente para activar un sistema de rechazo activo, basado en el espacio que puede atacar a las poblaciones del objetivo, con olas milimétricamente dolorosas, donde las personas no tendrían defensa. 421 un satélite 5G con doble propósito, con un sistema de transmisión que puede entregar 5G a poblaciones de todo el mundo, o convertirse en una negación activa. El sistema sería una adición importante a largo plazo a la estrategia asimétrica de China, en desarrollar armas espaciales para contrarrestar el dominio de Estados Unidos con armamento convencional. Por lo tanto no es accidental que el Partido Comunista Chino, liderara la acusación en el desarrollo y despliegue del 5G a una velocidad vertiginosa, líderes del Partido Comunista Chino, creen que el 5G proporcionará todas las herramientas necesarias para administrar la vasta población China, y lograr su objetivo a largo plazo, de la hegemonía mundial.

Lo que es particularmente preocupante, es que la ciudad piloto para el lanzamiento del 5G en China, fue Wuhan que en solo unos meses se convirtió en el epicentro del brote mortal de coronavirus, (también conocido como Covid19) que comenzó a principios de Diciembre de 2019. Varios investigadores han encontrado evidencia perturbadora de que el coronavirus es un producto de una guerra biológica, que implica la alteración del ADN de los humanos, a través de transmisiones 5G.[422] La conexión 5G y la guerra biológica se logra a través de un proceso conocido como "electroporación" descrita como un pulso electromagnético, que abre las células e inyecta ADN extraño y luego se cierra.[423] Se ha señalado que esta es la misma acción que tiene la tecnología 5G con usos en ondas pulsadas y el coronavirus fue reportado en ¡Haber iniciado en un área en China, que había desplegado tecnología 5G![424] En otras palabras, la tecnología 5G puede usarse para alterar el ADN humano y transmitir virus, Wuhan fue elegido como el epicentro para una prueba de una guerra biológica transmitida por el 5G en China, o por el ataque de una parte desconocida.

Según un ex analista de inteligencia del cuerpo de Marinos de Estados Unidos y el oficial de casos de la CIA, Robert David Steele, el coronavirus representa un ataque de "bandera falsa" orquestado por el Estado Profundo/Mossad, destinado a comenzar una guerra entre China y Estados Unidos. Afortunadamente esta ofensiva de bandera falsa, ha fallado según Steele:

> Creo que la confianza personal entre el Secretario General Xi Jingping y el Presidente Donald Trump es fuerte, y la idea de que Estados Unidos emprendiera un ataque como una cuestión política ha sido descontada en China. Por supuesto que hay elementos en nuestro departamento de Defensa, así como en la Agencia Central de Inteligencia (CIA) conocida por colaborar con el Mossad en operaciones de pedofilia, de detención de narcotraficantes, y de patrocinios terroristas, incluido el ISIS y el 11 de Septiembre, pero en general estoy convencido de que no fue generado por los Estados Unidos, y los líderes Chinos lo saben.[425]

Significativamente Steele vincula el coronavirus como el lanzamiento del 5G, como parte de un ataque de armas biológicas de bandera falsa:

> Tampoco está claro el grado en el que China está a la cabeza del 5G, o es una gran parte de esto. Aun no sabemos si fue un ataque de bandera falsa como esta sospechado. Una prueba de intersección de la guerra biológica y la guerra electromagnética, o un completo asalto a destruir la economía China, y despoblarla, O ¡Tal vez los tres![426]

Lo que fortalece las afirmaciones de que el Coronavirus está vinculado al lanzamiento del 5G, es que del 18 al 27 de Octubre de 2019 Wuhan organizó los Juegos Mundiales Militares, donde el 5G se utilizó por primera vez. Exactamente al mismo tiempo en Nueva York, la fundación de Bill y Melinda Gates, organizó un "Ejercicio de Pandemia Global" que justamente simuló la pandemia del Coronavirus.[427]

Sospechas de que el 5G pueda utilizarse en una guerra biológica, cuyos propósitos han sido fortalecidos por la biomedicina China, investigadores y funcionarios estatales de China, empiezan a reconocer que el brote de coronavirus, se remonta a las armas biológicas de laboratorio, en Wuhan.[428] Además los científicos han confirmado que estar expuesto a las ondas 5G "Causan síntomas parecidos a los de la gripe" similares al coronavirus.[429] Por consiguiente más bien que las estaciones transmisoras del 5G, tanto terrestres como espaciales, son utilizadas en forma encubierta para el control de las multitudes, y esto también puede ser parte de una guerra biológica planeada.

El lanzamiento 5G en China coincide con el desarrollo de la Inteligencia Artificial, y su creciente uso en el seguimiento de la transferencia y control de "Internet de las cosas". Según el Dr. Kai Fu Lee, el uso del reconocimiento facial en China para monitorear a su enorme población de 1,400 millones de personas, le dará una enorme ventaja estrategica sobre Estados Unidos, en el desarrollo de IA, [430] Además de la combinación de IA y 5G, le da a China una ventaja asimétrica sobre su rival los Estados Unidos, cuando se trata de cuestiones de Seguridad Nacional, la investigación de armas biológicas, y la carrera por dominar el espacio, es el nuevo terreno estratégico en una futura guerra, entre las principales potencias.

La cooperación pacífica entre Estados Unidos, China, y otros países como Rusia, son esenciales para el resurgimiento de nuestro planeta en una comunidad galáctica interplanetaria. Tiene que haber un consenso entre las naciones principales sobre como identificar y tratar el peligro que representa el desarrollo generalizado de la Inteligencia Artificial y especialmente el lanzamiento del 5G cuando se trata de sus respectivos armamentos.

Además de que necesitamos urgentemente autoridades Chinas y Estadounidenses para revelar públicamente las tecnologías avanzadas utilizadas, en sus respectivos programas espaciales secretos, los cuales pueden transformar la vida de nuestro planeta, y a su vez proporcionar testigos de acontecimientos en el espacio. Lo cual ha comenzado a suceder en Estados Unidos, con el lanzamiento oficial de *Space Force*, el 20 de Diciembre de 2019, así como la apelación presentada por la secretaria de la Fuerza Aérea, Bárbara Barret, para desclasificar tecnologías secretas de programas espaciales: "Desclasificar algo de lo que se encuentra en bóvedas seguras, sería una buena idea... Tendrías que tener cuidado con lo que se desclasifica, pero hay mucho más clasificado de lo que debe ser".[431]

La verdad sobre el programa espacial secreto gestionado por la ONU, usando naves espaciales avanzadas, para establecer bases en planetas y lunas en nuestro sistema solar, incluso planetas y lunas en 13 sistemas solares cercanos, necesitan ser revelados. Además la cooperación internacional establecida, además de los científicos administrados en los Programas Espaciales Secretos, en programas similares que prometen ser un buen modelo para utilizar una mayor cooperación internacional en la Tierra y el Espacio.

Además China, Rusia, Estados Unidos, y otras naciones necesitan abrir sus respectivos depósitos de conocimiento antiguo, que data de la era anterior a la inundación atlante (antes del 9600 a.C.) esto significa que las naciones firmantes del tratado del Atlántico, deberían compartir su descubrimiento de la tecnología del continente congelado con el mundo, en lugar de esconderlo para el uso exclusivo de las naciones dominantes.[432] Para China esto significa transmitir los secretos encontrados en las pirámides, de la provincia de Shaanxi, algunas de las cuales están lejos de lo que las autoridades Chinas estén dispuestas a reconocer públicamente. Los antiguos conocimientos y tecnologías que se encuentran en las pirámides de China, en los antiguos textos budistas y tibetanos, son un gran legado prometedor, pérdida de

CAPÍTULO 17

conocimiento en salud, longevidad e historia humana para todos. En lugar de solo ser estudiada por el Ejército de Liberación Popular. Ciertamente estas sociedades remotas, pueden tener información de cómo trataron el problema de IA, y como marcar las operaciones de bandera falsa por parte de grupos similares al Estado Profundo.

Finalmente necesitamos involucrarnos con civilizaciones extraterrestres, que visitan nuestro mundo con información increíble, sobre la humanidad y la historia galáctica, una filosofía cósmica que muestra muchas respuestas antiguas a preguntas teológicas. Esta se vuelve particularmente importante, cuando se trata de un asunto relacionado a la IA, y el Estado Profundo. ¿Cómo los extraterrestres manejan el problema de la Inteligencia Artificial? Tal vez se les ocurrieron medidas para reprimir a la AI, para evitar dañar a sus sociedades. Si los científicos Chinos de hecho están colaborando con extraterrestres, en la región remota de Lop Nur, como parte de un programa de investigación interplanetaria, como ha sostenido el Dr. Ray Keller, entonces China puede ayudar mucho al mundo a prepararse, para la realidad de la vida extraterrestre y los múltiples beneficios de un contacto abierto. Los asuntos de la IA pueden tratarse satisfactoriamente en un consenso entre las principales naciones, si la información extraterrestre sobre este y otros problemas globales, se comparten abiertamente, lo cual sería congruente a la descripción que daba el Dr. Sun, a las antiguas tradiciones donde China es un puente entre el cielo y la tierra.

La idea de un Zeitgeist planetario, que dirige a los humanos. (Zeitgesti, es un término que se refiere a los caracteres distintivos de las personas, se extienden en una o más generaciones y cuya visión global a pesar de las diferencias de edad y el periodo de progresión socio cultural, es la experiencia del clima cultural dominante que la define, particularmente en el pensamiento hegeliano, uno era la progresión dialéctica de una persona o del mundo entero) Que a través de individuos históricos mundiales para guiar a la humanidad a una nueva auto consciencia y entender que homeóstasis (balance) es importante. Hay buenas razones para creer que Tsien Hsue Shen fue un individuo histórico mundial elegido para desempeñar un papel único, ayudando a iniciar los programas espaciales, de los Estados Unidos y China. Su humillación a manos del FBI y los servicios de inmigración de 1950 a 1955, en muchos sentidos refleja el "siglo de la deshonra que vivió China, desde 1842 hasta 1949. A través de su carrera aeroespacial, Tsien mostró el tipo de personaje y virtud que reflejó a los antiguos inventores de aviación de China que fueron auxiliados por misteriosas "tribus de aves" relacionadas con extraterrestres o una civilización interna de la Tierra. La condición principal para tal apoyo tecnológico, fue que el inventor muestra una superioridad en carácter y virtud. Hoy a nivel nacional China necesita mostrar un carácter y virtudes similares para convertirse en un innovador tecnológico para el planeta.

Encontrar el equilibrio adecuado para lidiar con la amargura, aún sentida por muchos Chinos sobre la interferencia occidental en los asuntos de China durante el "siglo de la humillación", y respondiendo adecuadamente a las políticas actuales de China sobre las minorías étnicas, y los defensores de la democracia, son importantes. Hay peligro por delante en China si adopta la Inteligencia Artificial para administrar su vasta población, mientras implementa medidas más represivas contra sus disidentes y exportando dicho sistema de gestión social, a nivel internacional, que constituye una grave amenaza para los ideales democráticos occidentales.

Conclusión

Las mayores amenazas para la humanidad planteadas por los Programas Espaciales Chinos, se triplica. Primeramente es el curso actual de China armando la Inteligencia Artificial, para obtener una ventaja asimétrica sobre el Ejército Estadounidense, principalmente en el espacio, donde ambos países tienen potentes programas secretos con tecnologías altamente avanzadas, y destructivas. El segundo es el agresivo 5G el cual estaría siendo complementado con armas, desde el espacio para el uso futuro en un "sistema global denegación activa", para el control de las multitudes y el uso encubierto del 5G para la guerra biológica contra las poblaciones objetivo. Finalmente el Estado Profundo pueda idear una Tercera Guerra mundial, al manipular a China para lanzar un "Pearl Harbor Espacial" contra China en el armamento de la IA y 5G, en su objetivo a largo plazo, para lograr la hegemonía mundial en el 2049.

Ante todo, los Estadounidenses deben recordar sus fuerzas inherentes, funcionan cuando están "unidos". La famosa bandera amarilla de Gadsden, con una serpiente de cascabel mostrando el lema "NO ME PISES" Fue un símbolo durante la Revolución Americana, escrita por su padre y fundador por Benjamín Franklin, escribió el significado detrás del uso de este símbolo de serpiente de cascabel:

> Ella no comienza un ataque, ni aun cuando se ve comprometida, siempre se rinde: Por tanto es un símbolo de magnanimidad y verdadero coraje, ella nunca hiere hasta que generosamente le haya avisado incluso a su enemigo, y le advirtió sobre el peligro de pisarla.

Franklin también notó la conexión especial de la serpiente de cascabel, con las trece colonias originales, y el poder que las colonias tienen juntas y no por separado:

> Confieso que no se que hacer con el sonajero hasta que volví y los conté y encontré solo trece de ellos, exactamente el número de las colonias unidas de América, y me acordé también que esta era la única parte de la serpiente que aumentó en números...
>
> Es curioso y sorprendente observar cuan distintos e independientes, son los sonajeros de estos animales, y sin embargo que firmes son cuando están unidos, para que nunca se separen, si no rompiéndolos por pedazos. Un sonajero solo es incapaz de generar algún tipo de ruido alarmante, pero el sonido de trece juntos, es más que suficiente para alarmar al ser vivo más audaz.[433]

Hoy Estados Unidos, está bajo asedio del Estado Profundo, continúa su dirección dura de eventos que ha polarizado la política, los medios de comunicación y la ciudadanía Estadounidense, en una carga emocional en campos de opinión que solo dividen y mantienen la reconciliación del acorralado. El mal sabe que dividir a la población de los Estados Unidos a cualquier costo, por una vez que las personas cruzan las divisiones para permanecer juntas, "El espíritu de América la grande, se vuelve imparable".

"Nosotros las personas" somos la solución a nuestros males en el hogar, y una vez que se logra la reconciliación podemos unirnos más hábilmente, enfrentar los inquietantes desafíos de las agendas de la China comunista, con "Magnanimidad y verdadero coraje". Críticamente esto debe comenzar primero en la "tierra de la libertad" dentro de nuestras sociedades. No podemos forzar a la China comunista, a abrazar los valores democráticos y la libertad, pero podemos abrazar más profundamente estos valores, y sostenerlos por mucho tiempo, los cuáles están protegidos de manera única en Estados Unidos, por la Constitución Norteamericana, reafirmando nuestro compromiso con valores fundamentales, ¡Los hará más fuertes en todas partes!

También hay verdaderos símbolos de esperanza para recuperarse. El lanzamiento de la Fuerza Espacial de los Estados Unidos, es un importante paso adelante para agregar armonía en los activos valores espaciales de Estados Unidos, bajo un organismo nacional de autoridad que ofrece más transparencia y responsabilidad en como se utilizan estos valores. Esto les previene de ser usado por los ataques de bandera falsa, por el Estado Profundo y otras entidades deshonestas. China necesita reconocer la amenaza común para sí mismo y para Estados Unidos, planteada por el Estado Profundo y entidades deshonestas, para garantizar los Programas Espaciales Secretos, trabaja en estrecha colaboración con la Nueva Fuerza Espacial de Estados Unidos. Pero primeramente deberíamos permitir que nuestros sueños inspirados en Star Trek abarquen un

CAPÍTULO 17

descubrimiento de fortaleza moral y un fuerte valor para la vida en sus múltiples formas, para llevarnos a nuevas fronteras, en casa mientras simultáneamente se trabaja con otras naciones en empresas armoniosas y cooperativas, para avanzar en la exploración espacial.

Esto incluirá a Rusia un amigo potencial y aliado fuerte, lo cual no ha sido considerado o aceptado por Estados Unidos. De hecho el Estado Profundo ha estado orquestando fiascos de acusaciones falsas a ataques en la prensa y los medios sociales, contra cualquier tipo de cooperación que se desarrolle entre Estados Unidos y Rusia. Tal alianza podría resultar desastrosa, para las agendas del Estado Profundo. Los Rusos han vivido para ver el final de su comunismo, en su nación orgullosa y conocer sus trampas y formas obscuras. Además China puede beneficiarse enormemente al trabajar estrechamente con la Federación Rusa, cuyo propio Programa Espacial Secreto, hizo grandes avances en la eliminación de la influencia nefasta del Estado Profundo, mientras trabaja con grupos extraterrestres positivos. Quizás por eso el psíquico Estadounidense Edgar Cayce predijo que Rusia se convertiría en la "esperanza del mundo".[434]

Mi siguiente libro, en la serie de Programas Espaciales, se tratará acerca del impresionante Programa Espacial Secreto de Rusia, que al igual que China ha adoptado desarrollarse en las "ciencias somáticas" Tecnologías exóticas, que funcionan con una interfaz mental. Es una idea interesante contemplar al mundo, si Estados Unidos y Rusia se hicieran buenos amigos a través de relaciones cósmicas, catalizadas por la Fuerza Espacial, abriendo la puerta para que ambas naciones pongan toda su atención en corregir los muchos males, que se han perpetrado en contra de la humanidad así como de la naturaleza. En este momento de conflicto en todo el mundo, donde la integridad y la bondad parecen estar abandonadas un faro alumbra el espíritu Zeitgeist, que no permitirán que las fuerzas prevalezcan cuando las personas juntas, exigen que sean detenidas. Esta incluye a la propia ciudadanía de China, que en número creciente, en secreto esperan algo mejor por venir, donde a ellos también se les permitirá acceder a los profundos dones y beneficios de nuestro planeta.

Notas finales - Capítulo 1

1 Iris Chang, *Thread of the Silkworm* (Basic Books, 1995) Kindle Ebook, Location 112 of 7499.
2 Iris Chang, *Thread of the Silkworm*, Kindle Ebook, Location 109 of 7499
3 Biographical details of Tsien Hsue-Shen extracted from "Qian Xuesen obituary: Scientist regarded as the father of China's Space programme," https://www.theguardian.com/technology/2009/nov/01/qian-xuesen-obituary (accessed 10/18/19).
4 "Caltech, Theodore von Karman 1881-1963", http://calteches.library.caltech.edu/2237/1/rannie.pdf (accessed 10/19/19).
5 Theodore von Karman with Lee Edson, *The Wind and Beyond* (Little, Brown and Company, 1967) p. 309.
6 Iris Chang, *Thread of the Silkworm,* p. 64.
7 Iris Chang, *Thread of the Silkworm,* p. 64.
8 Iris Chang, *Thread of the Silkworm,* p. 73.
9 Iris Chang, *Thread of the Silkworm,* p. 73.
10 Cited in Iris Chang, *Thread of the Silkworm*, p. 75.
11 Cited in Iris Chang, *Thread of the Silkworm*, p. 76.
12 Hsue-shen Tsien, "Supersonic Flow over an Inclined Body of Revolution." Available online at: https://tinyurl.com/wbjxnzn (accessed 10/20/19).
13 Iris Chang, *Thread of the Silkworm*, p. 92.
14 Iris Chang, *Thread of the Silkworm*, p. 92.
15 Iris Chang, Thread of the Silkworm, p. 103.
16 Iris Chang, Thread of the Silkworm, p. 104.
17 Iris Chang, Thread of the Silkworm, p. 106.
18 Iris Chang, Thread of the Silkworm, p. 106.
19 Theodore von Karman with Lee Edson, The Wind and Beyond pp. 267-68.
20 Zoe Krasney, "What Were the Mysterious "Foo Fighters" Sighted by WWII Night Flyers?" https://tinyurl.com/y3nhdo9c (accessed 10/26/2019).
21 Theodore von Karman with Lee Edson, The Wind and Beyond, p. 268.
22 Theodore von Karman with Lee Edson, The Wind and Beyond, p. 268.
23 Iris Chang, Thread of the Silkworm, p. 106.
24 Theodore von Karman with Lee Edson, The Wind and Beyond pp. 308.
25 Iris Chang, Thread of the Silkworm, p. 110.
26 Michael Salla, US Air Force Secret Space Program: Shifting Extraterrestrial Alliances and Space Force (Exopolitics Consultants, 2019) pp. 5-12.
27 Available online at: http://www.textfiles.com/ufo/UFOBBS/1000/1723.ufo (accessed 9/15/15).
28 Cited by Ryan Wood, Majic Eyes Only, p. 4; and Timothy Good, Above Top Secret ((William Morrow and Company, 1988) p. 267.
29 Clifford Stone says that from 1969 to 1991 he worked on a UFO crash retrieval program run by the USAF, "Testimony of Sergeant Clifford Stone, US Army, September 2000", *Disclosure: Military and Government Witnesses*

Reveal the Greatest Secrets in Modern History (Crossing Point Inc., 2001) pp. 325-26.

30 Double Top Secret Memorandum dated February 22, 1944 available online at: http://majesticdocuments.com/pdf/fdr_22feb44.pdf (accessed 11/29/19).

31 "Documents Dated Prior to 1948," http://majesticdocuments.com/documents/pre1948.php (accessed 11/7/19).

32 See Michael Salla, US Air Force Secret Space Program, pp. 21-30

33 Iris Chang, *Thread of the Silkworm*, pp. 92, 118.

34 See Iris Chang, *Thread of the Silkworm*, p. 110.

35 Iris Chang, *Thread of the Silkworm,* p. 111.

Notas finales - Capítulo 2

36 Cited in Iris Chang, *Thread of the Silkworm*, p. 110.

37 See New York Times, "Key Chinese Scientist," https://tinyurl.com/vj2bqgd (accessed 11/30/2019).

38 "Operation LUSTY," National Museum of the United States Air Force, https://tinyurl.com/yx9lrnlx (accessed 10/22/13).

39 Aviation Week magazine, https://archive.aviationweek.com/issue/20080107# (accessed 01/20/2020).

40 Theodore von Karman with Lee Edson, *The Wind and Beyond*, p. 279.

41 Iris Chang, *Thread of the Silkworm*, pp. 111-16.

42 See "Operation Lusty, Team 3," http://www.airwar1946.nl/whif/L46-team3.htm (accessed 11/30/2019)

43 Henry Stevens, *Hitler's Flying Saucers: A Guide to German Flying Disks of the Second World War* (Adventures Unlimited Press, 2003).

44 See Henry Stevens, *Hitler's Flying Saucers*, pp. 55-68.

45 See Henry Stevens, *Hitler's Flying Saucers*, pp. 144-65.

46 Document is included in Henry Stevens, *Hitler's Flying Saucers*, p. 151. Available online at: http://p3.pstatp.com/large/363900043f7594da86eb (accessed 11/14/2017).

47 CIA document available online at: http://alien-uforesearch.com/documents/cia/german-nazi-ufo-flying-saucer-examined-by-cia.php (accessed 11/14/2017).

48 Earthfiles, http://www.earthfiles.com/ news.php?ID=1503&category= Real+X-Files (accessed 9/24/14).

49 Earthfiles, http://www.earthfiles.com/news.php?ID=1501&category= Real+X-Files (accessed 11/14/17).

50 Earthfiles, http://www.earthfiles.com/news.php?ID=1501&category= Real+X-Files (accessed 11/14/17).

51 Cited in Timothy Good, *Above Top Secret* (William Morrow and Company, 1988), p.370.

52 "Transylvanian Hermann Oberth -one of the Founding Fathers of rocketry and astronautics," https://tinyurl.com/y5eejjjr ((accessed on 10/29/19).

NOTAS FINALES

53 Cited in Timothy Good, *Above Top Secret*, p. 370.
54 Theodore von Karman with Lee Edson, *The Wind and Beyond*, pp. 267-68.
55 Robin Collyns, 'Did Spacemen Colonize the Earth?' (Pelham Books, 1974) 236. "The Aldebaran Mystery: The Nazi/ET UFO Connection," http://ufodigest.com/news/0208/aldebaran-mystery.html (accessed 10/29/16).
56 William Tompkins, *Selected by Extraterrestrials*, pp. 70-71,
57 See William Tompkins, *Selected by Extraterrestrials*, p. 427.
58 See Michael Salla, *Antarctica's Hidden History: Corporate Foundations of Secret Space Programs* (Exopolitics Consultants, 2018) pp. 56-71. A brief biography of Vladimir Terziski is available online at: http://www.whale.to/b/terziski_h.html (accessed on 11/14/17).
59 Vladimir Terziski presented his findings in a 1992 workshop available online at: https://youtu.be/MPBvHjuJtB8 (accessed 3/25/20)
60 See Michael Salla, *The US Air Force Secret Space Program*, pp. 259-62.
61 See Michael Salla, *The US Air Force Secret Space Program*, pp. 245-66.
62 For more details see Rob Arndt, "RFZ (Rundflugzeug) of the Thule-Vril type Series 1-7 (1937-1942), http://discaircraft.greyfalcon.us/RFZ.htm (accessed 1/1/19).
63 "British Intelligence Objectives Sub-Committee: Final Report #1043," http://tinyurl.com/yd2h6nhh (accessed 8/10/17).
64 I discussed the Biefeld-Brown effect at length in *Insiders Reveal Secret Space Program & Extraterrestrial Alliances* (Exopolitics Institute, 2016) pp. 19-28.
65 Paul La Violette, Secrets of Antigravity Propulsion: Tesla, UFOs and Classified Aerospace Technology (Bear and Co., 2008) p. 9.
66 Rob Arndt, http://www.bibliotecapleyades.net/ufo_aleman/esp_ufoaleman_6.htm (accessed 11/13/17).
67 Rob Arndt, "Haunebu – H-Great, Hanueburg Device 1939-1945)" http://discaircraft.greyfalcon.us/HAUNEBU.htm (accessed 7/3/17).
68 See Michael Salla, *Antarctica's Hidden History*, pp 83-103.
69 See Michael Salla, *Antarctica's Hidden History*, pp. 56-71.
70 Mark Wade, "China", http://www.astronautix.com/c/china.html (accessed 10/18/19).
71 Theodore Von Karman, *Toward New Horizons: A Report to the General of the Army H.H. Arnold*"(US AAF, 1944) https://www.governmentattic.org/vonK/TowardNewHoriz_VKarman_V1.pdf (accessed 10/30/19).
72 "Project Magnet", https://www.bibliotecapleyades.net/sociopolitica/esp_sociopol_mj12_3g7.htm (accessed 12/28/18).
73 Tsien's paper appears in volume 7 of the Toward a New Horizon series, W. J. Sweeney, et al., Aircraft Fuels & Propellants (AAF, 1946) pp. 113-17. Available online at: https://tinyurl.com/y2vcsrd4 ((accessed 10/30/19).
74 Iris Chang, *Thread of the Silkworm*, p. 118.
75 See Iris Chang, *Thread of the Silkworm*, p. 118.

Notas finales - Capítulo 3

76 Thomas A. Sturm, *The USAF Scientific Advisory Board: Its First Twenty Years*, 1944-1964 (USAF Historical Division Liaison Office, 1967) p. 13.

77 Thomas A. Sturm, *The USAF Scientific Advisory Board: Its First Twenty Years*, 1944-1964, p. 14.

78 For General Curtis LeMay's role in setting up Project RAND and future research and development of flying saucer technologies, see Michael Salla, *USAF Secret Space Program*, pp. 45-48.

79 Thomas A. Sturm, *The USAF Scientific Advisory Board: Its First Twenty Years*, 1944-1964, p. 15.

80 See Thomas A. Sturm, *The USAF Scientific Advisory Board: Its First Twenty Years*, 1944-1964, p. 134.

81 This reporting mechanism was formalized in US Air Force Regulation 20-30, which was first passed on May 14, 1948. See Thomas A. Sturm, *The USAF Scientific Advisory Board: Its First Twenty Years*, 1944-1964, p. 159.

82 Thomas A. Sturm, *The USAF Scientific Advisory Board: Its First Twenty Years*, 1944-1964, p. 24.

83 Thomas A. Sturm, *The USAF Scientific Advisory Board: Its First Twenty Years*, 1944-1964, pp. 24, 147.

84 Iris Chang, *Thread of the Silkworm*, p. 120.

85 Iris Chang, *Thread of the Silkworm*, p. 120.

86 Stanton Friedman, *Top Secret/MAJIC: Operation Majesti-12 and the United States Government's UFO Cover-Up* (Marlowe and Company, 2005 [1996]) pp. 56-85.

87 Iris Chang, *Thread of the Silkworm*, p. 123.

88 For more details about Operation Highjump and the German Antarctica base, see
Michael Salla, *Antarctica's Hidden History*, pp. 83-114.

89 Iris Chang, *Thread of the Silkworm*, p. 123.

90 Iris Chang, *Thread of the Silkworm*, p. 130.

91 Document available online at: https://tinyurl.com/yxab2mv9 (accessed 10/29/19).

92 "Air Accident Report on Flying Disk Aircraft near the White Sands Proving Ground, New Mexico," https://tinyurl.com/y4a8tpre (accessed 10/30/19).

93 "Air Accident Report on Flying Disk Aircraft near the White Sands Proving Ground, New Mexico," https://tinyurl.com/y4a8tpre (accessed 10/30/19).

94 This was published in Theodore Von Karman, *Toward New Horizons: A Report to the General of the Army H.H. Arnold*(US AAF, 1944). Available online at: https://www.governmentattic.org/vonK/TowardNewHoriz_VKarman_V1.pdf (accessed 10/30/19).

95 "The Majestic Documents," https://tinyurl.com/yyggo9ul (accessed 10/30/19).

96 'Introduction to Authenticity Ratings," https://tinyurl.com/y6ggdund

(accessed 10/30/19).
97 For a collection of articles debating the authenticity of the Majestic Documents go to: http://ufoevidence.org/topics/Majestic.htm (accessed 11/2/19).
98 "Air Accident Report on Flying Disk Aircraft near the White Sands Proving Ground, New Mexico," https://tinyurl.com/y4a8tpre (accessed 10/30/19).
99 "The Majestic Documents," https://tinyurl.com/yyggo9ul (accessed 10/30/19).
100 'Introduction to Authenticity Ratings," https://tinyurl.com/y6ggdund (accessed 10/30/19).
101 "Twining's "White Hot" Report: Mission Assessment of Recovered Lenticular Aerodyne Objects," http://majesticdocuments.com/pdf/twining_whitehotreport.pdf (accessed 11/2/19).
102 "Twining's "White Hot" Report: Mission Assessment of Recovered Lenticular Aerodyne Objects," http://majesticdocuments.com/pdf/twining_whitehotreport.pdf (accessed 11/2/19).
103 CIA, "Parapsychological Research in the People's Republic of China," https://tinyurl.com/v53ye5r (accessed 11/2/2019).
104 Document available online at: https://tinyurl.com/yxab2mv9 (accessed 10/29/19)
105 See Dwayne Day, "A Dragon in winter,"

Notas finales - Capítulo 4

106 Iris Chang, *Thread of the Silkworm*, p. 149.
107 Iris Chang, *Thread of the Silkworm*, p. 150.
108 Iris Chang, *Thread of the Silkworm*, p. 151.
109 John Pomfret, *The Beautiful Country and the Middle Kingdom: America and China,*
1776 to the Present (Henry Holt and Company, 2016) pp. 401-402.
110 Iris Chang, *Thread of the Silkworm*, p. 157.
111 Iris Chang, *Thread of the Silkworm*, p. 166.
112 Iris Chang, *Thread of the Silkworm*, p. 188.
113 Iris Chang, *Thread of the Silkworm*, p. 188.
114 Iris Chang, *Thread of the Silkworm*, p. 189.
115 William Bramley, *Gods of Eden* (Avon Books, 1989) p. 38.
116 James Lovelock, Gaia: A New Look at Life on Earth (Oxford University Press, 1979)
117 See "Georg Wilhelm Friedrich Hegel," https://plato.stanford.edu/entries/hegel/(accesed 11/4/19

Notas finales - Capítulo 5

118 Iris Chang, *Thread of the Silkworm*, p. 211.
119 Iris Chang, *Thread of the Silkworm*, p. 206.
120 See Iris Chang, *Thread of the Silkworm*, pp. 206-210.
121 Iris Chang, *Thread of the Silkworm*, p. 211.
122 Brian Harvey, *China's Space Program From Conception to Manned Spaceflight*
(Springer Praxis, 2004) p. 22.
123 Iris Chang, *Thread of the Silkworm*, p. 212.
124 See New York Times, https://www.cia.gov/library/readingroom/docs/CIA-RDP75-00149R000100790005-3.pdf (accessed 10/19/19).
125 See Dwayne A. Day, "A dragon in winter",
http://www.thespacereview.com/article/1035/1 (accessed 10/25/19).
126 Mark Wade, "China", http://www.astronautix.com/c/china.html (accessed 10/18/19).
127 Iris Chang, *Thread of the Silkworm*, p. 214.
128 Iris Chang, *Thread of the Silkworm*, p. 214.
129 Wendelle Stevens and Paul Dong, *UFOs Over Modern China* (UFO Photo Archives, 1978) p. 30.
130 See Jerome London, "Project Riese: The Nazis' Half-Finished Underground City,"
https://thoughtcatalog.com/jeremy-london/2019/08/project-riese/ (accessed 11/5/19).
131 For discussion of these agreements, see Michael Salla, *US Air Force Secret Space Program*, pp. 167-86.
132 Brian Harvey, *China's Space Program From Conception to Manned Spaceflight*, p. 34.
133 See "Memorandum for the Special Committee on Non-Terrestrial Science and Technology," http://majesticdocuments.com/pdf/fdr_22feb44.pdf (accessed 12/1/19).
134 Michael Salla, *Antarctica's Hidden History: Corporate Foundations of Secret Space Programs,* pp. 56-71.
135 Iris Chang, *Thread of the Silkworm*, p. 2

Notas finales - Capítulo 6

136 Berthold Laufer, *The Prehistory of Aviation*, University of Illinois, 1928).
137 Berthold Laufer, *The Prehistory of Aviation*, p. 14.
138 Berthold Laufer, *The Prehistory of Aviation*, p. 14.
139 Berthold Laufer, *The Prehistory of Aviation*, pp. 15-17.
140 Berthold Laufer, *The Prehistory of Aviation*, p. 19.
141 David Hatcher Childress, *Vimana: Flying Machines of the Ancients* (Adventures Unlimited Press, 2013) p. 59-60.

142 David Hatcher Childress, *Vimana: Flying Machines of the Ancients*, p. 60.
143 Hartwig Hausdorf, *The Chinese Roswell* (New Paradigm Books, 1998).
144 See David Hatcher Childress, *Vimana: Flying Machines of the Ancients*, p. 217.
145 See April Holloway, The Mysterious Dropa Stones – Fact or Fiction, Ancient Origins," https://tinyurl.com/yy3aso3x (accessed 10/3/19).
146 Cited in David Hatcher Childress, *Vimana: Flying Machines of the Ancients*, p. 218.
147 Note that Coppens in his first *Nexus Magazine* article published in 1995/1996 ("The Strange Stone Discs of Baian-Kara-Un") refers to '1964' as the date of the original publication of Professor Tsum Un Nui's paper, but revised this to '1962' in his updated article published 12 years later. See Phillip Coppens, "The Dropa tribe and their Stone discs revisited", Nexus Magazine, vol 15, no. 6 (October-November 2008). Available online at: https://tinyurl.com/wy2w3h7 (accessed 10/3/19).
148 Phillip (aka Filip) Coppens, "The Strange Stone Discs of Baian-Kara-Un", *Nexus Magazine*, December 1995 – January 1996) p. 59 Available online at: https://tinyurl.com/yyelhmce (accessed 10/3/19).
149 Phillip Coppens, "The Dropa tribe and their stone discs revisited", *Nexus Magazine*, vol 15, no. 6 (October-November 2008). Available online at: https://tinyurl.com/wy2w3h7 (accessed 10/3/19).
150 Phillip Coppens, "The Dropa tribe and their stone discs revisited", *Nexus Magazine*, vol 15, no. 6 (October-November 2008). Available online at: https://tinyurl.com/wy2w3h7 (accessed 10/3/19).
151 David Hatcher Childress, Vimana: Flying Machines of the Ancients, p. 219.
152 Phillip Coppens, "The Dropa tribe and their stone discs revisited", *Nexus Magazine*, vol 15, no. 6 (October-November 2008). Available online at: https://tinyurl.com/wy2w3h7 (accessed 10/3/19).
153 Phillip (Filip) Coppens "The Strange Stone Discs of Baian-Kara-Un", *Nexus Magazine*, December 1995 – January 1996) p. 60. Available online at: https://tinyurl.com/yyelhmce (accessed 10/3/19).
154 David Hatcher Childress, *Vimana: Flying Machines of the Ancients*, p. 227.
155 Phillip (Filip) Coppens "The Strange Stone Discs of Baian-Kara-Un," *Nexus Magazine*, December 1995 – January 1996) pp. 60-61. Available online at: https://tinyurl.com/yyelhmce (accessed 10/3/19).
156 Phillip (Filip) Coppens "The Strange Stone Discs of Baian-Kara-Un," *Nexus Magazine*, December 1995 – January 1996) p. 61. Available online at: https://tinyurl.com/yyelhmce (accessed 10/3/19).
157 See David Hatcher Childress, *Vimana: Flying Machines of the Ancients*, pp. 219-25.
158 See Phillip Coppens, "The Dropa tribe and their stone discs revisited," *Nexus Magazine*, vol 15, no. 6 (October-November 2008). Available online at: https://tinyurl.com/wy2w3h7 (accessed 10/3/19).
159 Phillip Coppens, "The Dropa tribe and their stone discs revisited," *Nexus*

Magazine, vol 15, no. 6 (October-November 2008). Available online at: https://tinyurl.com/wy2w3h7 (accessed 10/3/19).
160 See David Hatcher Childress, *Vimana: Flying Machines of the Ancients.*

Notas finales - Capítulo 7

161 Wendelle Stevens Andy y Paul Dong, *UFO's Over Modern China* (UFO Photo Archives, 1983).
162 Wendelle Stevens and Paul Dong, *UFO's Over Modern China*, p 31.
163 See Wendelle Stevens and Paul Dong, *UFO's Over Modern China*, p 32.
164 Wendelle Stevens and Paul Dong, *UFO's Over Modern China*, p 32.
165 Incidents described in Wendelle Stevens and Paul Dong, *UFO's Over Modern China*, pp 33-36.
166 Wendelle Stevens and Paul Dong, *UFO's Over Modern China*, pp 30, 33.
167 Wendelle Stevens and Paul Dong, *UFO's Over Modern China*, p. 45.
168 See Wendelle Stevens and Paul Dong, *UFO's Over Modern China*, p. 45.
169 See Timothy Good, *Above Top Secret: The Worldwide UFO Cover-Up* (Quill, 1989) p. 208.
170 Wendelle Stevens and Paul Dong, *UFOs over Modern China* (UFO Photo Archives, 1983) p. 48-49.
171 Robert Farley, *The National Interest*, "In 1969, Russia and China Fought a Brief Border War. It Could Have Started World War III," https://tinyurl.com/y2gg662l (accessed 9/30/2019).
172 See Timothy Good, *Above Top Secret: The Worldwide UFO Cover-Up*, pp. 210.
173 Wendelle Stevens and Paul Dong, *UFOs over Modern China*, pp. 117-18.
174 Cited in Wendelle Stevens and Paul Dong, *UFOs over Modern China*, pp. 238-39.
175 See Kathy Chen, "Chinese Scholars Tap Physics to Learn About Flying Saucers," http://ufoevidence.org/documents/doc450.htm (accessed 12/1/19).
176 CIA, "CHINA UFO SOCIETY MEETS; TO CONTINUE SCIENTIFIC STUDY," May 13, 1992, https://www.cia.gov/library/readingroom/docs/DOC_0000112346.pdf (accessed 9/27/2019).
177 "Ball lightning," Wikipedia, https://en.wikipedia.org/wiki/Ball_lightning (accessed 9/27/2019).
178 See Michael Salla, *US Air Force Secret Space Program*, pp. 250-54.
179 Kathy Chen, "Chinese Scholars Tap Physics to Learn About Flying Saucers," http://ufoevidence.org/documents/doc450.htm (accessed 12/1/19).
180 CIA, May 21, 1990, "USSR, PRC SCIENTISTS IN JOINT STUDY OF UFO's," https://www.cia.gov/library/readingroom/docs/DOC_0005516230.pdf (accessed 9/27/2019).
181 See Ryan Wojes, Rare Earth Metals, https://www.thebalance.com/rare-earth-metals-2340169 (accessed 9/27/2019).

182 Timothy Good, *Earth An Alien Enterprise: The Shocking Truth Behind the Greatest Cover-up in Human History* (Pegasus Books, 2013) p. xxi.

Notas finales - Capítulo 8

183 Hartwig Hausdorf, *The Chinese Roswell* (New Paradigm Books, 1998) pp. 88-89.
184 Timothy Good, *Alien Base: The Evidence for Extraterrestrial Colonization of Earth* (Avon Books, 1998) pp. 154-55.
185 "Our Elder Brothers Return: A History of Books (1875-present)," http://www.biblioteca-ga.info/50/toon/92/28 (accessed 11/8/19).
186 George Adamski, *A Herald for the Space Brothers* (Bibliotecha GA Publications, 2010) p. 23.
187 First published in 1936 by the Royal Order of Tibet.
188 "Our Elder Brothers Return: A History of Books (1875-present)," http://www.biblioteca-ga.info/50/toon/92/28 (accessed 11/8/19).
189 Jon Peniel, *The Children of the Law of One & the Lost Teachings of Atlantis* (Wiindsor Hills, 1998).
190 Jon Peniel, "Ancient Atlantean Teachings and My Personal Experiences with Aliens & UFOs," https://tinyurl.com/y4p6gkjr (accessed 11/8/19).
191 Jon Peniel, "Ancient Atlantean Teachings and My Personal Experiences with Aliens & UFOs" https://tinyurl.com/y4p6gkjr (accessed 11/8/19).
192 "Edgar Cayce's Prediction of John Peniel," http://www.newagegathering.com/edgarcayces-prediction-john-peniel-2/ (accessed 12/2/19).
193 Hartwig Hausdorf, *The Chinese Roswell*, pp. 84-85.
194 Rosanne Lin, "ETs Live Among Us Says-China Foreign Ministry Official," http://www.ufoevidence.org/documents/doc524.htm (accessed 12/18/19).
195 Statement by Shi-Li Sun, Ph.D. at "Citizens Hearing on Disclosure," 11/7/2014: https://youtu.be/Hd7yyF4-IxY (accessed 11/14/2019).
196 For biographical details see "Dr. Raymond A. Keller, II," https://stargatetothecosmos.org/dr-raymond-a-keller-ii-bio/ (accessed 12/18/2019).
197 Keller, Raymond. *Venus Rising: A Concise History of the Second Planet*. Kindle Location 10261.
198 Keller, Raymond. *Venus Rising: A Concise History of the Second Planet*. Kindle Location 10261.
199 See Michael Salla, *US Air Force Secret Space Program*, pp. 143-66.
200 See Michael Salla, *US Navy's Secret Space Program*, pp. 87-110.
201 Keller, Raymond. *Venus Rising: A Concise History of the Second Planet*. Kindle Location 1030.

Notas finales - Capítulo 9

202 See Andrei Znamenski, *Red Shambhala: Magic, Prophecy, and Geopolitics in the Heart of Asia* (Quest Books, 2011) pp. 205-06.
203 "Jebtsundamba Khutuktu", "Chinese Buddhist Encyclopedia" https://tinyurl.com/thtgpax (accessed 10/10/19).
204 Ferdinand Ossendowski, *Beasts, Men and Gods* (Project Gutenberg EBook, 2006 [1922]) p. 301.
205 Ferdinand Ossendowski, *Beasts, Men and Gods*, p. 315.
206 Ferdinand Ossendowski, *Beasts, Men and Gods*, pp. 318-19.
207 Ferdinand Ossendowski, *Beasts, Men and Gods*, p. 348.
208 Ferdinand Ossendowski, *Beasts, Men and Gods*, pp. 348-49.
209 Ferdinand Ossendowski, *Beasts, Men and Gods*, p. 350.
210 Ferdinand Ossendowski, *Beasts, Men and Gods*, p. 351.
211 Ferdinand Ossendowski, *Beasts, Men and Gods*, p. 351.
212 Nicholas Roerich, *Shambhala* (Nicholas Roerich Museum, 2017 [1930]) p. 177.
213 Nicholas Roerich, *Shambhala*, pp. 13-14.
214 Michael Salla, *Secret Space Programs and Extraterrestrial Alliances* (Exopolitics Institute,, 20015).
215 Corey Goode, "Ancient Earth Break-Away-Civilization Subterranean Council Meeting & SSP Alliance Debrief," https://tinyurl.com/yyg4y4pz (accessed 10/10/19).
216 Corey Goode, "Ancient Earth Break-Away-Civilization Subterranean Council Meeting & SSP Alliance Debrief," https://tinyurl.com/yyg4y4pz (accessed 10/10/19).
217 Ferdinand Ossendowski, *Beasts, Men and Gods*, p. 348.
218 Corey Goode, "Ancient Earth Break-Away-Civilization Subterranean Council Meeting & SSP Alliance Debrief," https://tinyurl.com/yyg4y4pz (accessed 10/10/19).
219 Corey Goode, "Ancient Earth Break-Away-Civilization Subterranean Council Meeting & SSP Alliance Debrief," https://tinyurl.com/yyg4y4pz (accessed 10/10/19).
220 Wendelle Stevens and Paul Dong, UFOs Over Modern China, p. 32.
221 Andrei Znamenski, *Red Shambhala: Magic, Prophecy, and Geopolitics in the Heart of Asia* (Quest Books, 2012) p. 55.
222 Andrei Znamenski, *Red Shambhala: Magic, Prophecy, and Geopolitics in the Heart of Asia*, p. 55.
223 See Andrei Znamenski, *Red Shambhala: Magic, Prophecy, and Geopolitics in the Heart of Asia*, pp. 85, 86.
224 Andrei Znamenski, *Red Shambhala: Magic, Prophecy, and Geopolitics in the Heart of Asia*, pp. 106-107.
225 Andrei Znamenski, *Red Shambhala: Magic, Prophecy, and Geopolitics in the Heart of Asia*, p. 114.

226 Andrei Znamenski, *Red Shambhala: Magic, Prophecy, and Geopolitics in the Heart of Asia*, p. 116.
227 Andrei Znamenski, *Red Shambhala: Magic, Prophecy, and Geopolitics in the Heart of Asia*, p. 119.
228 Cited in Wendelle Stevens and Paul Dong, *UFOs Over Modern China*, p. 292.
229 Cited in Wendelle Stevens and Paul Dong, *UFOs Over Modern China*, p. 295.
230 Cited in Wendelle Stevens and Paul Dong, *UFOs Over Modern China*, p. 295.
231 Cited in Wendelle Stevens and Paul Dong, *UFOs Over Modern China*, p. 296.

Notas finales - Capítulo 10

233 Cited in Walter Hain, "Pyramids in China," https://old.worldmysteries.com/mpl_pyramidsofchina.htm (accessed 12/3/2019).
234 See Bruce L. Cathie, *The Bridge to Infinity* (Adventures Unlimited Press, [1989] 2000) p. 113.
235 See Phil Flambas, "The Search for a Legendary Land: Does the Truth of Plato's Atlantis Rest on a Shifting Sea Floor?" https://tinyurl.com/ucob7jf (accessed 12/6/2019).
236 See Thijs Weststeijn, "The Chinese Isis, or the Sino-Egyptian hypothesis" in *The Iseum Campense: From The Roman Empire To The Modern Age* (Edizioni Quasar, 2016) pp. 303-316. Available online at: https://tinyurl.com/w3kbrru (accessed 12/6/2019).
237 Cited in Hartwig Hausdorf, *The Chinese Roswell*, p. 112.
238 Cited in Hartwig Hausdorf, *The Chinese Roswell*, p. 112.
239 New York Times, "U.S. Flier Reports Huge Chinese Pyramid In Isolated Mountains Southwest of Sian," https://timesmachine.nytimes.com/timesmachine/1947/03/28/87723984.pdf (accessed 3/25/20)
240 See Walter Hain, "Pyramids in China," https://old.worldmysteries.com/mpl_pyramidsofchina.htm (accessed 12/3/2019).
241 Bruce L. Cathie, *The Bridge to Infinity*, p. 110.
242 Bruce L. Cathie, *The Bridge to Infinity*, p. 111.
243 Bruce L. Cathie, *The Bridge to Infinity*, p. 110.
244 Sima Qian, Shiji, Chapter 6, cited in Wikipedia, "Mausoleum of the First Qin Emperor," https://en.wikipedia.org/wiki/Mausoleum_of_the_First_Qin_Emperor (accessed 12/3/2019).
245 See Hartwig Hausdorf, *The Chinese Roswell*, p. 115.
246 Hartwig Hausdorf, *The Chinese Roswell*, p. 121.

Notas finales - Capítulo 11

248 Iris Chang, *Thread of the Silkworm,* p. 222.
249 Iris Chang, *Thread of the Silkworm,* pp. 222-23.
250 Iris Chang, *Thread of the Silkworm,* p. 225.
251 See Mark Wade, "Part of the DF-3,"
http://www.astronautix.com/c/changzheng1.html (accessed 10/27/2019)
252 Cited in Brian Harvey, *China in Space*, 2nd edition (Springer, 2019) Kindle Location 960.
253 Cited in Brian Harvey, *China's Space Program – From Conception to Manned Spaceflight*, p. 64.
254 Cited in Brian Harvey, *China in Space*, Kindle Location 1011.
255 For a description of the name changes of the Fifth Academy, see China Aerospace Science and Technology website:
http://english.spacechina.com/n16421/n17138/n382513/index.html (accessed 11/14/2019).
256 See Global Security, "China Aerospace Machinery and Electronics Corporation (CAMEC)," https://www.globalsecurity.org/wmd/world/china/camec.htm (accessed 11/14/2019).
257 Rick Fisher, "Relearning the Dangers of Space Cooperation With China," *Epoch Times*, https://tinyurl.com/tbyp72j (accessed 9/23/2019).
258 Rick Fisher, "Relearning the Dangers of Space Cooperation With China," *Epoch Times*, https://tinyurl.com/tbyp72j (accessed 9/23/2019).
259 See "China's three major space launch bases,"
http://www.chinadaily.com.cn/en/doc/2003-10/15/content_272334.htm (accessed 9/22/2019).
260 See Leonard David, "China's Sending a Probe to the Moon's Far Side. Here's Where It Will Land," https://www.space.com/41613-china-moon-far-side-mission-change-4-details.html (accessed 12/19/2019)

Notas finales - Capítulo 12

262 For details of this division, see Global Security, "China Aerospace Machinery and Electronics Corporation (CAMEC),"
https://www.globalsecurity.org/wmd/world/china/camec.htm (accessed 11/14/2019).
263 See "Introduction to CASIC", http://www.casic.com/n189298/n189314/c190583/content.html (accessed 11/14/2019).
264 "About CASC, Company Profile,"
http://english.spacechina.com/n16421/n17138/n17229/index.html (accessed 11/14/2019).
265 Iris Chang, *Thread of the Silkworm,* p. 258-59.

266 Iris Chang, *Thread of the Silkworm*, p. 259.
267 50 U.S.C. 403f(a).
268 See Michael Salla, "The Black Budget Report: An Investigation into the CIA's 'Black Budget' and the Second Manhattan Project," https://exopolitics.org/archived/Report-Black-Budget.htm (accessed 11/15/2019).

Notas finales - Capítulo 13

269 See Jin Xiaoming, "The China-U.S. Relationship in Science and Technology," p. 28. Available online at: https://tinyurl.com/w5w8zpu (accessed 11/12/2019).
270 Jin Xiaoming, "The China-U.S. Relationship in Science and Technology," p. 6. Available online at: https://tinyurl.com/w5w8zpu (accessed 11/12/2019).
271 Jin Xiaoming, "The China-U.S. Relationship in Science and Technology," p. 6. Available online at: https://tinyurl.com/w5w8zpu (accessed 11/12/2019).
272 "Transcript Of Classified Tape Recording Made At Camp David, Maryland: During A Presidential Briefing," http://www.bibliotecapleyades.net/sociopolitica/serpo/information27a.htm (accessed 8/8/15). For related article, see Steve Hammons, "Alleged Briefing to President Reagan on UFOs," http://www.bibliotecapleyades.net/exopolitica/exopolitics_reagan01.htm (accessed 8/6/15).
273 Ronald Reagan, "Remarks to the Students and Faculty at Fallston High School in Fallston, Maryland," http://www.reagan.utexas.edu/archives/speeches/1984/120485a.htm (accessed 8/6/15).
274 A. Hovni, "The Shocking Truth: Ronald Reagan's Obsession With An Alien Invasion," http://www.ufoevidence.org/documents/doc1523.htm (accessed 8/6/15).
275 Reagan Library, "President Reagan and Nancy Reagan visit the Terra Cotta Warriors in Xi'an on April 29, 1984," https://youtu.be/bkGHIBrLGBk (accessed 12/4/2019).
276 Charlotte Saikowski, "Reagan, Deng build diplomatic bridge," https://www.csmonitor.com/1984/0430/043022.html (accessed 11/28/19).
277 Wendelle Stevens and Paul Dong describe Chinese views on the UFO phenomenon as a western trick in *UFOs Over Modern China*, p. 30.
278 Ronald Reagan, "Address to the 42d Session of the United Nations General Assembly in New York, New York," http://www.reagan.utexas.edu/archives/speeches/1987/092187b.htm (accessed 8/5/15).
279 "Ronald Reagan: The Alien Threat," http://www.bibliotecapleyades.net/exopolitica/exopolitics_reagan03.htm (accessed 8/5/15).
280 'Often Wondered' About Outer Space Invaders: Reagan," Los Angeles Times, http://articles.latimes.com/1988-05-04/news/mn-2223_1_outer-space/ (accessed 8/6/15).

281 Victor Marchetti *The Spotlight* (August 14, 1978).
282 See Justia Patents, https://patents.justia.com/inventor/boyd-b-bushman (accessed 11/12/2019).
283 "Area 51 Scientist's Deathbed Confession – Boyd Bushman," https://youtu.be/bqQArKpA5ZQ?t=1468 (accessed 11/28/19).
284 Cosmic Disclosure, "Boyd Bushman's Deathbed Testimonial," https://www.gaia.com/video/boyd-bushman-s-deathbed-testimonial (accessed 11/28/19).
285 Cosmic Disclosure, "Boyd Bushman's Deathbed Testimonial," https://www.gaia.com/video/boyd-bushman-s-deathbed-testimonial (accessed 11/28/19).
286 See Michael Salla, *Insiders Reveal Secret Space Programs and Extraterrestrial Alliances*, pp. 209-210.
287 See Michael Salla, *Insiders Reveal Secret Space Programs and Extraterrestrial Alliances*, pp. 197--210.
288 See Steven Greer, "How the Secret Government Works," https://youtu.be/oHxGQjirV-c?t=9449 (accessed 11/29/2019).
289 See Steven Greer, "How the Secret Government Works," https://youtu.be/oHxGQjirV-c?t=9449 (accessed 11/29/2019).
290 Letter is available online at: https://tinyurl.com/qrsjwwz (accessed 11/29/2019).
291 See "The Manhattan Abduction (Linda Cortile Napolitano)," https://www.ufocasebook.com/Manhattan.html (accessed 11/29/2019).
292 See "The Manhattan Abduction (Linda Cortile Napolitano)," https://www.ufocasebook.com/Manhattan.html (accessed 11/29/2019).
293 See "The Witnesses", http://www.lindacortilecase.com/the-witnesses.html (accessed 11/29/2019).
294 Personal email from Corey Goode on December 20, 2019.
295 See Michael Salla, "Navy Insiders Corroborate Secret Antarctic Space Fleet & Mission to Oumuamua," https://tinyurl.com/y3fk4rm6 (accessed 11/29/2019).
296 See Michael Salla, "Navy Insiders Corroborate Secret Antarctic Space Fleet & Mission to Oumuamua," https://tinyurl.com/y3fk4rm6 (accessed 11/29/2019).
297 Email correspondence with Corey Goode, 12/20/2019.

Notas finales - Capítulo 14

298 See Michael Salla, *The US Air Force Secret Space Program*, pp. 245-66.
299 CIA document approved for release on 08/09/2000, https://tinyurl.com/vqa3862 (accessed 12/4/2019).
300 See Christopher Isak, "The Difference Between Consultants and Advisors",

https://techacute.com/difference-between-consultants-and-advisors/ (accessed 12/21/2019).
301 CIA document approved for release on 08/09/2000: https://tinyurl.com/vqa3862 (accessed 12/4/2019).
302 "Twining's "White Hot" Report: Mission Assessment of Recovered Lenticular Aerodyne Objects," http://majesticdocuments.com/pdf/twining_whitehotreport.pdf (accessed 11/2/2019).
303 CIA, "Parapsychological Research in the People's Republic of China", https://tinyurl.com/v53ye5r (accessed 11/2/2019).
304 CIA, https://www.cia.gov/library/readingroom/docs/CIA-RDP96-00792R000200230001-0.pdf (accessed 2/11/2020).
305 "A Brief Introduction to the Chinese Academy of Somatic Science" https://tinyurl.com/wcoh67k (accessed 11/2/2019).
306 Iris Chang, *Thread of the Silkworm*, pp. 255-56.
307 Dwayne Day, "A Dragon in winter", http://www.thespacereview.com/article/1035/1 (accessed 11/2/2019).

Notas finales - Capítulo 15

308 For discussion of the 20 year development cycle for a new generation of military jets, see Aviation website, https://tinyurl.com/vmzeo8y (accessed 12/6/2019).
309 See CIA document approved for release on 08/09/2000: https://tinyurl.com/vqa3862 (accessed 12/4/2019).
310 Bill Gertz, *Inside the Communist China's Drive for Global Supremacy*. Kindle Location 3211-3230.
311 See Michael Salla, *US Air Force Secret Space Program,* pp. 245-66.
312 See Michael Salla, *US Air Force Secret Space Program,* pp. 250-62.
313 Mark McCandlish's ARV art is available for purchase as a high resolution print. For more details, please visit http://www.markmccandlish.com/ (accessed 4/23/19).
314 See Michael Salla, *US Air Force Secret Space Program*, pp. 225-244.
315 Ronald Reagan, *The Reagan Diaries* (Harper Perennial, 2009) p. 334.
316 See Associated Press, "Rash of UFO sightings in China - Government Pays Attention to Phenomenon," http://ufoevidence.org/documents/doc750.htm (accessed 12/6/2019).
317 Brad Lendon, "China's helicopter prototype looks like a UFO," https://www.cnn.com/2019/10/16/asia/china-new-helicopter-ufo-intl-sclihnk/index.html# (accessed 12/6/2019).
318 Keller, Raymond. *Venus Rising: A Concise History of the Second Planet*. Kindle Location 10261.
319 See Kyle Mizokami, "Chinese Navy Tests Experimental Magnetic Propulsion System," https://tinyurl.com/w5jq3an (accessed 11/19/2019).

320 See Jeffrey Lin and P.W. Singer, "EmDrive: China claims success with this 'reactionless' engine for space travel," https://tinyurl.com/vymr5hf (accessed 11/19/2019).

321 "Craft Using An Inertial Mass Reduction Device," Patent No: US 10,144,532 B2, https://patentimages.storage.googleapis.com/de/4c/43/62c585ccc936cc/US10144532.pdf (accessed 9/24/2019).

322 "Craft Using An Inertial Mass Reduction Device," Patent No: US 10,144,532 B2, https://patentimages.storage.googleapis.com/de/4c/43/62c585ccc936cc/US10144532.pdf (accessed 9/24/2019).

323 For a summary description of how the quantum vacuum operates, see Brett Tingley and Tyler Rogway, *The Drive*, "Docs Show Navy Got 'UFO' Patent Granted By Warning of Similar Chinese Tech Advances," https://tinyurl.com/y2ra4vlq (accessed 9/23/2019).

324 Brett Tingley and Tyler Rogway, *The Drive*, "Docs Show Navy Got 'UFO' Patent Granted By Warning of Similar Chinese Tech Advances," https://tinyurl.com/y2ra4vlq (accessed 9/23/2019).

325 Dr. James Sheehy's letter to Philip J. Bonzell, ttps://tinyurl.com/y67bp42e (accessed 9/23/2019).

326 See Robert Spalding, *Stealth War: How China Took Over While America's Elite Slept* (Penguin Group 2019).

327 "Electromagnetic field generator and method to generate an electromagnetic field", Patent Application US10135366B2, https://patents.google.com/patent/US10135366B2/en?inventor=Salvatore+Pais (accessed 10/7/2019).

328 "High frequency gravitational wave generator" Patent Application US10322827B2, https://patents.google.com/patent/US10322827B2/en?inventor=Salvatore+Pais (accessed 10/7/2019).

329 Salvatore Pais, "Plasma Compression Fusion Device," https://tinyurl.com/t2uvo4u (accessed 12/4/2019).

330 Brett Tingley and Tyler Rogoway, "Scientist Behind The Navy's "UFO Patents" Has Now Filed One For A Compact Fusion Reactor," https://tinyurl.com/y3fpcre5 (accessed 11/19/2019).

331 "Piezoelectricity-induced Room Temperature Superconductor", Patent Application: US20190058105A1, https://patents.google.com/patent/US20190058105A1/en?inventor=Salvatore+Pais (accessed 10/7/2019).

332 Dr. James Sheehy, "Declaration Under 37 C.F.R. 1.132," https://tinyurl.com/y6zq99kd (accessed 9/24/2019).

333 Brett Tingley, *The Drive,* https://www.thedrive.com/the-war-zone/29232/navysadvanced-aerospace-tech-boss-claims-key-ufo-patent-is-operable (accessed 9/24/2019).

334 An extract of the patent application showing the unchecked non-publication option is available online at: https://tinyurl.com/vo7dugt (accessed 12/4/2019).

335 Brett Tingley and Tyler Rogway, *The Drive*, "Docs Show Navy Got 'UFO' Patent Granted By Warning Of Similar Chinese Tech Advances," https://tinyurl.com/y2ra4vlq (accessed 9/23/2019).
336 "Steven Kwast - The Urgent Need for a U.S. Space Force," https://youtu.be/KsPLmb6gAdw?t=1139 (accessed 12/12/2019).
337 See Michael Salla, "Tic Tac UFOs Revealed in 2005 Briefing to be Secret USAF Spacecraft," https://www.exopolitics.org/tic-tac-ufos-revealed-in-2005-briefing/ (accessed 3/25/20).
338 Hidden Truth Show, "Breaking News: "Tic Tac" UFOs are Secret US Aircraft!" https://youtu.be/EqY7cbvP-yo and "Space: Turber Returns to Answer Skeptics with New Tic Tac UFO Details," https://youtu.be/yESxAJJLqHg (accessed 2/15/2020).
339 On January 20, 2020, Patrick Hughes was interviewed by Jim Breslo for his Hidden Truth Show. Available online at: https://youtu.be/8lJp3QxQVkQ (accessed 2/28/20).
340 Hidden Truth Show, "Breaking News: "Tic Tac" UFOs are Secret US Aircraft!" https://youtu.be/EqY7cbvP-yo?t=2580 (accessed 2/15/2020).
341 Hidden Truth Show, "Space: Turber Returns to Answer Skeptics with New Tic Tac UFO Details," https://youtu.be/yESxAJJLqHg?t=1070 (accessed 2/15/2020).
342 "Sun Shi Li", http://www.ufoevidence.org/Researchers/Detail57.htm (accessed 11/14/2019).
343 Statement by Shi-Li Sun, Ph.D. at "Citizens Hearing on Disclosure," 11/7/2014: https://youtu.be/Hd7yyF4-lxY (accessed 11/14/2019).
344 Cited in Timothy Good, *Earth: An Alien Enterprise* (Pegasus Books, 2013) p. xx.
345 Cited in Timothy Good, *Earth: An Alien Enterprise* (Pegasus Books, 2013) p. xx.
346 Tyler Rogoway, "This Massive Desert Base Is China's Version Of America's Nellis Air Force Base," https://www.thedrive.com/the-war-zone/31824/this-massive-desert-base-is-chinasversion-of-americas-nellis-air-force-base (accessed 2/17/2020).
347 Tyler Rogoway, "This Massive Desert Base Is China's Version Of America's Nellis Air Force Base," https://www.thedrive.com/the-war-zone/31824/this-massive-desert-base-is-chinasversion-of-americas-nellis-air-force-base (accessed 2/17/2020).
348 https://www.theguardian.com/world/2019/jan/16/china-has-some-of-worlds-mostadvanced-weapon-systems-pentagon-warns (accessed 2/24/2020)

Notas finales - Capítulo 16

349 See Harrison Gale and Alexa Ryan West, "*US-China Space Balance: 2019*" (Govt451,
n.d.) p. 26. https://www.scribd.com/document/137608576/US-China-Space-

Balance-2019 (accessed 11/10/19).
350 Cited in Harrison Gale and Alexa Ryan West, *"US-China Space Balance: 2019"* (Govt451, n.d.) p. 26. https://www.scribd.com/document/137608576/US-China-Space-Balance-2019 (accessed 11/10/19).
351 Tim Ross, Holly Watt and Christopher Hope, "WikiLeaks: US and China in military standoff over space missiles," https://tinyurl.com/yx4c8xhc (accessed 12/5/2019).
352 Holly Watt, "WikiLeaks: the race to take control of space," https://tinyurl.com/txtkn6b (accessed 12/5/2019).
353 Joshua Philipp, "New Chinese Weapons Threaten Every Satellite in Orbit, Says US General," https://tinyurl.com/rq4obxq (accessed 12/5/2019).
354 Bill Gertz, *Inside the Communist China's Drive for Global Supremacy* (Encounter Books, 2019). Kindle Location 937.
355 Three earlier DN-3 tests occurred in October 2015, December 2016 and August 2017. See Bill Gertz, *Inside the Communist China's Drive for Global Supremacy*. Kindle Locations 937, 995.
356 Bill Gertz, *Inside the Communist China's Drive for Global Supremacy*. Kindle Location 974.
357 Pavel Velkovsky, Janani Mohan, and Maxwell Simon, "Satellite Jamming: A Technology Primer," https://tinyurl.com/v93njkd (accessed 12/5/2019).
358 Bill Gertz, *Inside the Communist China's Drive for Global Supremacy*. Kindle Location 974.
359 Col Vinayak Bhat, "These futuristic Chinese space denial weapons can disable or destroy opposing satellites," https://tinyurl.com/w5dckby (accessed 9/25/2019).
360 Col Vinayak Bhat, "These futuristic Chinese space denial weapons can disable or destroy opposing satellites," https://tinyurl.com/w5dckby (accessed 9/25/2019).
361 Col Vinayak Bhat, "These futuristic Chinese space denial weapons can disable or destroy opposing satellites," https://tinyurl.com/w5dckby (accessed 9/25/2019).
362 Col Vinayak Bhat, "These futuristic Chinese space denial weapons can disable or destroy opposing satellites," https://tinyurl.com/w5dckby (accessed 9/25/2019).
363 https://www.forbes.com/sites/leonlabrecque/2019/09/04/are-u-s-treasuries-anassassins-mace-or-chinas-trump-card-weaponizing-treasuries-in-a-tradewar/#3418304a1d88 (accessed 2/22/20).
364 Joshua Philipp, "For China, Space Is About Politics and War," https://www.theepochtimes.com/for-china-space-is-about-politics-andwar_2877600.html (accessed 9/23/2019).
365 See "China's Secret Space Weapons Have the Pentagon Worried," https://www.theepochtimes.com/chinas-secret-space-weapons-have-the-pentagonworried_1354392.html (accessed 9/23/2019).
366 Bill Gertz, "China's Great Leap in space warfare creates huge new threat,"

https://tinyurl.com/ueomq2x (accessed 12/5/19).
367 Bill Gertz, *Inside the Communist China's Drive for Global Supremacy*. Kindle Locations 997, 1016.
368 Bill Gertz, "How China's Mad Scientists Plan to Shock America's Military: Super Lasers, Railguns and Microwave Weapons," https://nationalinterest.org/blog/thebuzz/how-chinas-mad-scientists-plan-shock-americas-military-super-19737 (accessed 12/4/19).
369 Harrison Gale and Alexa Ryan West, *US-China Space Balance: 2019*, https://www.scribd.com/document/137608576/US-China-Space-Balance-2019 (accessed 12/4/19).
370 "Cosmic Summit – Cosmic Disclosure," https://www.disclosurenews.it/en/cosmicsummit-cosmic-disclosure/ (accessed 12/5/19).
371 Michael Salla and Corey Goode, "Trump to Use Space Weapons against North Korea to begin Secret Space Program Disclosure," https://tinyurl.com/w5hzfyu (accessed 12/5/19).
372 See Michael Salla, "DIA Confirms List of Exotic Propulsion Papers Corroborating Insider Testimony on Warp Drive & Wormhole Travel," https://www.exopolitics.org/diaconfirms-list-of-exotic-propulsion-papers-corroborating-insider-testimony/ (accessed 12/6/19).
373 Sputnik News, "Cryptic Mattis Says US Has Weapons to Strike DPRK Without Endangering Seoul", https://sputniknews.com/military/201709191057534095-mattis-north-korea-strikeseoul/ (accessed 12/5/19).
374 Joseph Farrell, Ph.D., "Mattis, North Korea, and Hints of Exotic Weapons," https://gizadeathstar.com/2017/09/mattis-north-korea-hints-exotic-weapons/ (accessed 12/5/19).
375 Michael Salla and Corey Goode, "Trump to Use Space Weapons against North Korea to begin Secret Space Program Disclosure," https://tinyurl.com/w5hzfyu (accessed 12/5/19).
376 Cited by Bill Gertz, *Inside the Communist China's Drive for Global Supremacy*. Kindle Location 114.
377 Kai-Fu Lee, *AI Superpowers: China, Silicon Valley, and the New World Order* (Houghton Mifflin Harcourt, 2018).
378 RT, "'Whoever leads in AI will rule the world': Putin to Russian children on Knowledge Day" (accessed 12/21/2019).
379 US Department of Defense, "Remarks by Secretary Esper at National Security Commission on Artificial Intelligence Public Conference," https://tinyurl.com/wu8s7rz (accessed 12/21/2019).
380 Harrison Gale and Alexa Ryan West, *US-China Space Balance: 2019*, https://www.scribd.com/document/137608576/US-China-Space-Balance-2019 (accessed 12/4/19).

Notas finales - Capítulo 17

381 Statement by Shi-Li Sun, Ph.D. at "Citizens Hearing on Disclosure," 11/7/2014, https://youtu.be/Hd7yyF4-IxY (accessed 11/14/2019).
382 David Tweed, "This Is the Man Trump Described as 'The Leading Authority on China,'" https://tinyurl.com/y8dxts5o (accessed 11/17/2019).
383 See "Brigadier General Robert S. Spalding III," (accessed 11/15/19).
384 "2019 Report to Congress of the U.S.-China Economic and Security Review Commission: Executive Summary and Recommendations," p. 1. https://tinyurl.com/sjrph2w (accessed 11/20/19).
385 "2019 Report to Congress of the U.S.-China Economic and Security Review Commission: Executive Summary and Recommendations," p. 7. https://tinyurl.com/sjrph2w (accessed 11/20/19).
386 For discussion of China's State Owned Enterprises, see Eve Cary,"Reforming China's State-Owned Enterprises," https://thediplomat.com/2013/06/reforming-chinas-stateowned-enterprises/ (accessed 11/17/19).
387 "2019 Report to Congress of the U.S.-China Economic and Security Review Commission: Executive Summary and Recommendations," p. 2. https://tinyurl.com/sjrph2w (accessed 11/20/19).
388 "2019 Report to Congress of the U.S.-China Economic and Security Review Commission: Executive Summary and Recommendations", p. 18. https://tinyurl.com/sjrph2w (accessed 11/20/19).
389 See Zachery Keck, "China's Military Creates New Space Force," https://thediplomat.com/2014/09/chinas-military-creates-new-space-force/ (11/17/19).
390 Cited by Zachery Keck, "China's Military Creates New Space Force," https://thediplomat.com/2014/09/chinas-military-creates-new-space-force/ (11/17/19).
391 See Michael Salla, *US Air Force Secret Space Program: Shifting Extraterrestrial Alliances and Space Force*, pp. 225--244.
392 Wendelle Stevens and Paul Dong, *UFOs Over Modern China* (UFO Photo Archives, 1978) p. 30.
393 See CIA document approved for release on 08/09/2000: https://tinyurl.com/vqa3862 (accessed 12/4/2019).
394 See Michael Salla, *Antarctica's Hidden History: Corporate Foundations of Secret Space Programs* (Exopolitics Consultants, 2018).
395 Graham Allison, *Destined for War* (Houghton Mifflin Harcourt, 2017) p. vii.
396 "Thucydides' Critique of Empire", https://users.wfu.edu/zulick/300/thucyd/thucydidesguide.html (accessed 11/17/2019).
397 See Andy S. Lee, A Century of Humiliation: Understanding the Chinese Mindset," https://www.mironline.ca/century-humiliation-understanding-chinese-mindset/ (accessed 11/27/2019).

398 See Michael Salla, *Kennedy's Last Stand: Eisenhower, UFOs, MJ-12, & JFK's Assassination* (Exopolitics Institute, 2013).
399 Stephen Cohen, "How the Russiagate Investigation Is Sovietizing American Politics," https://www.thenation.com/article/how-the-russiagate-investigation-is-sovietizingamerican-politics/ (accessed 11/27/19).
400 See Tyler Durden, "Not Just Ukraine; Biden May Have A Serious China Problem As Schweizer Exposes Hunter's $1bn Deal," https://tinyurl.com/y6hy3nj4 ; and Paul Sperry, "Dianne Feinstein was an easy mark for China's spy," https://tinyurl.com/y7tn9yqc (accessed 11/17/19).
401 See Q posts on China, https://qanon.pub/?q=China (accessed 11/17/19).
402 See Michael Salla, "Did Hillary Clinton sell Secret Space Program technologies to China?" https://tinyurl.com/w3zsakf (accessed 11/17/19).
403 "Letter from Inspector General of the Intelligence Community", https://assets.rbl.ms/18876193/980x.jpg (accessed 11/17/19).
404 Richard Pollock, "SOURCES: China Hacked Hillary Clinton's Private Email Server", https://dailycaller.com/2018/08/27/china-hacked-clinton-server/ (accessed 11/27/2019).
405 See Michael Salla, "Did Hillary Clinton sell Secret Space Program technologies to China?" https://tinyurl.com/w3zsakf (accessed 11/17/19).
406 See Malcolm Scott and Cedric Sam, "Here's How Fast China's Economy Is Catching Up to the U.S." https://www.bloomberg.com/graphics/2016-us-vs-china-economy/ (accessed 11/17/2019).
407 See Michael Salla, *The US Navy's Secret Space Program and Nordic Extraterrestrial Alliance* (Exopolitics Consultants, 2016).
408 Cao Siqi, "China mulls $10 trillion Earth-moon economic zone," http://www.globaltimes.cn/content/1168698.shtml (accessed 11/29/2019).
409 See Michael Salla, *US Air Force Secret Space Program: Shifting Extraterrestrial Alliances and Space Force*, pp. 377-402.
410 See Michael Salla, *US Air Force Secret Space Program: Shifting Extraterrestrial Alliances and Space Force*, pp. 403-422.
411 Michael Salla, *The US Navy's Secret Space Program & Nordic Extraterrestrial Alliance* (Exopolitics Consultants) pp. 165-80.
412 Stefano Breccia, *Mass Contact* (Author House, 2009) pp. 272-73.
413 Jeremy Hsu, "'Battlestar Galactica' Takes Over United Nations ... Really," https://www.space.com/6447-battlestar-galactica-takes-united-nations.html (accessed 12/22/2019).
414 See Michael Salla, *The US Navy's Secret Space Program & Nordic Extraterrestrial Alliance*, pp. 165-80.
415 "Questions for Corey Goode on SSP Conflicts and Human Slave Trade," http://exopolitics.org/galactic-human-slave-trade-ai-threat-to-end-with-full-disclosureof-et-life/ (accessed 12/21/2019).
416 "Questions for Corey Goode on SSP Conflicts and Human Slave Trade," http://exopolitics.org/galactic-human-slave-trade-ai-threat-to-end-with-full-disclosureof-et-life/ (accessed 12/21/2019).

417 See Michael Salla, "Musk & Hawking sign letter warning against future AI arms race: are they too late?" https://www.exopolitics.org/musk-hawking-sign-letter-warningagainst-future-ai-arms-race-are-they-too-late/ (12/21/2019).
418 Ian King and Scott Moritz, "Why 5G Mobile Is Arriving With a Subplot of Espionage," https://tinyurl.com/s6ptpxt (accessed 2/25/2020).
419 Makia Freeman, "There's A Connection Between Coronavirus and 5G", https://tinyurl.com/sva52mc (accessed 2/25/2020).
420 Alan Wessberger, "China to launch first private 5G satellite by end of 2019," https://techblog.comsoc.org/2019/12/13/china-to-launch-first-private-5g-satellite-byend-of-2019/ (accessed 2/25/2020).
421 See "Military Active Denial System & Chinese USA UK 5G Rollout are the Same," https://smombiegate.org/military-active-denial-system-and-consumer-5g-rollout-arethe-same/ (accessed 2/25/2020).
422 Makia Freeman, "There's A Connection Between Coronavirus and 5G," https://tinyurl.com/sva52mc (accessed 2/25/2020).
423 The source used the pseudonym "Annie Logical" in the article: "Corona Virus Fakery and the Link to 5G Testing," https://www.vigiliae.org/virus-link-to-5g/ (accessed 2/25/2020).
424 The source used the pseudonym "Annie Logical" in the article: "Corona Virus Fakery and the Link to 5G Testing," https://www.vigiliae.org/virus-link-to-5g/ (accessed 2/25/2020).
425 Robert David Steele was interviewed by the Tehran Times, "Interview: A Counterintelligence Perspective on the Wuhan Virus – A Zionist Bio-War False Flag Attack?" https://tinyurl.com/tjarn7r (accessed 2/28/2020).
426 Robert David Steele was interviewed by the Tehran Times, "Interview: A Counterintelligence Perspective on the Wuhan Virus – A Zionist Bio-War False Flag Attack?" https://tinyurl.com/tjarn7r (accessed 2/28/2020).
427 Makia Freeman, "There's A Connection Between Coronavirus and 5G," https://tinyurl.com/sva52mc (accessed 2/25/2020).
428 Botao Xiao, "The possible origins of 2019-nCoV coronavirus," https://tinyurl.com/sxjrwzz (accessed 2/25/2020).
429 Makia Freeman, "There's A Connection Between Coronavirus and 5G," https://tinyurl.com/sva52mc (accessed 2/25/2020).
430 Kai-Fu Lee, *AI Superpowers: China, Silicon Valley and the New World Order* (Houghton Mifflin-Harcourt (20118).
431 Cited by Nathan Strout, Barrett, Rogers consider declassifying secret space programs, https://tinyurl.com/yyhdftvu (accessed 12/20/2019).
432 See Michael Salla, *Antarctica's Hidden History: Corporate Foundations of Secret Space Programs,* pp. 295-334.
433 https://www.foundingfathers.info/stories/gadsden.html (accessed 2/28/20).
434 Alison Ray, "Out of Russia Will Come Hope", https://www.edgarcayce.org/aboutus/blog/blog-posts/out-of-russia-will-come-hope/ (accessed 3/25/20).

AGRADECIMIENTOS

Estoy muy agradecido con los organizadores de la conferencia de Diciembre de 2018, que se llevaron a cabo en Shangai y Beijing donde me invitaron a presentar mi Programa Espacial Secreto y trabajar en China. Esta visita me proporcionó información valiosa así como conexiones con el interés científico en las teorías de antigravedad, la participación oficial del gobierno en la investigación de OVNIS en la China moderna.

Gracias a Mark McCandlish por la construcción del vehículo de "Reproducción alienígena" presenciado en la base aérea de Edwards en 1988. Muchas gracias también al Coronel Vinayak Bhat (Ret. Ejército Indio)por su permiso para reproducir su imagen satelital anotada de una instalación un arma de energía dirigida en China en la provincia de Xinjiang. Gracias también a JP por permitirme usar sus imágenes de OVNI triangular, tomadas de la Fuerza Aérea de la Base de MacDill en 2017.

Gracias también a Corey Goode por responder mis preguntas sobre el Programa Espacial Secreto de China, basado en sus experiencias de primera mano. Estoy muy agradecido con Duke Brickhouse por la revisión de este manuscrito, y sus sugerencias editoriales.

Mi sincero agradecimiento a Rene McCann por haber donado generosamente su tiempo, su talento y su entusiasmo, para crear las maravillosas portadas de la Serie de Libros dedicadas a los Programas Espaciales Secretos.

Finalmente mi más profundo agradecimiento a Angelika Whitecliff mi maravillosa alma gemela, cuya sabiduría y dones enriquecidos han llenado mi vida de numerosas maneras, y cuyo primer sustrato de habilidades en la edición, convirtieron mi manuscrito crudo en el producto pulido delante de ti.

Dr. Michael Salla.
26 de Marzo de 2020.

SOBRE EL AUTOR

El Doctor Michael Salla es un erudito reconocido internacionalmente en política global, en resolución de conflictos y política exterior de Estados Unidos. El ha sido Profesor en Universidades de Estados Unidos y Australia, incluida la Universidades en Washington D.C. Hoy es conocido como pionero en el desarrollo del campo de la exo política, el estudio de los principales actores, instituciones y procesos políticos, asociados con la vida extraterrestre.

El Dr. Salla ha sido invitado en varias ocasiones a programas de Radio y Televisión, que incluyen *Ancient Aliens, Coast to Coast AM* y destacados congresos nacionales e internacionales. Su éxito de ventas en Amazon, la serie *Secret Space Program,* lo ha convertido en el líder del movimiento de la verdad, y más de 5000 personas visitan sus sitios web para leer sus artículos más recientes.

Websites: Exopolitics.org & MichaelSalla.com

www.ingramcontent.com/pod-product-compliance
Lightning Source LLC
Chambersburg PA
CBHW070737170426
43200CB00007B/551